L'organisation du travail
et de l'entreprise

Théories et recherches sociologiques

Logiques Sociales
Collection dirigée par Bruno Péquignot

En réunissant des chercheurs, des praticiens et des essayistes, même si la dominante reste universitaire, la collection *Logiques Sociales* entend favoriser les liens entre la recherche non finalisée et l'action sociale. En laissant toute liberté théorique aux auteurs, elle cherche à promouvoir les recherches qui partent d'un terrain, d'une enquête ou d'une expérience qui augmentent la connaissance empirique des phénomènes sociaux ou qui proposent une innovation méthodologique ou théorique, voire une réévaluation de méthodes ou de systèmes conceptuels classiques.

Dernières parutions

Ivan SAINSAULIEU, *Par-delà l'économisme. La querelle du primat en sciences sociales*, 2008.
Nicolas BOURGOIN, *Les chiffres du crime. Statistiques criminelles et contrôle social* (France, 1825-2006), 2008.
Marie CIPRIANI-CRAUSTE, *Le tatouage dans tous ses états. A corps désaccord*, 2008.
Evelyne PERRIN, *Jeunes Maghrébins de France. La place refusée*, 2008.
Eguzki URTEAGA, *Les Plans Locaux d'Immigration en Espagne*, 2008.
Olivier GUILLAUME, *Le sens organisationnel. Le cas des démarches de qualité*, 2008.
François-Mathieu POUPEAU (dir.), *Gouverner sans contraindre*, 2008.
F. DERVIN et M. BYRAM, *Echanges et mobilités académiques, Quel bilan ?*, 2008.
Joanna SHAPLAND (dir.), *Justice, communauté et société civile. Etudes comparatives sur un terrain disputé*, 2008.
Ralph ROUZIER, *La Caisse de dépôt et placement du Québec : portrait d'une institution d'intérêt général (1965-2000)*, 2008.
P. GROU, R. GUILLON, D. MERTENS-SANTAMARIA, K. MESSAMAH, *Vers une très grande Europe*, 2008.
Gérard NAMER, *Mannheim, sociologue de la mondialisation en crise*, 2008.
Elsa GISQUET, *Vivre et mourir en réanimation néonatale*, 2008.
Suzie GUTH (Sous la dir. de), *Modernité de Robert Ezra Park*, 2008.

Marcel FAULKNER

L'organisation du travail et de l'entreprise

Théories et recherches sociologiques

L'Harmattan

© L'Harmattan, 2008
5-7, rue de l'Ecole polytechnique ; 75005 Paris

http://www.librairieharmattan.com
diffusion.harmattan@wanadoo.fr
harmattan1@wanadoo.fr

ISBN : 978-2-296-06-353-2
EAN : 9782296063532

À Ginette.
Pour sa patience et son soutien.

INTRODUCTION

On s'accorde à dire que la relation qu'entretiennent les individus avec leur travail s'est transformée depuis l'époque des Trente Glorieuses. L'importance subjective accordée au travail ne tient plus le premier rang dans l'échelle des valeurs individuelles et l'éthique du travail, hier si déterminante des comportements, préoccupe moins aujourd'hui que celle de l'entreprise. Mais, il suffit d'enregistrer une hausse du taux de chômage pour que se mobilisent les grands acteurs sociaux au côté des gouvernements afin de contrer les pertes d'emplois. On connaît aussi les effets perturbateurs de « l'épreuve du chômage » sur l'identité sociale des exclus du travail[1].

Or, la qualité du travail vaut par son organisation, et l'efficacité et la rentabilité des entreprises dépendent en bonne partie de l'agencement efficient de leurs structures et services. On ne peut donc être indifférent à l'organisation du travail et de l'entreprise. Sa réalité et les études qui lui ont été consacrées témoignent de son caractère profondément ambivalent. Source de richesse pour les uns et de frustration pour les autres, l'organisation polarise les sentiments des acteurs et suscite insatisfaction et révolte ou admiration et convoitise.

---

[1] D. Schnapper, *L'épreuve du chômage*, Paris, Gallimard, 1981.

Pour Proudhon et Marx, par exemple, la division des tâches est la source première de l'aliénation au travail tandis que Smith n'y voit que le prix à payer pour assurer le progrès social et le développement économique. Si des études démontrent la forte potentialité productive de l'organisation du travail et que l'entreprise invite ses dirigeants à concevoir des systèmes productifs efficaces, d'autres analyses plus critiques soulignent la discipline que l'organisation du travail impose aux employés et rappellent que les structures hiérarchiques reflètent et reproduisent à la fois les clivages sociaux des sociétés modernes.

Taylor, parmi les premiers, a défini les principes organisationnels du travail et de l'entreprise et a prétendu en fixer définitivement les règles dans un *one best way* qu'il croyait être scientifique. Mais, la contestation ouvrière au plan social et les études de l'École des relations humaines au plan scientifique ont vite fait de souligner le parti pris patronal de son approche et les faiblesses méthodologiques de ses analyses.

Il n'est donc pas étonnant que l'organisation du travail et de l'entreprise ait suscité les premières grandes enquêtes de terrain au lendemain de la Seconde Guerre mondiale. Les impératifs de la reconstruction nationale ont incité les premiers sociologues du travail à s'intéresser aux effets de l'industrialisation sur les conditions de vie des travailleurs et à mesurer les conséquences de la mécanisation sur leurs attitudes et comportements. Ce faisant, un nouveau champ du savoir se délimitait sur lequel la discipline a pu établir assez légitimement son autorité.

Les préoccupations pour l'amélioration des conditions de travail en Europe et aux États-Unis au début des années 60 amènent les spécialistes à suggérer d'autres formes d'organisation du travail en remplacement du taylorisme tant critiqué. Le courant humaniste de la psychologie organisationnelle américaine et l'approche sociotechnique européenne proposent alors de nouvelles formes d'organisation du travail qui connaîtront leur heure de gloire après Mai 68. Les modèles flexibles des années 80-90 introduits en Occident à la suite des succès des entreprises japonaises succéderont à ces premières tentatives de réforme et les propositions du management participatif compléteront l'éventail des scénarios organisationnels à la fin du siècle.

La définition d'une tâche accompagnée de ses modes d'exécution et procédures, la conception de méthodes efficaces et l'agencement des différents processus productifs définissent l'organisation du travail. Intimement liée à la division du travail, elle l'englobe pour considérer en plus l'intervention des autres services en amont et en aval de l'exécution du travail et prendre en compte, dès son élaboration, les impératifs de l'entreprise et les caractéristiques des salariés. Les intérêts des dirigeants, les ambitions des différentes catégories d'employés et de la hiérarchie, les mécanismes de régulation et les jeux stratégiques auxquels tous les acteurs se livrent sont susceptibles d'en influencer la forme.

L'organisation du travail constitue un facteur de productivité et ne devient efficiente que si elle est articulée à des mécanismes de supervision. L'exécution d'une activité suppose une certaine division du travail et une coordination des efforts pour la réaliser. Les structures organisationnelles des entreprises couvrent donc deux dimensions : un mode d'organisation de services spécialisés (staff) et de structures hiérarchiques (line) d'une part, et des mécanismes de coordination, d'autre part. Parmi ces derniers, les plus importants sont l'ajustement mutuel, la supervision directe et la standardisation des procédés, des produits et des qualifications. La standardisation des procédés renvoie à la division du travail et au contenu des tâches tandis que la standardisation des produits vise à préciser les objectifs à atteindre en matière de quantité et de qualité. La standardisation des qualifications souhaite neutraliser le côté imprévisible du facteur humain en précisant ses attributs en termes de connaissance, d'habileté et de conduite.

On peut raisonnablement polariser les études sur les organisations du travail et de l'entreprise en deux groupes : celles qui démontrent que les structures organisationnelles déterminent les activités des individus au travail et, à l'inverse, celles qui soutiennent que ces structures sont déterminées par différents facteurs internes ou externes. Bon nombre d'analyses portant sur les attitudes des employés, les motivations et comportements au travail, le respect ou non des règles et des procédures, la soumission aux processus décisionnels et le partage du pouvoir démontrent le poids des structures organisationnelles sur les conduites humaines au sein des organisations. Au contraire, plusieurs recherches effectuées sur le facteur technologique, l'évolution des marchés et des goûts des consommateurs, les exigences économiques et les pressions financières et politiques soulignent souvent la dépendance des structures organisationnelles des entreprises à l'égard de l'environnement et de ses contraintes.

On le voit, l'étude du phénomène organisationnel, pour reprendre une expression de Crozier[1], se situe au carrefour de plusieurs disciplines, dont celles des sociologies du travail, de l'organisation et de l'entreprise.

La sociologie de l'organisation, qui a d'abord privilégié l'étude des déterminants des structures organisationnelles, de la répartition du pouvoir et des processus décisionnels, a alimenté à sa façon la sociologie de l'entreprise. Elle se préoccupe davantage maintenant de la coordination de l'effort collectif et des divers mécanismes de collaboration. Elle centre de plus en plus ses intérêts sur l'étude des règles et des procédures qui

---

[1] M. Crozier, *Le phénomène bureaucratique*, Paris, Éditions du Seuil, Coll. Points, 1963.

évoluent sous l'effet de l'action des acteurs et des relations des organisations avec leur environnement[1].

En France, notamment, le développement de la sociologie de l'entreprise est attribuable à l'insécurité engendrée par la succession des crises économiques et par la précarité des emplois depuis le début des années 80. Il est également tributaire de la réhabilitation sociale de l'entreprise qui, tant critiquée autrefois pour ses visions à court terme, son immobilisme organisationnel et ses objectifs trop étroitement économiques, apparaît alors comme la seule institution capable de développer l'emploi et de créer de la richesse. Aux dires de certains sociologues, l'entreprise serait devenue citoyenne, pleinement consciente de ses responsabilités sociales, et fournirait aux salariés un milieu identitaire qui la positionnerait maintenant au carrefour du travail, de l'organisation et de la cité[2].

À cause de certains effets négatifs de la mondialisation de la production et de la libération des marchés, l'image d'Épinal de l'entreprise comme moteur de développement économique et lieu privilégié de la création d'emplois perd de son lustre pour celle plus sombre de la sous-traitance des tâches et de la délocalisation des emplois. C'est pourquoi l'entreprise apparaît aujourd'hui à plusieurs spécialistes comme le centre d'un ensemble de contradictions et de paradoxes[3]. Organisation misant sur la convergence des intérêts en laminant les divergences sous le poids de la nécessaire collaboration, l'entreprise n'échappe pas aux rationalisations imposées par les impératifs de la finance. Si elle est un lieu de décisions opérationnelles, elle ne peut cacher sa subordination au centre

---

[1] C. Ballé, *Sociologie des organisations*, Paris, PUF, 1990.
[2] R. Sainsaulieu, *L'entreprise une affaire de société*, Paris, Presses de Sciences Po, 1990.
[3] T. Coutrot, *L'entreprise néo-libérale, nouvelle utopie capitaliste ?* Paris, Éditions La Découverte, Textes à l'appui, 1998 et *Critique de l'organisation du travail*, Paris, Éditions La Découverte, Repères, 1999.

des pouvoirs stratégiques ni sa dépendance à l'égard de l'environnement économique. Lieu communautaire et foyer de production identitaire, l'entreprise doit aussi s'incliner devant les lois du marché qui redéfinissent sa fonction socialisante et imposent à ses salariés la mobilité des emplois et la flexibilité des statuts.

Des sociologues affirment tout de même que l'autonomie acquise par l'entreprise à l'égard des grandes forces sociales et économiques est suffisante pour en faire un objet d'étude en soi et la présentent comme une institution contribuant à la régulation des rapports sociaux[1]. Cette régulation se traduit par la convergence des actions individuelles vers un objectif commun dont l'atteinte suppose la soumission volontaire de tous aux mécanismes de coordination interne et l'adhésion de chacun à la mission de l'entreprise. À cet égard, l'entreprise est productrice de règles, lesquelles encadrent les jeux de pouvoir auxquels les acteurs se livrent. Ainsi, les oppositions ou les conflits sociaux disparaissent au profit d'actions individuelles et collectives qui traduisent des rationalités différentes, mais harmonisées au sein d'une dynamique plus large de jeux régulés.

Préoccupée par les effets des changements technologiques sur l'organisation, la qualification du travail, les attitudes et les comportements ouvriers, la sociologie du travail avait à ses débuts une vision relativement simple du marché du travail et des affrontements sociaux. Depuis, elle s'est diversifiée, étendue et démultipliée pour reprendre la formulation de Reynaud[2]. Elle aborde des thèmes de plus en plus complexes et variés tels que la diversité des formes d'organisation du travail, l'action contingente des marchés et des cultures nationales, l'émergence des phénomènes

---

[1] R. Sainsaulieu, *Sociologie de l'entreprise,* Paris, Presses de Sciences Po et Dalloz, 1997.
[2] J.-D. Reynaud, « Pour une sociologie de la régulation sociale », *Sociologie et Sociétés*, XXIII, No 2, 1991, p. 13-26.

identitaires, l'institutionnalisation des systèmes de relations de travail, la production de règles et la dynamique des jeux stratégiques des acteurs. La sociologie du travail a donc progressivement délaissé l'étude des situations de travail analysées sous l'angle des relations collectives, souvent porteuses de conflictualité, pour aborder celle de l'action des travailleurs au sein de systèmes de jeux structurés. En quittant l'atelier pour atteindre l'organisation, son analyse a progressivement abandonné « les notions de groupes et de classes au profit de celle d'acteur », soutient Tanguay[1].

Les acquis de ces disciplines sont principalement présentés selon deux modes. Premièrement, des traités disciplinaires ou des comptes rendus de colloques offrent aux lecteurs des ouvrages de synthèse. Dans ce type de publication, les sujets choisis sont analysés sous diverses facettes et abordés sous des angles différents. Ils font l'objet d'études dont les prémisses théoriques sont rarement expliquées afin d'éviter les répétitions ou par manque d'espace. Tout au plus, sont-elles mentionnées au détour d'une phrase ou à l'occasion d'un renvoi en bas de page. En faisant le point sur l'état des savoirs, ces synthèses ne peuvent fournir aux lecteurs non avertis toutes les clés nécessaires à la compréhension en profondeur des sujets traités.

À l'inverse de la présentation synthétique des traités disciplinaires, des ouvrages spécialisés proposent aux lecteurs des monographies qui multiplient les angles d'analyse et les observations pointues. Ces ouvrages, ordinairement descriptifs, morcellent les objets d'étude, et les résultats obtenus sont souvent fragmentaires ou faiblement mis en contexte. Durand et Linhart rappellent à juste titre la nécessité de situer les objets d'étude dans leur contexte social et historique et dénoncent ce qu'ils appellent « l'euphémisation des rapports sociaux » dont

---

[1] L. Tanguay, « Questions sur le travail du sociologue », *Sociologie du travail : 40 ans après*, Paris, Elsevier, 2001, p. 325-334.

les monographies se rendraient coupables à leurs yeux[1]. Ils soulignent également les insuffisances conceptuelles de cette méthode d'investigation et le manque de justification des emprunts théoriques auxquels leurs auteurs se livrent à l'occasion.

Pour atténuer les limites inhérentes à ces deux types de publication, ce manuel propose un rappel des théories indispensables à la compréhension des phénomènes étudiés et à la généralisation des résultats obtenus par la recherche scientifique. Ce détour par les théories se fonde sur la conviction que l'éclairage théorique porté sur les problématiques analysées est susceptible de dégager la cohérence que la raison recherche[2]. C'est parce que cet éclairage définit les contours de l'objet d'analyse, propose les voies à emprunter pour l'analyser et suggère l'interprétation à donner aux résultats obtenus qu'il est capable de mettre de l'ordre dans la multitude des informations. Il permet à la raison de trouver son chemin et de satisfaire son exigence de clarté. À titre d'exemple, on peut étudier l'action des salariés du point de vue de l'analyse stratégique en mettant l'accent sur les zones d'incertitude qu'elle révèle et les luttes de pouvoir que leur contrôle génère ou, selon le point de vue actionnaliste, voir dans ces comportements une manifestation d'un mouvement social en voie de formation. À fortiori, l'écart des résultats de recherche sera beaucoup plus grand si l'observateur quitte le paradigme de l'action sociale pour adopter celui du déterminisme social.

---

[1] J.-P. Durand, D. Linhart, « Introduction générale : les transformations de la sociologie du travail depuis vingt ans », dans J.-P. Durand, D. Linhart, (Coordinateurs), *Les ressorts de la mobilisation au travail*, Toulouse, Octarès Éditions, 2005, p. 1-13.
[2] Nous ne soutenons évidemment pas que le passage de l'universel au particulier ou de la théorie à la réalité est la seule voie possible de connaissance. Notre propos ne relève pas de la production des connaissances mais de leur rétention et de leur ordonnancement.

Chaque avancée scientifique n'a donc aucune prétention à l'exhaustivité et souvent son sens est déjà inscrit dans l'approche théorique choisie. C'est pourquoi la présentation des thèmes qui est proposée dans cet ouvrage opte pour une diversité de points de vue. Chaque sujet est abordé selon des perspectives différentes telles que l'histoire de son étude la livre quelquefois. Par exemple, le thème de la qualification du travail associée au développement technologique a suscité de nombreuses recherches qui se polarisent autour de trois grandes thèses, soient celles de la déqualification du travail, de sa professionnalisation et de la diversité des modes de partage des fonctions d'exécution et de conception du travail que l'automatisation autorise. Or, ces thèses sont soutenues par autant d'approches théoriques différentes. Cela témoigne de la complexité réelle du phénomène qui, tout en présentant de multiples visages, ne reconnaît pas les frontières que l'esprit humain lui impose pour mieux le saisir. Cette façon de procéder souligne le caractère relatif de toute connaissance, permet de nuancer les résultats obtenus et invite les différentes approches au dialogue.

C'est donc pour satisfaire ces exigences de clarté et de rigueur et pour rendre plus facilement accessibles les sujets traités que la première partie de ce manuel expose les principales théories sociologiques. Qu'elles soient générales ou de portée plus limitée, qu'elles relèvent du paradigme du déterminisme ou de l'action sociale, toutes ces théories projettent un éclairage particulier sur les thèmes que les parties deux et trois de l'ouvrage abordent.

La forme de ce livre est donc celle d'un manuel. À ce titre, deux aspects le caractérisent. Premièrement, il veut faciliter un va-et-vient éclairant entre les recherches menées sur le terrain et les cadres d'analyse utilisés qui permettent l'interprétation des résultats et leur donnent sens. Ensuite, une attention particulière est portée à la présentation des études sélectionnées et à leurs résultats afin que le lecteur puisse en comprendre à la fois la portée et la richesse. Elle se veut suffisamment explicite pour qu'un lecteur qui ne serait pas familier avec le domaine abordé puisse en saisir aisément la problématique, entrevoir facilement les enjeux et apprécier les résultats obtenus.

Comment lire ce manuel ? Le lecteur familier avec les grandes théories sociologiques et ayant une certaine connaissance des théories intermédiaires nécessaires à l'étude des sujets traités abordera directement l'un ou l'autre des thèmes présentés sans difficulté. Par contre, le lecteur peu familier avec ces différentes approches aurait avantage à en prendre connaissance même si leur exposé peut sembler abstrait.

Ce manuel peut aussi se lire à rebours. Il est possible de commencer par la lecture d'un compte rendu de recherche pour aborder ensuite la présentation du ou des cadres théoriques qui lui donnent sens. Par exemple, on peut amorcer la lecture du chapitre sur la restructuration volontaire des tâches par l'analyse stratégique qui en est faite en milieu administratif avant d'attaquer l'exposé de la théorie qui en fonde la démarche. Si la curiosité sociologique emporte le lecteur, celui-ci pourrait souhaiter situer l'analyse stratégique de Crozier au sein des grandes orientations sociologiques dont elle est en partie issue et constater son affiliation avec l'individualisme méthodologique de Boudon ou avec la théorie de la régulation sociale de Reynaud. Ce cheminement intellectuel à travers les théories conduira éventuellement le lecteur au grand paradigme de l'action sociale qui lui-même s'oppose à celui du déterminisme social.

Enfin, les thèmes étudiés sont présentés dans l'ordre qui nous semble correspondre à leur chronologie historique et à leur niveau de difficulté. Ainsi, la deuxième partie du livre qui traite de l'organisation de l'entreprise aborde en premier lieu l'analyse des dysfonctions bureaucratiques. Ensuite, les structures organisationnelles des entreprises sont mises en relation avec l'environnement, la technologie et les cultures nationales en tant que facteurs explicatifs de leur configuration. La troisième partie du livre consacrée à l'étude de l'organisation du travail commence par l'analyse des attitudes des ouvriers et de leurs modes de résistance à l'organisation du travail. Sans être les premiers travaux menés en sociologie du travail, ces recherches marquent en quelque sorte la naissance de la discipline et positionnent son domaine dans le champ scientifique. Le troisième chapitre de cette partie du livre fait état des premières expériences de réorganisation du travail, des espoirs qu'elles ont suscités et de leur fin abrupte. Les effets de l'automatisation sur la qualification du travail sont abordés dans le quatrième chapitre tandis que le cinquième présente les principaux modèles productifs en vigueur en ce début de siècle.

Plus d'un a craint l'éclatement de la discipline sous l'effet de la diversité de ses champs d'études et de la multiplicité de ses angles d'analyse. Nous y voyons au contraire la manifestation d'un intérêt scientifique soutenu. Notre espoir est que ce manuel puisse modestement contribuer à rendre accessibles ses acquis disciplinaires. Parce qu'il fournit les clés théoriques nécessaires à l'interprétation des problématiques abordées, cet ouvrage s'adresse à toute personne désireuse de mieux comprendre les mondes du travail et de l'entreprise.

... l'expérience sans théorie est aveugle mais la théorie sans expérience n'est qu'un simple jeu intellectuel.
L. von Bertalanffy, 1993.

Non seulement la description de chaque fait isolé dépend d'une théorie (...), mais il existe aussi des faits qui ne peuvent être découverts qu'à l'aide d'alternatives théoriques à vérifier...
                    P. Feyerabend, 1979.

PREMIÈRE PARTIE
LES THÉORIES SOCIOLOGIQUES

A. Les deux paradigmes sociologiques

En dépit des différences qui les distinguent, Durkheim et Weber s'accordent sur le fait que l'objet principal de la sociologie est constitué des comportements humains pour autant qu'ils soient saisis en relation avec leurs contextes sociaux. Durkheim nous a donné une définition objective de l'objet de la sociologie comme étant les faits sociaux qui s'imposent aux individus par un effet de contrainte. Celle-ci détermine avec plus ou moins de force les consciences et les comportements individuels. Weber renverse en quelque sorte le point de vue de Durkheim en affirmant que l'action humaine devient sociale par le sens que les acteurs lui attribuent.

Pour Durkheim, la contrainte exercée sur les individus a plusieurs origines. Elle peut émaner du groupe dont la force collective ou la dynamique amène l'individu à agir de telle ou telle façon. Durkheim donne l'exemple de la foule qui incite à certains types de comportements désirés ou non. Le fait social peut résulter d'une certaine forme d'obligation plus ou moins diffuse qui influence l'individu dans ses comportements (le phénomène de la mode par exemple) ou encore quand les comportements suivent ou épousent les courants d'opinions dominants. Enfin, le fait social peut découler de l'action des institutions sociales sur les individus ou de tout autre mode d'encadrement des comportements individuels. La définition durkheimienne de l'action sociale considère les actions individuelles, même solitaires, comme relevant de l'action sociale dans la mesure où le milieu social exerce son influence sur les conduites individuelles, même les plus intimes. Certains auteurs qualifient d'objective cette définition du fait social parce que son principe générateur est extérieur aux volontés individuelles et qu'il s'impose aux individus avec la force d'une contrainte intériorisée ou non. Il en découle une première définition de la sociologie en tant que science qui se propose d'expliquer les comportements individuels et collectifs à travers les institutions qui les encadrent.

Weber propose, au contraire, une définition subjective de l'action sociale dans la mesure où elle découle de la signification que les individus lui donnent et qu'elle tient compte des comportements des autres qui en influencent le déroulement. Toutefois, Weber distingue le sens vécu de l'action sociale par les individus et le sens visé par celle-ci. Le premier est souvent diffus, confus, plus ou moins conscient, tandis que le second renvoie au sens véritable de l'activité étudiée. Il appartient à la sociologie de reconstituer ce sens visé, consciemment ou non, de l'action sociale par les acteurs. Ce faisant, l'activité sociale devient compréhensible à l'observateur parce qu'elle est interprétable rationnellement par celui-ci. La compréhension de l'action humaine revêt donc un caractère doublement subjectif puisqu'elle réside dans une interprétation du sociologue des intentions poursuivies par les acteurs ; ce qui distingue nettement les sciences sociales des sciences de la nature qui ne peuvent saisir leur objet d'étude de l'intérieur. D'où la définition wébérienne de la sociologie comme étant une science désireuse de comprendre par l'interprétation les actions humaines et d'expliquer leur déroulement et leurs effets par un enchaînement causal. Aron rappelle judicieusement les trois aspects de la sociologie wébérienne : la compréhension c'est-à-dire les significations données aux phénomènes sociaux, l'interprétation définie comme la construction intellectuelle du sens subjectif de l'action sociale, et enfin, la mise à jour des régularités observées dans les conduites humaines[1].

De chacune de ses approches découle un paradigme particulier. En mettant l'accent sur la détermination des conduites par des facteurs externes, la sociologie durkheimienne est à l'origine de l'école du déterminisme social et de la sociologie explicative qui affirment la primauté du système social sur l'individu. Cette école de pensée rejoint, sur ce point, la théorie marxiste et donnera lieu par ailleurs au développement des théories fonctionnalistes. L'approche systémique en rappelant l'importance de développer l'analyse des comportements humains et des phénomènes sociaux jusqu'à leurs dimensions macrosociales, relève également de ce paradigme auquel il convient d'ajouter l'apport de l'École française de la régulation

À l'opposé, la sociologie wébérienne qui privilégie la recherche de la signification des interactions individuelles et collectives fonde la sociologie compréhensive et affirme le primat de l'action sociale sur les structures qui l'encadrent. La diversité des comportements dans les différentes sphères de la vie humaine crée des institutions sociales et génère des représentations collectives (symboles, idéologies, religions) qui soudent les individus les uns aux autres. Les valeurs qui inspirent les conduites émanent aussi des interactions sociales comme les normes qui guident les comportements ou qui régularisent les conduites. L'actionnalisme, l'interactionnisme et l'individualisme méthodologique constituent les principales théories générales de ce paradigme.

Une autre typologie commode et qui sera utilisée dans cet ouvrage consiste à classer les théories en fonction de leur niveau d'abstraction et de leur capacité de généralisation. Les théories mentionnées aux deux paragraphes précédents sont

---

[1] R. Aron, *Les étapes de la pensée sociologique*, Paris, Gallimard, 1967.

appelées générales parce qu'elles sont à la fois générales dans leur saisie de la réalité et globales dans leur analyse des phénomènes sociaux. En empruntant une expression que l'on doit à Merton, on appellera ici théories de moyenne portée celles qui ont été spécifiquement élaborées pour tenir compte de phénomènes particuliers et qui n'ont pas la prétention de fournir un cadre conceptuel capable d'embrasser un nombre important de phénomènes sociaux ou de constituer une explication globale des sociétés. Du point de vue des théories de l'acteur, mentionnons la théorie de la régulation sociale de Reynaud, l'analyse stratégique développée par Crozier et Friedberg ainsi que l'analyse sociétale mise au point par l'équipe du Laboratoire d'économie et de sociologie du travail (LEST). L'École des relations humaines, l'approche sociotechnique et les modèles productifs définis par l'École française de la régulation relèvent du paradigme du déterminisme social[1]. La figure 1 schématise ces deux niveaux théoriques en positionnant les différentes théories sous l'un ou l'autre des deux grands paradigmes sociologiques.

C'est aussi par l'observation méthodique et rigoureuse « des faits sociaux considérés comme des choses » selon l'expression de Durkheim que certaines régularités se dévoilent et que prend forme la logique du social. Selon les méthodes utilisées, l'objectif de la sociologie est donc d'atteindre une meilleure compréhension de l'action humaine ou d'être en mesure de proposer une chaîne causale des phénomènes sociaux qui soit plausible à un esprit rationnel. Les résultats ainsi obtenus enrichissent à leur tour les anciens cadres d'analyse ou les remettent en cause. Progressivement se construisent des ensembles conceptuels structurés qui facilitent l'appréhension

---

[1] L'expression **« théorie de la régulation sociale »** désigne dans ce livre l'approche proposée par J.-D. Reynaud qu'il ne faut pas confondre avec la **« théorie de la régulation »** de l'École française de la régulation. Si la première est une théorie sociologique de l'acteur, la seconde est une théorie d'inspiration économique, structurelle et macrosociale.

Figure 1
Paradigmes et théories sociologiques

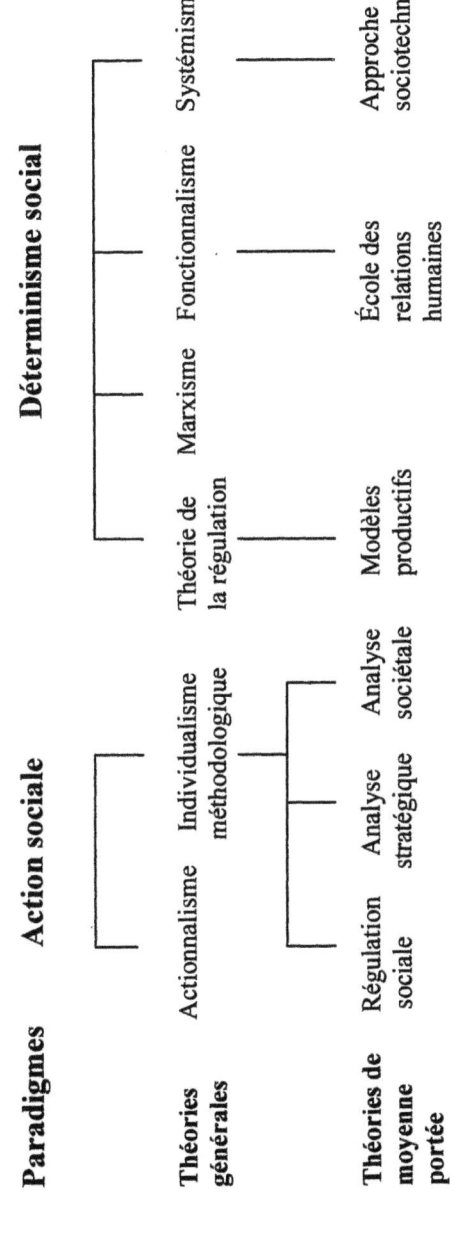

de la réalité par les éclairages divers qu'ils fournissent. Ceux-ci demeurent toujours incomplets et ne peuvent prétendre saisir totalement l'ensemble des aspects d'un phénomène. Il n'y a donc ni vérité immuable, ni certitude absolue. Les régularités difficilement établies par l'observation méthodique invitent à la modestie des généralisations et au renouvellement incessant des approches.

De ce point de vue, recourir à une diversité d'éclairages théoriques pour analyser un phénomène donné n'est plus une approche à proscrire. C'est la voie qu'a choisie cet ouvrage dans la présentation des aspects qu'il a retenus de l'organisation du travail et de l'entreprise.

PREMIÈRE PARTIE
LES THÉORIES SOCIOLOGIQUES

B. Le paradigme de l'action sociale

I
L'interactionnisme, l'individualisme méthodologique et l'actionnalisme

1. L'interactionnisme

L'individualisme symbolique amorce son analyse à partir de la plus petite unité sociale observable, l'interaction entre deux personnes, pour reconstruire l'ordre social. Ce faisant, il rejette le déterminisme social inhérent aux théories marxiste, fonctionnaliste et systémique pour constituer une étape importante de l'élaboration du paradigme de l'action sociale. On décèle dans ce courant sociologique le rôle déterminant de Simmel et de la sociologie compréhensive allemande.

Dès 1920, Mead soutient que la pensée et les attitudes des individus ne sont pas séparables de leur environnement social et que le lien entre ces éléments est rendu possible par l'interprétation que font les acteurs de la dimension symbolique de leurs actions[1]. Ces actions s'inscrivent au sein de processus de communication interpersonnelle qui assurent le développement chez les individus du pôle social de leur identité. Détachant la notion de rôle de celle de statut social,

---

[1] G. H. Mead, *Mind, Self and Society,* Chicago, University of Chicago Press, *1934.* Traduction française par J. Cazeneuve, E. Kallin, G. Thibault, sous le titre *L'esprit, le soi et la société*, Paris, PUF, 1963.

Mead la réintroduit dans la construction du soi social par le biais des jeux de rôles. Par ceux-ci, l'individu apprend à se mettre mentalement à la place d'autrui, à découvrir l'autre et lui-même à travers les rôles joués à l'occasion des activités quotidiennes. Cette intériorisation généralisée de l'autre et du retour sur soi-même contribuent à façonner l'identité sociale de chacun et facilitent la prévision des comportements et l'adaptation sociale.

Pour qu'elles soient compréhensibles et intelligibles aux individus, les relations d'échanges interpersonnelles doivent s'inscrire au sein d'une communauté de significations partagées par tous les acteurs. Cela est rendu possible par le fait que le sens donné aux actions ne relève pas d'instances extérieures aux individus, mais découle des processus d'interactions eux-mêmes, ce qui en facilite la compréhension et favorise l'ajustement réciproque des individus. Blumer, successeur de Mead à l'Université de Chicago et auteur de l'expression « interactionnisme symbolique », rappelle cette volonté qu'ont les acteurs d'interpréter leurs actions, non à la lueur d'une culture imposée qui les détermine, mais à l'occasion même des processus d'interactions qui ont cours. L'ordre social qui s'en dégage est donc instable et aléatoire, toujours en construction par les acteurs, mais ne s'imposant jamais à leurs actions.

Célèbre pour ses nombreuses monographies, l'École de Chicago l'est aussi par les travaux de Hughes qui ont fortement contribué à fonder la sociologie du travail aux États-Unis. Ses analyses tentent de cerner les mécanismes d'adaptation des individus au travail et les modalités de leur insertion au sein de la division du travail. Autonomie professionnelle et protection de l'identité sociale, thèmes contemporains de la sociologie du travail, trouvent leurs racines dans ces premières études interactionnistes.
Prenant le contre-pied de l'approche comparative fonctionnaliste qui consiste à mettre en parallèle les

caractéristiques réelles d'une profession avec celles, théoriques, d'un modèle idéal-typique, Hughes centre sa démarche sur l'observation directe des processus sociaux à la base de la formation des professions et de la division du travail. Parce que toutes les activités professionnelles sont égales en valeur et qu'elles « appartiennent à la même série » quelle que soit leur place dans l'échelle du prestige, il n'hésite pas à aborder l'étude des métiers les plus marginaux tels que la prostitution, la boxe, la musique de jazz, le travail de concierge, etc. Ceux-ci présentent même l'avantage de favoriser une plus grande objectivité de l'analyse par la distance sociale qu'ils maintiennent avec le milieu social des chercheurs et l'absence de privilèges à justifier qui les caractérise.

Pour Hughes, un métier se conçoit sociologiquement s'il est saisi premièrement à partir des biographies individuelles et d'une histoire collective et en deuxième lieu à partir de la division du travail à laquelle il participe et au sein de laquelle il négocie sa place. La division du travail n'est donc pas un fait donné à priori, mais un fait social qui émerge des interactions entre les différents groupes professionnels. Si les membres d'un métier réussissent à imposer un ensemble de manières de faire au sein de leur groupe et à les faire accepter socialement, alors un champ d'intervention plus ou moins exclusif leur est accordé ainsi que la reconnaissance sociale associée à l'obtention d'un statut professionnel.

Même si elles privilégient l'étude des modèles d'interactions qui constituent les principaux facteurs de prédiction des comportements et des attitudes au travail, les analyses interactionnistes n'ignorent pas les contextes technologiques et organisationnels qui les encadrent. Ce faisant, elles renouent avec la théorie classique des organisations en insérant les interactions au sein des structures organisationnelles et des jeux de pouvoir tout en renonçant à la dichotomie entre les organisations formelles et informelles chères à l'École des relations humaines. Elles fournissent aussi une représentation sociale de l'entreprise plus complète qui s'enrichit de la dynamique des actions individuelles et collectives et des rôles institutionnels.

Au plan des comportements individuels, l'interactionnisme est attentif aux efforts d'appropriation par les acteurs des rôles sociaux que les organisations prévoient et à leurs tentatives d'interprétation des modèles de conduite que ceux-ci suggèrent. Ainsi, l'organisation ou l'entreprise n'apparaît plus comme un système structuré s'imposant aux individus, mais au contraire comme un ordre social où la négociation entre les acteurs est possible, qu'ils soient professionnels ou usagers de ces établissements[1].

Goffman a développé un modèle conceptuel qui permet l'analyse des processus d'interactions au cours desquels les acteurs, sur la base de leurs ressources, établissent des stratégies afin de réduire les contraintes qui pèsent sur eux et de préserver leur image. Toute interaction met donc en œuvre un « jeu dramatique » de rôles qui laisse aux acteurs une marge d'interprétation. Même au sein d'institutions dans lesquelles les individus sont totalement intégrés (asiles, hôpitaux, prisons par exemple), des adaptations dites secondaires ou déviantes restent possibles. Celles-ci constituent en fait des stratégies de résistance à l'égard des systèmes qui encadrent les individus de toutes parts, accentuant à l'occasion leur marginalisation. Ainsi, les acteurs réinterprètent les rôles que les institutions prescrivent et préservent par le fait même leur identité[2].

Silverman souligne qu'avant d'être une théorie, l'interactionnisme est une méthode d'analyse qui tente de préciser comment les biographies individuelles intègrent les trajectoires socioprofessionnelles et comment les expériences

---

[1] A. Strauss, *La trame de la négociation. Sociologie qualitative et interactionnisme*, Paris, L'Harmattan, 1992.
[2] E. Goffman, *Asiles. Etudes sur la condition sociale des malades mentaux*, Paris, Les Éditions de Minuit, 1968.

vécues influencent l'implication au travail et déterminent les objectifs que les salariés se proposent d'atteindre[1]. L'analyse porte alors sur les définitions que les acteurs donnent de leurs situations organisationnelles et sur leurs efforts d'appropriation des jeux de rôles qui s'y présentent. Les stratégies des acteurs se construisent sur cette base tout en considérant les ressources qui leur sont accessibles. Finalement, l'analyse constate les conséquences, voulues ou non, des actions menées et enregistre la redéfinition de la situation que les changements survenus entraînent. L'organisation présente donc un cadre dynamique dont les composantes et les contraintes influencent l'action des acteurs, mais sans la déterminer totalement. Les acteurs se donnent une marge de manœuvre, luttent pour le contrôle d'une zone d'influence et se négocient un champ d'action. Le changement est donc possible.

L'interactionnisme a connu divers développements. Il a suscité de multiples recherches, surtout aux États-Unis, et ses prémisses sont à la base d'un renouveau méthodologique qui s'est progressivement développé durant les années 70-80. En France, Boudon est le principal représentant de l'individualisme méthodologique dont la présentation nous permettra d'effectuer une transition intellectuelle vers l'analyse stratégique proposée par Crozier et Friedberg.

2- L'individualisme méthodologique

En plus de l'influence de l'interactionnisme américain, l'individualisme méthodologique s'inspire de la sociologique allemande (Weber, Simmel), de l'école italienne (Pareto, Mosca) et de l'utilitarisme de l'économie classique (Smith, Mill) qui soutient que la société s'autorégularise grâce au libre jeu des comportements individuels (la main invisible). Il fait siennes également certaines propositions épistémologiques de

---

[1] D. Silverman, *La théorie des organisations*, Paris, Bruxelles, Montréal, Dunod, 1973.

Popper et de Van Hayek qui soutiennent que les phénomènes sociaux sont les conséquences des actions individuelles.

L'individualisme méthodologique s'oppose au *sociologisme* de Durkheim c'est-à-dire au manque d'autonomie qui caractérise l'individu durkheimien trop soumis aux contraintes extérieures. Il conteste la conception hypersocialisée de l'individu qui caractérise le fonctionnalisme absolu et qui réduit l'individu à une espèce de pâte molle sur laquelle les données de l'environnement s'inscrivent pour le conditionner, consciemment ou non. En fait, l'individualisme méthodologique s'oppose aux approches globales et déterministes telles que *l'hyperfonctionnalisme* (primauté des rôles sociaux), *l'hyperculturalisme* (primauté de la socialisation : habitus, normes, valeurs) et au *réalisme totalitaire* (primauté des structures sur l'action) qu'il dénonce particulièrement. Enfin, pour Boudon, il ne saurait y avoir de cause première, de déterminisme préalablement défini de l'action sociale et encore moins de lois sociales de l'évolution des sociétés. Il est vain, affirme-t-il, de chercher à démontrer que les causes ultimes du changement doivent être recherchées dans un secteur particulier de la réalité (valeurs, idéologies, relations de production, etc.) ou dans l'un ou l'autre de ses aspects (conflits, dysfonctions, contradictions, etc.)[1]. Enfin, le primat de l'action sociale sur les structures sociales, la priorité accordée au niveau d'analyse microsociologique sur le niveau macrosociologique, la définition de la société comme résultat de la somme des interactions individuelles et le caractère aléatoire et changeant de l'ordre social qui en émane sont autant de propositions qui définissent l'individualisme méthodologique.

2.1. Action rationnelle et contrainte sociale

La conception de l'action sociale de l'individualisme méthodologique peut s'illustrer par la figure 1.

---

[1] R. Boudon, *La place du désordre*, Paris, PUF, 1984

Figure 1
L'action sociale selon l'individualisme méthodologique

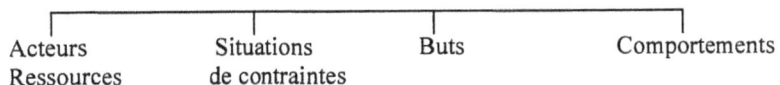

| Acteurs Ressources | Situations de contraintes | Buts | Comportements |

L'acteur peut être individuel ou collectif si ce dernier dispose des propriétés nécessaires à l'action collective (pouvoir de décision, niveau d'organisation, etc.) et son action est intentionnelle puisqu'elle poursuit des objectifs ou défend des intérêts. L'acteur, sur la base de ses ressources, agit à l'intérieur de champs précis qui présentent des contraintes à son action. Boudon soutient que l'individu est toujours situé et daté et qu'il n'est pas totalement libéré des contraintes sociales. Celles-ci délimitent en quelque sorte le monde des possibles qui s'offrent à lui, sans pour autant déterminer totalement son action.

Sans exclure la possibilité d'une action proprement irrationnelle, Boudon postule la rationalité de l'action. Celle-ci peut prendre différentes formes qui rappellent celles de la rationalité wébérienne : la rationalité utilitaire (l'action correspond aux intérêts de l'acteur), la rationalité téléologique (l'action est rationnelle par rapport à une fin), la rationalité axiologique (l'action est rationnelle par rapport à des choix de valeurs), la rationalité cognitive (l'action découle de la croyance en une théorie) et la rationalité traditionnelle qui s'appuie sur des coutumes ou des rites. La rationalité de l'action réside également dans les « bonnes raisons » qui poussent un acteur à agir comme il le fait. Des croyances, même fausses, peuvent également constituer une motivation à l'action. Il s'agit alors d'une rationalité limitée qui se rencontre aussi dans les situations où les acteurs n'ont pas accès à toutes les informations pertinentes. La notion boudonnienne de la rationalité rejoint donc celle de Weber et celle de la rationalité limitée définie par Simon et March[1].

---

[1] H. Simon, *Administrative Behavior*, New York, Macmillan, 1957; J. March, H. Simon, *Les organisations*, Paris, Dunod, 1969.

2.1.1. Systèmes d'interactions, effets émergents et changement social

L'essence de l'explication sociologique consiste pour l'individualisme méthodologique à passer des phénomènes macrosociologiques aux systèmes d'interactions susceptibles de les engendrer par un processus continu d'agrégation. Cette agrégation ou composition des actions individuelles entraîne l'apparition de phénomènes sociaux voulus ou non que Boudon appelle effets émergents. Par exemple, l'explication de Tocqueville des carences de l'agriculture en France comparées au développement de l'agriculture anglaise viendrait du fait que les propriétaires français, désireux d'augmenter leur revenu et leur prestige, sollicitaient des charges administratives et délaissaient leurs responsabilités agricoles. Le cumul de ces actions individuelles entraîne des conséquences sociales indésirables, même pour les acteurs concernés. Il s'agit donc d'un effet émergent et de surcroît pervers.

Boudon distingue deux types de systèmes d'interactions. Le système fonctionnel d'interactions regroupe les relations sociales qui obéissent aux règles prescrites ou qui correspondent aux attentes de rôles. Boudon réserve le nom d'acteurs aux individus agissant au sein de ce type d'organisation. Mais contrairement à l'approche fonctionnaliste classique, il insiste sur le fait qu'en dépit de ces prescriptions l'acteur dispose toujours d'une marge d'autonomie qui en fait un acteur stratégique. L'autonomie de l'acteur par rapport aux rôles qui lui sont assignés est garantie par la multiplicité des rôles et des sous-rôles qu'un même acteur est appelé à jouer, la durée variable de son apprentissage et la présence de normes contradictoires qui rendent difficile une conformité parfaite aux rôles prescrits.

Par opposition à ce premier type de système d'interactions, le système d'interdépendance se caractérise par l'absence de relations ou d'échanges entre les individus. Dans ce cas, les individus appelés agents ne jouent pas de rôle et leurs actions ne sont pas liées entre elles. Par exemple, les individus faisant la queue à l'entrée du cinéma ne sont pas dans une relation d'échange entre eux, mais se trouvent dans une situation d'interdépendance puisque leur position dans la file d'attente découle de leur ordre d'arrivée. Les hésitations et décisions des consommateurs sont un autre exemple d'un tel système d'interdépendance. Ces systèmes présentent des formes multiples et Boudon ne s'attarde pas à les classifier. Par contre, parmi les plus souvent cités, mentionnons les systèmes à effet de renforcement (augmentation d'un phénomène indésirable), de contradiction (tendance à la baisse du taux de profit), d'innovation sociale (l'industrialisation et l'apparition de la famille nucléaire), de stabilisation (institutionnalisation des conflits) et de neutralisation dont l'augmentation des chances scolaires qui ne s'accompagne pas d'une hausse de la mobilité sociale représente un bel exemple. Les systèmes d'interdépendance les plus connus sont probablement les systèmes à effets pervers en ce sens qu'ils entraînent des conséquences négatives ou contraires aux buts poursuivis.

Pour Boudon, la société est constituée de l'enchevêtrement complexe de ces systèmes fonctionnels et d'interdépendance auxquels s'ajoutent leurs effets émergents. La figure 2 illustre cette conception de l'organisation sociale.

Un des mérites des effets pervers est d'introduire la notion de changement qui fait l'objet d'une théorie particulière au sein de l'individualisme méthodologique. Sans nier l'importance des conflits sociaux ou des contradictions sociales en tant que facteurs de changement, Boudon élargit la notion de changement pour saisir la diversité de ses causes. À ses yeux, les conflits de classe sont des relations à somme nulle puisque ce que qu'un groupe gagne, l'autre le perd. Il se préoccupe davantage des situations qui entraînent des jeux à somme non nulle. Par exemple, l'augmentation des chances scolaires ne s'accompagne pas automatiquement d'une réduction des inégalités sociales, mais contribue à une élévation générale de la réussite sociale et à une augmentation des coûts associés à l'obtention d'un statut social. Ces effets inattendus lancent de plus belle la course aux diplômes qui dévalorise par le fait même les titres scolaires à cause de leur trop grand nombre.

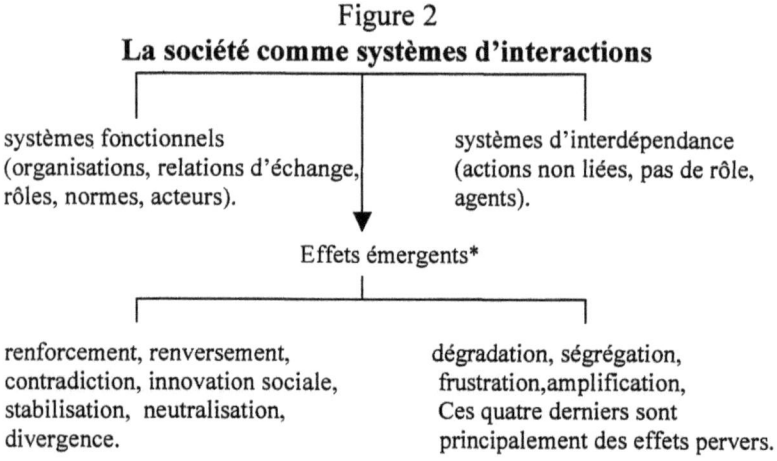

Figure 2
La société comme systèmes d'interactions

systèmes fonctionnels (organisations, relations d'échange, rôles, normes, acteurs).

systèmes d'interdépendance (actions non liées, pas de rôle, agents).

Effets émergents*

renforcement, renversement, contradiction, innovation sociale, stabilisation, neutralisation, divergence.

dégradation, ségrégation, frustration, amplification, Ces quatre derniers sont principalement des effets pervers.

*Les effets émergents émanent ordinairement des systèmes d'interdépendance. Les systèmes fonctionnels, par définition, tentent d'enrayer le développement des effets émergents.

Pour Boudon, le changement social est le résultat de trois types de processus. Le processus répétitif ou reproductif caractérise les situations de blocage où il n'y a pas d'effet de rétroaction sur le système d'interactions et sur l'environnement. Le processus cumulatif se manifeste quand il y a un effet des sorties sur le système d'interactions, mais sans modifier l'environnement. Par exemple, la rareté d'enseignants, en amenant un plus grand nombre d'étudiants à choisir cette profession, entraîne un surplus d'enseignants qui à son tour fait fuir la profession et provoque une nouvelle rareté. Enfin, le processus de transformation se traduit par une rétroaction des sorties sur l'environnement et le système d'interactions comme dans l'exemple de l'inflation des titres universitaires mentionnée plus haut.

2.3. L'explication sociologique

En prenant appui sur ces propositions, l'individualisme méthodologique propose de se consacrer à la recherche, non de causes facilement identifiables et presque préétablies des comportements, mais du sens de l'action sociale tel qu'il est défini par les individus eux-mêmes, fidèle en cela à la tradition sociologique allemande. Pour ce faire, l'analyse doit passer du niveau macrosociologique au niveau microsociologique et retrouver les systèmes d'interactions responsables des régularités statistiques ou des relations générales que l'observateur relève. Les connaissances ainsi acquises permettront la formulation, non de lois que l'individualisme méthodologique récuse parce que trop générales ou ayant une validité trop étroite, mais de modèles au sens de Simmel et de Weber dont la validité ne s'applique qu'à un ensemble limité de situations sans prétendre à l'universalité. Ces modèles sont des schémas composés d'observations factuelles et de quelques propositions énonçant des relations entre variables qui rendent compte d'un phénomène particulier.

En somme, l'ambition principale de l'individualisme méthodologique est d'identifier les relations complexes qui existent entre les comportements, les attentes des individus et les systèmes d'interactions au sein desquels ils agissent. Il lui importe de démonter comment la structure des systèmes d'interactions influence les comportements et les sentiments des individus. D'où la nécessité de fonder l'analyse sur l'acteur social. Pour Boudon, l'acteur social n'agit pas dans un vide institutionnel et social, mais opère toujours au sein d'un univers de contraintes qui s'interposent entre lui et les objectifs qu'il poursuit.

2.4. Critique

À la suite de l'interactionnisme symbolique, l'individualisme méthodologique introduit l'individu en tant qu'acteur stratégique sur la scène de l'analyse sociologique. Mais les exemples d'application de la théorie que Boudon présente sont toujours des réinterprétations d'analyses effectuées par d'autres auteurs sous d'autres cieux théoriques. Même s'il dénonce ouvertement les principes de bases des théories adverses, il tente constamment de démontrer que leurs principaux auteurs auraient été des individualistes méthodologiques avant la lettre. Ainsi, Marx, Durkheim et plusieurs autres sont appelés à témoigner à la barre de l'individualisme méthodologique.

Malgré l'importance que Boudon accorde aux contextes sociaux et aux situations de contraintes, ces environnements sont rarement explicités dans les analyses qu'il présente à l'appui de sa théorie. Les phénomènes macrosociologiques semblent trop souvent situés hors de l'histoire des événements concernés ou être le résultat du hasard. Aucun acteur ne semble y être rattaché et jamais ces contextes n'interviennent dans le cours des actions individuelles même s'ils émanent paradoxalement des systèmes d'interdépendance[1]. D'ailleurs, quel statut épistémologique Boudon accorde-t-il au contexte social ? Est-il un facteur déterminant ou une simple condition aux choix individuels ? Est-il un préalable ou le résultat des actions individuelles ? Durand et Weil rappellent à juste titre le caractère circulatoire de la théorie de l'individualisme méthodologique[2].

Une remarque similaire s'impose relativement à la place centrale que Boudon réserve aux individus. Paradoxalement, ils sont rarement identifiés socialement et Favre souligne

---

[1] P. Perrenoud, « Les limites de l'individualisme méthodologique », *Revue française de sociologie*, III-1978, p. 442-454.
[2] J.P. Durand, R. Weil, *Sociologie contemporaine*, Paris, Vigot, 1997.

pertinemment qu'en dépit de son caractère actionnaliste l'individualisme méthodologique apparaît comme « une sociologie sans sujet »[1]. Le rejet des processus de socialisation par l'individualisme méthodologique en fournit peut-être une explication mais entraîne une deuxième difficulté. Comment ces « individus sans subjectivité » peuvent-ils donner un sens à leur action ? Si l'individu est porteur de sens, n'est-ce pas parce qu'il est socialisé, cristallisation lui-même des rapports sociaux et des données culturelles qui traversent ces situations de contraintes ?

La rationalité des actions suppose une finalité des conduites par rapport à des valeurs ou à des intérêts. Mais quelle est la nature exacte de cette finalité ? D'où provient-elle et comment des mouvements sociaux et des forces nouvelles peuvent-ils émerger du cumul des choix individuels ? À titre d'exemple, comment résoudre le problème posé par Olson relativement à la mise sur pied d'un syndicat que la majorité des employés réclament mais dont aucun n'a intérêt à prendre le risque d'en initier la création ?

En dépit de tout, l'individualisme méthodologique fait preuve de courage en contestant les bases des grandes théories déterministes et prévient les sociologues contre les explications trop hâtives, générales et souvent répétitives. Le relativisme que l'individualisme méthodologique introduit dans la pensée sociologique et le rappel incontournable de l'acteur à l'avant-scène de l'analyse scientifique constituent des avancées incontestables que d'autres approches mettront à profit dont les tenants de l'analyse stratégique en France.

---

[1] P. Favre, « Nécessaire mais non suffisante: la sociologie des "effets pervers" » de R. Boudon, *Revue française de Science politique*, XXX. 6. 1980.

3. L'actionnalisme

Contrairement aux théories précédentes, l'actionnalisme ou sociologie de l'action n'amorce pas son analyse en partant des interactions, mais des relations sociales pour autant qu'elles mettent en œuvre des systèmes sociaux. « Toute relation sociale est la pratique des acteurs d'un système social », affirme Touraine[1]. Même si l'actionnalisme est une théorie de l'acteur social, elle ne situe pas son objet d'analyse au plan microsociologique mais macrosociologique, ni dans la stabilité mais dans le changement, puisque les pratiques des acteurs sont collectives et que certaines visent à infléchir les orientations générales de la société ou à modifier l'ordre social. C'est donc à l'étude des systèmes d'orientation de l'action que l'actionnalisme consacre ses efforts avant tout. En reprenant une formule célèbre, on peut affirmer qu'il vise à comprendre comment les individus et les forces sociales écrivent l'histoire. Pour y arriver, il cherche à identifier les rapports sociaux et à reconstituer les systèmes d'action qui permettent d'en saisir le sens[2]. C'est donc une sociologie du changement. De plus, aux dires de certains experts, il n'est pas une théorie générale dont les concepts sont définitivement arrêtés dans un corpus théorique mais présente plutôt une démarche d'analyse. Par l'objet qu'il vise, les problématiques qu'il traite et son orientation centrée sur le changement, l'actionnalisme occupe donc une place particulière au sein du paradigme de l'action sociale.

Par ailleurs, sa longue maturation laisse entrevoir trois étapes relativement différenciées de sa genèse. La première période est consacrée à l'étude du passage de l'industrialisation qui active une forte affirmation ouvrière à l'automatisation dont les potentialités de développement rendent possible le

---

[1] A. Touraine, *Pour la sociologie*, Paris, Éditions du Seuil, Coll. Points, 1974, p. 56.
[2] A. Touraine, "Action collective", *Encyclopaedia Universalis*, Paris, Albin Michel, 1998.

dépassement du modèle tayloriste. Le mouvement ouvrier apparaît alors comme porteur de transformation sociale et capable d'infléchir l'orientation générale de la société. Après Mai 68, Touraine abandonne cette perspective pour chercher sous d'autres cieux les nouveaux mouvements sociaux annonciateurs de changement. Il délaisse les anciennes problématiques conflictuelles associées au mouvement ouvrier et dirige son regard vers les sociétés post-industrielles productrices de biens culturels et de services. Il tente alors de cerner les enjeux de la modernité et essaie d'analyser l'action des nouveaux mouvements sociaux qui s'opposent aux appareils de domination. Le troisième moment de ce cheminement intellectuel porte sur l'acteur individuel en tant que sujet autonome préoccupé de son destin. Si celui-ci s'oppose au pouvoir technocratique et aux forces de rationalisation illégitimes, il s'éloigne aussi du communautarisme et résiste à la vague identitaire. Parce qu'il est à la fois identité et rapport à l'autre, singulier et universel, il cherche dans ses relations aux autres le sens de son existence et la portée de son action. Être sujet, c'est aussi reconnaître l'autre comme tel, d'où les appels de Touraine à l'ouverture des sociétés aux minorités et sa remise en cause d'une conception trop étroite de l'intégration. Notre présentation de l'actionnalisme se limite aux deux premières étapes de ce cheminement intellectuel[1].

3.1. Acteur, historicité et rapports de classes

Comme pour ses contemporains Boudon et Crozier, la pensée de Touraine est résolument centrée sur l'action sociale.

---

[1] C'est dans *Pour la sociologie (1974)* que le lecteur trouvera l'exposé le plus accessible du cadre d'analyse actionnaliste. Cet ouvrage reprend la réflexion de Touraine développée dans *Production de la société* (1973), *La société post-industrielle* (1969) *et Sociologie de l'action* (1965). Par ailleurs, une bonne connaissance des théories macrosociologiques (fonctionnalisme et marxisme) constitue un atout. Ces théories sont présentées plus loin dans le cadre du paradigme du déterminisme social.

Mais l'acteur tourainien s'oppose au caractère calculateur et utilitariste de l'acteur boudonnien qui, dans des contextes relativement peu contraignants, trouve dans la poursuite de ses intérêts individuels ou collectifs, le principe général de sa conduite. Il y a peu de rapport de domination chez Boudon et les sociétés ou les systèmes sociaux ne sont que les effets émergents de l'agrégation des actions individuelles. Pour Touraine, en accord ici avec Crozier, il n'y a pas de relation d'égalité entre les acteurs et toute relation sociale s'inscrit dans un rapport hiérarchique. Si les acteurs sont motivés par leurs intérêts, leurs actions se déploient dans un rapport conflictuel aux autres.

Comme la production et la consommation ne correspondent pas complètement, il ne peut exister de société sans classes, c'est pourquoi l'historicité est traversée par les rapports de classes. Touraine appelle historicité la « capacité qu'a la société de produire ses orientations sociales et culturelles et de donner un sens à ses pratiques »[1]. L'enjeu social ultime réside donc dans la direction que prend cette historicité, d'où l'importance d'identifier les mouvements sociaux et les rapports de classes susceptibles de l'infléchir.

Or, la classe dominante prétend déterminer l'historicité de la société. En effet, elle tend à identifier ses intérêts à ceux de l'ensemble de la société et confond son idéologie avec le modèle culturel que l'historicité propose à l'action sociale. C'est la raison pour laquelle les classes dominées résistent et contestent les orientations de l'action historique quand celles-ci sont identifiées aux intérêts de la classe dominante. Elles peuvent même à l'occasion invoquer l'historicité contre elle. Par exemple, la contestation par le mouvement ouvrier de l'industrialisation et de la mécanisation ne remettait pas en cause les nouvelles technologies qu'il concevait comme des facteurs de développement économique et de progrès social.

---

[1] A. Touraine, *Pour la sociologie*, op. cit, 1974, p. 56

Elle portait au contraire sur leur application trop restrictive en fonction des seuls intérêts de la classe dirigeante et sur l'appropriation privée des gains qui constituait un obstacle à leur développement.

En fait, les rapports de classes s'interposent entre les orientations liées à l'historicité et les instances institutionnelles et sociales qui encadrent l'action des acteurs. Les classes sociales comme les mouvements sociaux qui portent les actions de classes ne sont pas pour Touraine des groupes concrets (travailleurs, bourgeois, etc.), mais des objets d'analyse. Les classes sociales ne se définissent pas en terme d'opposition (Marx) ni en terme de stratification établie selon une échelle de valeurs (Parsons) mais en terme de conflit. Celui-ci est déterminé par les intérêts respectifs des classes et par leur volonté d'orienter le système d'action historique.

3.2. Système d'action historique, organisation sociale et mouvements sociaux

Le système d'action historique (SAH) assure le lien entre l'historicité et la pratique sociale en définissant les catégories de l'action. Il regroupe l'ensemble des modèles qui encadrent les activités liées au travail à savoir la production, l'organisation, la consommation et la répartition des résultats du travail. Selon l'intensité des rapports de classes, l'élaboration de ces modèles d'action suscite des tensions qui en polarisent l'orientation vers l'ordre ou le mouvement, vers la stabilité ou le changement. Le SAH et les rapports de classes se situent donc dans une relation d'interdépendance et forment ce que Touraine appelle le champ de l'historicité ou le champ de l'action historique.

Cet ensemble conceptuel (historicité, SAH et rapports de classes) constitue les premiers paliers de l'édifice analytique actionnaliste que complètent le système institutionnel et l'organisation sociale. Ces deux derniers paliers se situent à un autre niveau théorique parce qu'ils réfèrent plus directement à des objets concrets situés dans le temps et l'espace social au contraire des trois premiers concepts qui ont une portée universelle. Les paragraphes qui suivent traitent seulement de l'organisation sociale et des mouvements sociaux.

Commandée par les orientations de l'historicité et du champ de l'action historique, l'organisation sociale comporte deux volets : celui des organisations et celui des formes de l'action sociale. Pour Touraine, les organisations visent l'atteinte d'objectifs particuliers et sont dirigées par un pouvoir qui balise l'étendue de l'autorité et détermine les statuts et les rôles de ses membres[1]. Cette définition en apparence fonctionnaliste prend sa dimension actionnaliste quand Touraine précise que le pouvoir exercé au sein des organisations relève de la domination de classe et qu'il est légitimé par le système politique. L'organisation est donc fondamentalement une « manifestation particulière, concrète, d'un SAH et de rapports de classes »[2]. Parmi les types d'organisation qu'il différencie (administration, entreprise, agence), ce sont les entreprises qui sont les plus conditionnées par le SAH et par les rapports de classes.

Enfin, l'organisation sociale regroupe les différentes catégories de l'action sociale (participation, intégration, résistance, oppression) dans lesquelles les mouvements sociaux occupent une place centrale. Ils sont donc inséparables des rapports de classes. Touraine les définit comme étant « l'action conflictuelle d'agents des classes sociales luttant pour le contrôle du SAH »[3]. Mais le conflit social n'est pas une condition suffisante pour qu'émerge un mouvement social. En plus des principes d'identité et d'opposition, le mouvement social doit aussi contenir un principe de totalité, c'est-à-dire

---

[1] A. Touraine, *Production de la société*, Paris, Éditions du Seuil, 1973, p. 280.
[2] Idem, p. 280.
[3] Idem, p. 347.

avoir la capacité de mettre en cause les orientations de la société et les moyens de proposer un nouveau modèle d'organisation. Le mouvement ouvrier, par exemple, contestait le modèle d'industrialisation conçu et contrôlé par la classe dirigeante et revendiquait de plus une réappropriation du travail, de son organisation et de ses résultats. Pour exister, le mouvement social doit être porteur de conduites de rupture et viser une transformation de l'ordre social.

3.3. Conclusion

Les réflexions théoriques de Touraine relèvent d'une pensée riche et complexe à laquelle cette présentation trop schématique ne rend pas justice. À l'époque où la pensée sociologique, particulièrement en France, empruntait les voies plus déterministes du structuralisme et renouait avec le marxisme, Touraine a été un des sociologues qui a le plus contribué à réhabiliter l'acteur social. Sa contribution essentielle a peut-être été de le situer au cœur des transformations sociales, au carrefour des rapports de classes et de l'historicité.

Son schéma conceptuel prend en compte les différents niveaux de la réalité sociale et le conflit en constitue le fil conducteur. Les conflits entre les classes obligent à des négociations qui déterminent la configuration des organisations et leurs règles de fonctionnement alors que les jeux des acteurs en animent la dynamique. En conséquence, structures organisationnelles, règles fonctionnelles et régulations sociales trouvent dans le conflit leur fondement et dans l'historicité leur orientation.

PREMIÈRE PARTIE
LES THÉORIES SOCIOLOGIQUES

B. Le paradigme de l'action sociale

II
**Les analyses stratégique et sociétale
et la théorie de la régulation conjointe**

1. L'analyse stratégique

Même si elle est issue des approches dominantes de la sociologie américaine, l'analyse stratégique prend rapidement ses distances à leur égard en remettant en cause plusieurs de leurs propositions fondamentales[1]. L'analyse stratégique reproche aux théories interactionnistes de négliger les processus de régulation des comportements au sein des organisations en croyant que l'intégration des individus est assurée par un simple mécanisme d'ajustement mutuel des acteurs sur le marché libre des interactions. À l'opposé, l'analyse stratégique conteste le caractère trop rationnel et obligé de l'action sociale que le structuro-fonctionnalisme défend. Il refuse de croire que l'harmonisation des actions au sein des organisations est assurée par la simple dynamique des jeux des rôles et par la contrainte des orientations normatives.

En communauté d'esprit avec l'individualisme méthodologique, l'analyse stratégique critique encore plus vivement les approches proposant un déterminisme unilatéral

---

[1] M. Crozier, E. Friedberg, *L'acteur et le système*, Paris, Éditions du Seuil, 1977.

des comportements et en particulier les théories privilégiant des analyses en termes de cause principale ou de facteur déterminant, que ceux-ci soient culturels, économiques ou qu'ils relèvent des contraintes de l'environnement ou de la technologie. Ces deux approches affirment la liberté partielle de l'acteur, limitée par l'organisation chez Crozier et Friedberg et par le contexte social chez Boudon. Le calcul rationnel, manifeste chez les agents-acteurs de Boudon, est omniprésent chez Crozier et Friedberg. Ce que ces deux derniers auteurs appellent « contingence » (résultat quasi aléatoire des négociations et des relations de pouvoir) et « effets de systèmes ou d'organisation » rejoint la notion d'effets émergents chez Boudon. Mais contrairement aux effets émergents qui constituent l'objet d'analyse de l'individualisme méthodologique, les résultats des relations de pouvoir sont, chez Crozier et Friedberg, contingents, imprévisibles, et ne peuvent donc faire l'objet de prédiction.

En sociologie des organisations, l'analyse stratégique s'oppose aux théories classiques de la rationalité. On ne peut concevoir les organisations comme étant intrinsèquement rationnelles et dotées d'une capacité naturelle de mobilisation. Les comportements des acteurs ne peuvent s'expliquer par la rationalité présumée de l'organisation qui, tel un démiurge, définirait des objectifs incontestables et capables de susciter une adhésion enthousiaste. S'il y a de la rationalité dans les organisations, c'est parce qu'elle est attribuable à ses membres. L'analyse stratégique conteste également le point de vue contraire soutenu par l'École des relations humaines à l'effet que l'organisation serait tributaire des besoins et des motivations individuels. Ce courant de pensée a réifié les besoins individuels et collectifs pour en faire le fondement de l'action humaine, et par ricochet de celui des organisations, sans pour autant identifier socialement les individus ou les groupes qui les expriment.

Compte tenu de ces distinctions, l'analyse stratégique rappelle l'importance des quatre postulats suivants[1]. Les individus en situation de travail acceptent mal d'être réduits à de simples moyens aux fins prescrites par les organisations. À l'encontre du déterminisme normatif, l'analyse stratégique soutient que les acteurs conservent toujours leur capacité d'interprétation et jouissent d'une marge de manœuvre, même dans les systèmes les plus contraignants. En conséquence de cette liberté relative, ils sont capables de mettre en oeuvre des stratégies particulières qui témoignent de leur propre rationalité. Mais cette dernière est toujours limitée et contingente. L'organisation n'est pas cette donnée naturelle qui s'impose à la volonté des individus mais résulte des actions individuelles et collectives. Elle est donc définie comme un construit social. De fait, l'objet principal de l'analyse stratégique est l'action collective organisée et les problèmes de coopération et d'intégration qu'elle pose. Cette problématique situe l'objet d'analyse à mi-chemin entre l'acteur, porteur du système et celui qui lui donne vie, et le système ou l'environnement qui impose ses contraintes et définit les champs possibles de l'action sociale.

L'analyse stratégique renverse donc la tendance déterministe de l'analyse des organisations en affirmant le primat de l'action sociale sur les structures et celui des acteurs sur le système. Les rationalités des acteurs s'affirment au détriment de la rationalité organisationnelle et leurs stratégies imposent des logiques qui pondèrent les objectifs des organisations. Le point de départ de l'analyse n'est plus l'organisation avec sa rationalité, ni les besoins ou les motivations des individus, mais le champ des relations sociales qui se tissent à l'occasion du travail au sein d'ensembles sociaux organisés. De même, l'analyse stratégique redéfinit la relation

---

[1] P. Bernoux, « Système d'autorité et relations de pouvoir au sein d'une organisation », dans M. de Coster et F. Pichault, *Traité de sociologie du travail*, Bruxelles, De Boeck Université, 1994, p. 337-354.

entre l'organisation et l'environnement sur la base d'un échange réciproque.

1.1. Culture et environnement

À la différence de l'approche systémique, l'analyse stratégique propose de remplacer le déterminisme de l'environnement sur l'organisation par une dynamique de la négociation. Commentant les travaux de Lawrence et Lorsch[1], Crozier et Friedberg soutiennent que les entreprises tolèrent une assez grande différence en matière de performance, qu'un simple écart de productivité ne s'accompagne pas nécessairement de la faillite et que la bonne combinaison d'intégration verticale et de différenciation horizontale s'accommode de plusieurs arrangements organisationnels. En fait, la relation environnement-organisation en est une d'influence réciproque : l'environnement délimite les choix possibles et constitue une contrainte à la liberté des organisations, mais ne l'élimine pas. Crozier emploie l'expression "système organisation-environnement " pour bien souligner cette interdépendance[2].

Semblablement, la culture n'est pas cette instance structurée d'éléments normatifs chers aux fonctionnalistes qui détermine unilatéralement les comportements individuels. Elle constitue au contraire un ensemble de ressources que les acteurs acquièrent, adaptent et utilisent à travers leurs pratiques organisationnelles. C'est que les individus, même contraints, sont toujours libres d'agir, que leurs stratégies sont partiellement indéterminées et que les règles observées sont le fruit de leur action. L'analyse des éléments culturels permet de saisir le sens profond des actions individuelles et collectives. De même, elle permet de comprendre pourquoi, au plan

---

[1] Ces travaux sont présentés dans le chapitre traitant de la relation entre l'environnement et les structures organisationnelles.
[2] M. Crozier, « Sentiments, organisations et systèmes », *Revue française de sociologie*, XI-XII, No spécial, 1970-71, p. 141-154.

organisationnel, telle règle est respectée contrairement à telle autre, pourquoi tel arrangement organisationnel et non tel autre convient à une étape particulière de la vie de l'organisation. Les structures organisationnelles, comme les règles, sont des construits sociaux que les acteurs forgent afin de rendre leur coopération possible et d'éviter les risques de tensions excessives.

1.2. Acteur, relation de pouvoir, stratégie et zone d'incertitude

Pour qu'apparaisse un acteur, il faut que se présentent des possibilités réelles d'action et que les individus aient les capacités de mettre en oeuvre une stratégie concertée et relativement cohérente par rapport à des objectifs qui leur sont propres. Crozier et Friedberg insistent à plusieurs reprises sur le caractère volontaire de l'acteur, sur sa capacité à saisir les opportunités d'action que l'organisation lui offre dans les limites de sa propre rationalité. Mais ces capacités d'action ne sont pas des caractéristiques intrinsèques ou psychologiques des individus ou des éléments de leur propre personnalité. Il s'agit plutôt de capacités acquises au sein de l'organisation par un apprentissage des règles formelles et informelles et qui se développent au fil des expériences de travail et des pratiques professionnelles. Ici, structures organisationnelles et capacités relationnelles se conditionnent mutuellement. En fait, les attitudes et les comportements des acteurs renvoient aux relations de pouvoir qui caractérisent l'organisation, ils en sont les signes qui laissent entrevoir leurs stratégies.

Or, les relations sociales entre les acteurs ne sont pas neutres ni indifférenciées. Elles se caractérisent par le pouvoir que les acteurs détiennent ou exercent. Celui-ci s'alimente à quatre sources principales : la possession d'une compétence ou d'une spécialisation essentielle à l'organisation, la capacité d'entretenir des relations avec les environnements utiles à l'organisation, le contrôle exercé sur les informations et enfin, la capacité d'utiliser les règles organisationnelles à ses fins. Il ne s'agit donc pas du pouvoir défini comme un attribut de l'autorité ni de celui attaché à un statut hiérarchique. Le pouvoir est saisi ici comme une caractéristique, une dimension des relations sociales qui repose sur la capacité des acteurs à exercer, grâce à leurs ressources, un certain contrôle sur les zones d'incertitude que toute organisation recèle.

Dans un contexte relativement structuré et stabilisé, l'organisation présente aux acteurs les champs possibles au développement de relations de pouvoir et délimite les zones d'incertitude qui en constituent le terreau. Elle fournit également les règles qui encadrent les jeux des acteurs et les canaux de communication nécessaires à leur expression. Enfin, elle détermine les enjeux possibles c'est-à-dire ce que chaque acteur peut gagner ou perdre au-delà des buts à atteindre.

L'un des principaux enjeux stratégiques pour les acteurs est le contrôle des zones d'incertitude qui ne manquent pas d'apparaître au sein des organisations même les plus structurées. Elles prennent leur source dans un environnement changeant qui rend plus difficile aux organisations l'accès aux différentes ressources financières, matérielles, commerciales, humaines et techniques qui leur sont nécessaires. Les marges de manoeuvre que les employés s'aménagent, même au sein d'une tâche parfaitement définie, créent des occasions favorables au développement de relations de pouvoir à cause des zones d'incertitude qu'elles engendrent. L'incertitude réside dans le caractère imprévisible des comportements ou des environnements qui déstabilisent les acteurs et les organisations. Celui qui, par ses compétences, contrôle ces zones d'incertitude détient une grande source de pouvoir sur laquelle il peut miser dans ses négociations avec les autres.

Crozier et Friedberg distinguent deux types de stratégie. La stratégie est défensive quand elle vise à ce qu'un groupe échappe aux contraintes que les autres acteurs pourraient lui imposer et qu'elle lui assure la protection de sa marge de liberté. Au contraire, la stratégie offensive vise à contraindre les autres pour satisfaire ses propres exigences.

En somme, les interactions, les relations de pouvoir et les règles qui modèlent les stratégies constituent des « systèmes d'action concrets » dans la mesure où ces éléments sont interdépendants et présentent une certaine stabilité dans le temps. Celle-ci est assurée par des modes de régulation des comportements qui s'apparentent à des jeux. Contrairement aux approches fonctionnaliste et systémique, il ne s'agit pas de mécanismes automatiques (du type thermostat) ni de contraintes qui s'imposent aux individus, mais plutôt de mécanismes de jeux ouverts à travers lesquels des acteurs autonomes s'engagent et qui laissent place à des calculs rationnels et stratégiques. Les systèmes d'action concrets reposent donc sur les capacités des acteurs à mobiliser leurs ressources dans le cadre de modèles relationnels qu'ils façonnent eux-mêmes par leurs actions, mais qui en retour les limitent. La figure 1 tente d'illustrer ce cadre de l'action collective.

1.3. La démarche de recherche et ses deux raisonnements complémentaires.

L'analyse stratégique suppose deux modes de raisonnement opposés mais complémentaires : les raisonnements stratégique et systémique. Le raisonnement systémique part du système global dans lequel les organisations opèrent pour retrouver l'acteur, qui avec sa rationalité limitée, développe ses stratégies tout en jouant avec les règles qu'il a lui-même contribué à fixer. Au contraire, le raisonnement stratégique part de l'acteur pour découvrir le système qui sous-tend son action et délimite les frontières de ses champs d'intervention. Par la saisie des contraintes que le système impose à l'acteur, l'analyse stratégique rend compréhensibles les apparentes irrationalités de ses actions.

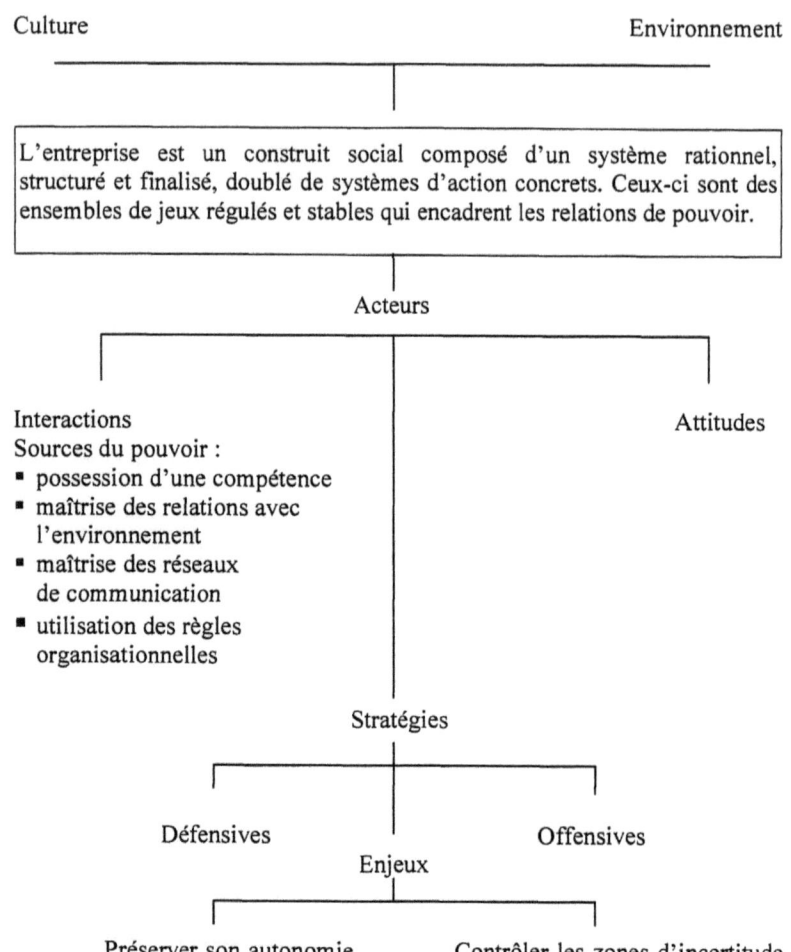

Figure 1
L'entreprise : un construit social

L'analyse stratégique invite donc à cerner la problématique des acteurs, à découvrir le sens souvent caché de leur action et à dévoiler progressivement les contraintes qui s'imposent à leur volonté. Pour ce faire, il faut rejoindre les acteurs dans leur vécu organisationnel au moyen d'entrevues. Celles-ci mettront en évidence les marges de manoeuvre acquises, les capacités relationnelles des acteurs, les ressources dont ils disposent, leurs possibilités d'action et conséquemment la part de pouvoir qu'ils détiennent.

Dans une deuxième étape, l'analyse stratégique, par les voies de l'observation, de la comparaison et de l'interprétation des interactions, tentera de démontrer des hypothèses de plus en plus générales pour introduire les systèmes d'action concrets, objets d'analyse, dans leurs contextes. À titre d'exemple, l'analyse que nous a livrée Crozier du phénomène bureaucratique explique les conflits entre les acteurs par une caractéristique générale de la stratification sociale française qui maintient la distance entre les strates en évitant les relations de face à face[1].

1.4. Critique

L'analyse stratégique refuse toute forme de déterminisme à priori et impose le primat de l'autonomie des acteurs sur la contrainte exercée par la culture ou par tout autre déterminant. L'action des acteurs est donc privée de toute orientation culturelle (valeurs, normes, idéologies) puisque la culture est instrumentale et générée par la dynamique de l'action collective. Ainsi, l'homo strategicus, quoique rationnel, est un être sans histoire, acteur sans nom et facilement interchangeable. Enfin, et en cela fidèle à l'individualisme méthodologique, l'analyse stratégique conçoit la société comme étant formée de la juxtaposition d'organisations ou plus exactement de l'entrecroisement de systèmes d'action concrets.

---

[1] M. Crozier, *Le phénomène bureaucratique*, op. cit. 1963.

Cela apparaît réducteur à beaucoup de sociologues et laisse en suspens l'articulation des niveaux microsociologique et macrosociologique[1]. Crozier et Friedberg ne sont pas insensibles à ces arguments[2].

2. La théorie de la régulation sociale

La théorie de la régulation sociale comme l'analyse stratégique, est une théorie de l'acteur qui s'inspire de l'individualisme méthodologique, mais sans s'y mouler entièrement[3]. Conformément à ces deux théories, la théorie de la régulation sociale de Reynaud suggère d'amorcer l'analyse sociologique, non en partant du système social et de son unité, mais de la pluralité des acteurs et de leurs divergences. L'analyse ne doit pas postuler la contrainte qui harmonise les comportements, mais doit plutôt rechercher le sens de l'action collective dans la variété des intérêts et la multiplicité des jeux régulés[4].

2.1. L'acteur et la règle

Pour la théorie de la régulation sociale et à l'encontre de l'individualisme méthodologique et aussi d'une certaine conception des groupes sociaux, l'action collective ne découle pas de la simple agrégation des intérêts particuliers ou

---

[1] B. Jobert, « L'essentiel et le résidu (bis). Pour une critique de l'analyse systémique stratégique », *Revue française de sociologie*, Vol. XVII, 4-1976.
[2] Sur l'articulation des niveaux sociopsychologique et organisationnel, M. Crozier, « Sentiments, organisations et systèmes », op. cit, 1970-71, et sur le décloisonnement des approches organisationnelles, E. Friedberg, « Les quatre dimensions de l'action organisée », Revue française de sociologie, XXXIII, 1992, p.531-557. Friedberg veut dépasser l'opposition traditionnelle entre action formalisée et action collective, même dans ses formes les plus floues, pour souligner le continuum existant entre ces diverses formes d'action sociale et ouvrir tous ces nouveaux champs à l'analyse stratégique.
[3] J.-D. Reynaud, *Les règles du jeu. L'action collective et la régulation sociale*, Paris, Armand Colin, 1997.
[4] J.-D. Reynaud, « Conflit et régulation sociale. Esquisse d'une théorie de la régulation conjointe », *Revue française de sociologie*, XX, 1979, p. 367-376.

de la conscience de partager une situation commune. L'action ouvrière, par exemple, ne peut se définir uniquement en fonction d'une appartenance de classe. De même, les interactions entre les acteurs collectifs prennent des formes multiples faites d'alliances, d'oppositions et de conflits. Le champ de l'action collective est une immense scène à plusieurs dimensions où les acteurs jouent des jeux, se livrent à des stratégies et calculent la portée de leurs discours. L'édifice même de la scène peut être ébranlé et les règles qui encadrent l'action peuvent être remises en cause. L'action collective se développe progressivement à travers ces jeux complexes. Son déroulement est imprévisible et ses enjeux variables.

L'action collective suppose la conscience de partager un intérêt commun et la volonté d'agir ensemble. Elle exige également une entente sur des objectifs à atteindre ou un projet à promouvoir. Cette notion de projet est capitale pour la formation des groupes et, à travers elle, pour l'identité des acteurs. Elle donne corps au groupe et justifie l'élaboration de règles dont le respect ne prend sens qu'en fonction du projet poursuivi.

Si le point de départ de la théorie de la régulation sociale est l'acteur, son objet d'analyse est la règle ou plus précisément son processus de création que Reynaud appelle la régulation sociale. Mais il ne s'agit pas ici de la règle au sens durkheimien qui s'impose de l'extérieur aux individus avec la force d'une contrainte sociale. Sans perdre sa dimension contraignante, la théorie de la régulation sociale inverse la proposition de Durkheim et affirme que la règle résulte des interactions sociales et des processus de négociation qu'elles suscitent chez les acteurs. Si la tradition déterministe de la sociologie postule la préexistence de la norme à l'action sociale, la théorie de la régulation sociale renverse partiellement cette logique. La règle est immanente à l'action, elle se construit dans l'action et à travers la réalisation d'un projet commun.

Même si la règle est constitutive de l'acteur, les groupes peuvent se l'approprier ou l'invoquer au besoin pour justifier leur action ou défendre leur position. En l'invoquant, ils la renforcent tout en la modelant à leurs avantages respectifs. La règle devient alors un enjeu social. Elle peut être un objet de négociation et source de conflit. Si Durkheim ne pouvait concevoir une règle négociée, ce qui justifie le recours au corporatisme pour harmoniser les intérêts des travailleurs et des patrons, l'histoire des relations de travail montre bien au contraire que la règle préside à la négociation et en constitue souvent l'enjeu. C'est pourquoi le résultat en est minutieusement transcrit dans les conventions collectives.

Cela ne signifie pas que la règle soit sans légitimité, au contraire. La légitimité de la règle réside dans son efficacité. Sa contribution à la réalisation d'un projet collectif, la mobilisation des énergies qu'elle suscite et la cristallisation des individus en acteurs collectifs donnent tout son sens à la règle. En conséquence, la régulation sociale n'est pas un processus fonctionnel qui vise la stabilité du système social ou le maintien de l'ordre social. Elle est au contraire un processus dynamique qui « renouvelle, détruit ou crée, bref qui fait vivre le lien social »[1]. S'il y a stabilité, il faut en chercher les causes, non dans un besoin de cohérence ou d'harmonie du système social, mais dans les actions et les stratégies des différents acteurs dont les effets s'annulent.

En fait, la théorie de la régulation sociale remet en cause l'existence même d'un système social en tant que réalité supra-individuelle. Il faut renoncer à rechercher les lois générales de l'équilibre social ou celles qui prétendent expliquer l'évolution des sociétés comme les grandes théories déterministes et l'historicisme du XIXe siècle ont tenté de le faire parce qu'il n'y a pas de système social et encore moins de loi générale qui en régit l'organisation selon Reynaud. Celui-ci conteste en

---

[1] J.-D. Reynaud, *Les règles du jeu. L'action collective et la régulation sociale*, Préface à la deuxième édition, op. cit. 1997.

particulier un postulat important du structuro-fonctionnalisme voulant que tout système repose sur son unité fonctionnelle. Selon cette hypothèse, il faudrait rechercher les fondements de l'unité dans les causes structurelles (les valeurs) et tenter d'en comprendre les mécanismes d'adaptation fonctionnelle. Renoncer à ce postulat, c'est reconnaître ceux de la multiplicité des acteurs et de la diversité des systèmes d'action, chacun ayant sa propre rationalité et assurant son propre équilibre.

La société apparaît alors comme étant formée « des entrecroisements complexes de systèmes réels... L'ensemble social réel est un amas hétérogène et peu cohérent avec un très grand nombre de relations d'interdépendance partielle », affirme Reynaud[1]. L'équilibre général est donc instable, changeant et précaire et devra trouver son explication, non dans une fonctionnalité suprasociale ou dans des mécanismes systémiques d'adaptation, mais dans les dynamiques de ses sous-systèmes réels d'action collective.

2.2. L'entreprise et les régulations

La réflexion de Reynaud sur la vie en entreprise s'amorce à partir de l'analyse de l'École des relations humaines qui, ayant constaté la présence de deux types d'organisation (formelle et informelle) en son sein, affirme affirme que deux logiques les opposent : celle des coûts et de l'efficacité, et celle des sentiments. Reynaud démontre que ces deux logiques ne sont pas aussi opposées qu'il y paraît[2]. Les directions, identifiées à l'organisation formelle, ne sont pas toujours rationnelles et défendent souvent des positions dont l'argumentation n'est pas exempte de sentiments. À l'inverse, les organisations informelles ne sont pas moins rationnelles que

---

[1] Idem, p. 199.
[2] En plus des ouvrages cités, on lira avec intérêt J.-D. Reynaud, « Les régulations dans les organisations : régulation de contrôle et régulation autonome », *Revue française de sociologie*, XXIX, 1988, p. 5-18.

les organisations formelles. Il s'agit de rationalités différentes. À titre d'exemple, Reynaud reprend la démonstration de Roy sur le freinage des ouvriers. Le freinage n'était pas pour Roy une simple réaction de défense ou de frustration sociale contre l'organisation formelle comme le soutenait l'équipe de Mayo. Il constitue une manifestation d'autonomie qui comporte sa part d'efficacité puisqu'elle permet à la production de sortir en dépit des contrôles de la direction. De même, les études sociotechniques sur le travail des mineurs anglais démontrent que leurs pratiques organisationnelles comme celles du choix de coéquipiers et de l'affectation tournante des tâches ont bien sûr pour fonction d'assurer la solidarité des équipes de travail dans un environnement hostile et dangereux, mais poursuivent aussi des objectifs d'efficacité. La pratique des cercles de qualité témoigne bien aujourd'hui que l'organisation informelle est pleine de ressources... autres qu'émotives ! C'est pourquoi les termes d'organisations formelle et informelle paraissent mal adaptés à Reynaud. Il s'agit en fait de formes différentes de régulation des comportements.

Ce faisant, il fait plus que substituer une expression par une autre. La régulation autonome, par exemple, n'est pas la simple expression émotive ou la réaction spontanée d'un groupe à une situation de travail. Il s'agit d'une régulation progressivement élaborée au fil des expériences du groupe et qui fixe dans des règles et des procédures les modalités de son fonctionnement. Ces règles portent sur les niveaux de rendement jugés convenables, les formes d'entraide souhaitées, les attitudes à adopter à l'égard de l'encadrement, la qualité et le rythme de travail, etc. Elles sont susceptibles d'être transmises, elles deviennent alors objets d'apprentissage par les nouveaux membres des groupes avant de s'imposer à leur action. Enfin, elles sont doublement efficaces parce qu'elles fixent les comportements attendus et assurent au groupe un fonctionnement cohérent. À l'opposé, la régulation de contrôle qui vient ordinairement de la hiérarchie tente d'encadrer les zones de liberté et d'autonomie acquises par les employés. Le bureau de méthode en fixant les quotas de production et les normes de qualité à respecter relève de la régulation de contrôle.

Il importe de préciser que même si la régulation de contrôle caractérise ordinairement les directions et que les employés tentent plus fréquemment de préserver leur autonomie, il n'y a pas de positions sociales préalablement assignées à l'une ou l'autre de ces deux formes de régulation. Des employés peuvent s'octroyer une régulation de contrôle lorsqu'ils sont investis d'une responsabilité productive et des directions fonctionnelles peuvent manifester leur autonomie professionnelle à l'égard de la direction générale d'une entreprise.

Enfin, Reynaud définit la régulation conjointe comme le résultat d'une négociation entre acteurs sociaux. Mais elle n'en est pas un résultat obligé puisqu'elle peut rencontrer des obstacles à sa réalisation. La pratique de la négociation en vue de la signature d'une convention collective en constitue évidemment un bel exemple. La régulation conjointe couvre alors plusieurs dimensions de la vie au travail selon les régimes de négociation et la volonté des acteurs. Mais elle ne constitue pas un équilibre stable qui aurait pour effet d'effacer les jeux de pouvoir auxquels les acteurs continuent de se livrer sur le terrain. Elle ne représente qu'un compromis raisonnable qui ne peut se substituer à la « concurrence des régulations »[1].

3. L'analyse sociétale

Il est malaisé de qualifier le statut épistémologique de l'analyse sociétale aux dires mêmes de ses fondateurs qui ne la considèrent « ni comme une véritable théorie ni comme une

---

[1] E. Reynaud, J.-D. Reynaud, « La régulation conjointe et ses dérèglements », *Travail Humain*, 57,3, 1994, p. 227-238.

pure démarche empirique »[1]. La présentation qui en est faite ici se limite à celle qui est mise en œuvre dans leur analyse comparative du rapport salarial en France et en Allemagne et qui a fait l'objet d'une publication en 1982[2]. Dans cette étude, les auteurs positionnent l'analyse sociétale dans le champ de la recherche scientifique en organisation du travail.

L'analyse sociétale rejette ce que ses fondateurs appellent « la version classique du paradigme de la sociologie du travail », à savoir le déterminisme technologique et ses différentes variantes. Il n'y a pas selon elle de principe régulateur unique, exogène au travail et à l'entreprise qui explique à la fois les attitudes et les comportements des travailleurs, les mouvements de la qualification du travail et les changements organisationnels. Au contraire, à technologies comparables, des différences apparaissent au niveau de l'organisation du travail, des structures hiérarchiques, de la qualification des travailleurs et des systèmes de relations industrielles. Au lieu de considérer ces variations comme des cas d'exception de la thèse du déterminisme technologique, l'analyse sociétale en fait plutôt l'objet de son étude et recherche les éléments structurels qui les expliqueraient. Par exemple, les différences observées en matière de qualification entre les salariés français et allemands sont mises en relation avec les systèmes éducatifs et les formes de relations industrielles propres à ces deux pays.

L'analyse sociétale prend aussi une distance à l'égard de l'analyse stratégique même si ses énoncés de base sont assez proches de cette théorie. On a déjà noté la difficulté pour l'analyse stratégique de passer du niveau microsociologique au

---

[1] M. Maurice, A. Sorge, F. Sellier, H. Nohara, E. Verdier, *L'analyse sociétale revisitée*, Document Séminaire, L.E.S.T., 98/8, Sept. 1998. Dans ce document, M. Maurice réactualise les concepts fondamentaux de l'analyse sociétale vingt ans après leur première diffusion.
[2] M. Maurice, F. Sellier, J.-J. Silvestre, *Politique d'éducation et organisation industrielle en France et en Allemagne*, Paris, PUF, 1982.

niveau macrosociologique malgré la définition que cette approche donne à la notion de culture comme étant un construit social. Au plan organisationnel, la culture apparaît dans l'analyse stratégique comme une capacité relationnelle que les acteurs peuvent s'approprier dans leur lutte pour le contrôle des zones d'incertitude ou pour la défense de leur autonomie professionnelle. Mais comment passer de cette notion de la culture comme capacité relationnelle à l'analyse des rapports entre l'action des acteurs, l'organisation du travail et de l'entreprise et la culture nationale, autrement qu'en recherchant des « harmoniques » générales[1] comme Crozier l'a fait dans son analyse du phénomène bureaucratique ?

La théorie de la régulation sociale, en proposant une conception pluraliste de la société caractérisée par un enchevêtrement de systèmes réels d'action collective, se heurte à la même difficulté. L'analyse sociétale propose une solution en identifiant les processus sociaux qui relient les niveaux micro et macro-sociaux de l'action collective. De plus, l'analyse des interactions entre les différents niveaux de l'organisation sociale permet d'expliquer, au moins partiellement, la formation des acteurs et des rapports sociaux au sein desquels ils évoluent[2].

Comme nous l'avons indiqué précédemment et à l'encontre de son caractère actionniste, l'analyse stratégique est relativement muette sur l'identité des acteurs. Celle-ci semble davantage définie par les stratégies que les acteurs déploient et par leurs capacités à saisir les opportunités qui se présentent dans les jeux de pouvoir que par leurs caractéristiques individuelles et collectives. La logique de l'action domine toute la sphère du social au sein de laquelle les acteurs ne sont, à la limite, que les supports des jeux et des stratégies et où les

---

[1] M. Crozier, *Le phénomène bureaucratique*, op. cit. 1963.
[2] M. Maurice, F. Sellier, J.-J. Silvestre, « Priorité à la régulation conjointe ou aux rapports sociaux? », *Revue française de sociologie*, XX, 1979, p. 377-380.

rapports sociaux se limitent aux relations de pouvoir. Du point de vue de l'analyse sociétale, l'analyse stratégique et la théorie de la régulation sociale ne tiennent pas suffisamment compte des formes de socialisation qui façonnent l'identité des acteurs et négligent l'importance des rapports sociaux[1].

Enfin, ces approches se caractérisent par le fait qu'elles partagent une vision assez semblable de l'entreprise. En dépit d'affirmations contraires, l'entreprise semble coupée de ses marchés et assez éloignée des systèmes sociaux et économiques qui l'environnent. Elle n'est pas présentée comme un principe organisationnel actif qui contribue à structurer ses marchés, même si ceux-ci en retour la conditionnent. Elle demeure sans voix dans le champ des rapports sociaux de production et semble impuissante à gérer ses relations avec l'environnement. À l'encontre de cette conception passive de l'entreprise, l'analyse sociétale propose une définition active de l'entreprise comme organisation socialisée capable de gérer ses rapports avec l'extérieur et d'harmoniser ses actions à l'interne. Elle le fait en fonction des contextes nationaux au sein desquels elle opère et en tenant compte des rapports sociaux qui la traversent.

La spécificité nationale des entreprises comme le caractère particulier du fait salarial dans chaque pays reposent sur l'articulation des trois dimensions du rapport salarial. En tant que construit social propre à chaque pays, l'entreprise s'édifie à partir des processus de socialisation et de qualification de la main-d'œuvre, des modalités de la division du travail et des mécanismes de régulation des conflits sociaux. L'analyse sociétale désigne par les expressions « rapport éducatif, rapport organisationnel et rapport industriel » ces trois dimensions du fait salarial.

---

[1] M. Maurice, « Acteurs, règles et contextes. À propos des formes de la régulation sociale et de leur mode de généralisation », *Revue française de sociologie*, XXXV, 1994, p. 645-658.

L'interdépendance entre ces trois dimensions crée ce que les chercheurs appellent des espaces professionnels ou des espaces d'action collective. Ces espaces sont les lieux véritables où les échanges entre les acteurs et avec le système socio-économique prennent forme et se développent. L'articulation des composantes du rapport salarial crée donc des états particuliers, des formes spécifiques de cohérence sociétale, à travers lesquels le salariat se construit et se particularise dans chaque pays. Le salariat, universel dans son développement, est particulier dans ses formes nationales comme l'analyse comparative du rapport salarial en France et en Allemagne le démontre[1]. La figure 2 schématise le rapport salarial tel que défini par l'analyse sociétale.

Figure 2
Schéma du rapport salarial selon l'analyse sociétale

Rapport éducatif	Rapport organisationnel
Construction des qualifications, orientation des mobilités éducatives et professionnelles.	Relation de pouvoir et de coopération, division du travail, structure hiérarchique, identité au travail, autonomie professionnelle, degré de dépendance à l'entreprise.

Acteurs	
Espace professionnel.	Espace d'action collective.

Rapport industriel
Formes de régulation des conflits, relation avec la direction, syndicalisme, système de relations industrielles.

---

[1] M. Maurice, F. Sellier, J.-J. Silvestre, *Politique d'éducation et organisation industrielle en France et en Allemagne*, op. cit, 1982.

PREMIÈRE PARTIE
LES THÉORIES SOCIOLOGIQUES

C. Le paradigme du déterminisme social

III
Les fonctionnalismes et l'approche systémique

1. Les fonctionnalismes

Une des sources théoriques du fonctionnalisme réside dans les premières enquêtes de terrain menées par les anthropologues préoccupés de cerner les causes de la stabilité des sociétés qu'ils observaient. En effet, l'école culturaliste de cette discipline postule que toute culture forme un système intégré dont le sens émane précisément de l'articulation de ses éléments constitutifs. En conséquence, est assignée à la sociologie la tâche de comprendre la particularité de cette articulation et de démontrer en quoi chaque élément du système remplit une fonction indispensable au maintien de son équilibre.

1.1. Les fonctionnalismes absolu et relativisé

À cette première version du fonctionnalisme à laquelle on associe ordinairement le nom de Malinovski, Merton oppose un fonctionnalisme relativisé qui en nuance les postulats fondateurs[1]. Il suggère de remplacer le *postulat de nécessité fonctionnelle* qui veut que tous les éléments culturels ou

---

[1] R. K. Merton, *Social Theory and Social Structure*, Glencoe, The Free Press, 1949.

activités sociales soient fonctionnels et indispensables au système par celui d'équivalent ou de substitut fonctionnel. En effet, ces derniers peuvent fournir une réponse plus adaptée à un besoin particulier qu'une activité plus immédiatement fonctionnelle. Le *postulat de l'unité fonctionnelle* selon lequel tous les éléments contribuent à l'équilibre général du système entier s'oppose au fait qu'un élément intégrateur dans un contexte particulier ou pour un groupe donné peut exercer une influence contraire ou différente dans un autre contexte. À preuve, les religions qui ont pour fonction de rassembler les individus et d'assurer une cohésion sociale peuvent être dans un contexte différent sources de tensions ou de conflits majeurs. Les éléments sociaux et culturels peuvent donc être dysfonctionnels et gêner ainsi l'adaptation du système. Enfin, le *postulat de l'universalisme fonctionnel* qui affirme que tout élément doit répondre à un besoin ou remplir une fonction contredit le phénomène des « survivances culturelles », c'est-à-dire le maintien de traits traditionnels qui persistent dans le temps sans remplir de fonction nécessaire.

À ces critiques du fonctionnalisme absolu, Merton ajoute les notions de fonction manifeste et de fonction latente. Les premières renvoient aux conséquences objectives, voulues et comprises des comportements tandis que les secondes en soulignent les conséquences involontaires ou inconscientes. Ainsi, la consommation ostentatoire qui vise à affirmer un statut social est une fonction latente de la consommation dont la fonction manifeste est de répondre à un besoin particulier. Notons, par ailleurs, que Merton considère les dysfonctions comme des facteurs potentiels de changement puisqu'elles sont susceptibles de provoquer des tensions entre les acteurs sociaux ou d'affaiblir momentanément l'équilibre du système social.

1.2. Le structuro-fonctionnalisme

Partant du postulat fonctionnaliste selon lequel toute société et toute forme d'action humaine constituent un système ayant sa propre structure interne et qu'elles doivent répondre à des exigences d'ajustement, Parsons a élaboré un vaste cadre conceptuel de l'action humaine et de la vie sociale. Son projet n'est pas exclusivement sociologique puisqu'il transcende les frontières disciplinaires dans l'espoir de créer un ensemble conceptuel capable de saisir toutes les dimensions psychologique, sociale, politique, économique et culturelle de la vie en société. Pour ce faire, il emprunte aux fondateurs de la discipline les matériaux nécessaires à l'édification de son schéma conceptuel : la notion de système social chère à Pareto, la primauté de l'action sociale préconisée par Weber et le fonctionnalisme implicite de Durkheim.

1.2.1. Le modèle général de l'action humaine

Pour Parsons, toute action humaine et toute société doivent répondre à **quatre impératifs fonctionnels ou fonctions élémentaires**. La première fonction élémentaire est *l'adaptation*. Elle assure l'ajustement du système à l'environnement par l'échange de ressources et de produits. *La poursuite de buts* définit les objectifs généraux à l'atteinte desquels le système tout entier doit œuvrer. *L'intégration* assure la coordination des différentes parties du système. C'est la dimension stabilisatrice du système puisqu'elle veille au maintien de la cohésion et de la solidarité sociale nécessaire à son fonctionnement. Enfin, *la stabilité normative* ou l'adhésion des individus et des groupes aux valeurs doit assurer la conformité des conduites sociales tout en entretenant chez les individus et les collectivités un niveau suffisant de motivation qui les incite à l'action. Parsons utilise ici l'expression de latence pour qualifier cette fonction et emploie l'abréviation AGIL pour désigner l'ensemble de ces quatre impératifs fonctionnels à la base de tout système d'action.

Il complète son modèle général de l'action humaine en attribuant à ces impératifs fonctionnels des **sous-systèmes** particuliers. Ainsi, à la fonction de stabilité normative correspond le *sous-système culturel* qui par ses valeurs, idéaux, normes et idéologies fournit ou impose aux acteurs les motivations et les orientations à leur action. Le *système social* remplit la fonction d'intégration en offrant l'encadrement social approprié tandis que la fonction de la poursuite des buts est assurée par le *sous-système de la personnalité* qui traduit en comportements acceptés les orientations normatives. Enfin, *l'organisme biologique* assure la fonction d'adaptation du système en puisant dans l'environnement les ressources nécessaires à son équilibre et à son développement.

Ces quatre sous-systèmes sont évidemment en interaction continuelle, toute action humaine étant à la fois commandée par ceux-ci mais susceptible de les affecter aussi. Par contre, Parsons les différencie en fonction de ce qu'il appelle l'ordre hiérarchique de contrôle cybernétique. Plus simplement dit, les sous-systèmes se répartissent verticalement sur un axe dont les deux extrémités sont constituées d'une part, d'énergie ou de ressources et d'autre part, d'informations ou de mécanismes de contrôle. Le sous-système biologique, par exemple, est riche en ressources et en énergie tandis que le sous-système culturel est le siège des mécanismes de contrôle de l'action humaine. Cette même hiérarchisation s'applique également aux quatre préalables fonctionnels. À titre d'exemple, la fonction d'adaptation est de l'ordre de la dépense d'énergie tandis que la fonction de stabilité normative relève davantage des mécanismes de contrôle parce que plus riche en informations.

1.2.2. Le système social

Après avoir défini l'articulation des quatre sous-systèmes du modèle général de l'action humaine, Parsons centre son attention sur le sous-système social responsable de la fonction intégration dont il attribue l'étude à la sociologie. Il en fait une analyse semblable à celle du système général de l'action humaine. On retrouve donc dans le sous-système social les quatre mêmes impératifs fonctionnels répartis selon le même ordre hiérarchique de contrôle cybernétique auxquels sont ajoutés les composantes structurelles stables et les éléments structuraux concrets.

Les **quatre composantes structurales stables** sont les suivantes : les rôles, les collectivités, les modèles culturels et les valeurs. Les *rôles* définissent les modalités d'appartenance et de participation des individus aux collectivités tout en précisant l'articulation et l'adaptation de ces dernières à leur environnement. Les *collectivités* sont formées des groupes et des organisations au sein desquels les individus interagissent en fonction des buts à atteindre. Les *modèles culturels* encadrent l'action des individus et des groupes et facilitent leur intégration au système social. Enfin, les *valeurs* inspirent les conduites en proposant des orientations qui sont désirées par les collectivités tout en justifiant les modèles culturels qui leur servent de guide. Parsons qualifie de « stables » ces composantes structurales parce qu'elles revêtent un caractère relativement durable. Elles constituent en quelque sorte des canaux que la culture emprunte pour atteindre les individus et assurer la conformité de leurs comportements.

L'harmonisation de ces composantes en situation d'interdépendance est assurée par deux mécanismes. *L'intériorisation* désigne l'assimilation par les acteurs sociaux des modèles culturels et des valeurs sociales tandis que *l'institutionnalisation* réfère à la traduction des éléments culturels en normes culturelles et en rôles sociaux.

Enfin, à chacune de ces composantes structurales stables est attribuée une institution spécifique qui contribue à la réalisation de la fonction qui lui est dévolue et dont l'ensemble forme les **éléments structuraux concrets**. À la fonction d'adaptation est assignée *l'appareil économique* qui par ses échanges et les rôles sociaux qu'il génère, assure l'adaptation des individus et des collectivités à leur environnement. La *sphère politique* fixe les objectifs qui rendent possible la mobilisation des individus et des collectivités autour de valeurs centrales ou de projets communs[1]. Le *système judiciaire* garantit l'harmonisation des comportements des individus en imposant le respect des règles et des normes sociales[2]. Enfin, les *différentes institutions de socialisation* (famille, école, église, etc.) maintiennent la stabilité normative du système par la transmission des valeurs aux individus et aux groupes.

L'interdépendance de ces éléments structuraux concrets engendre ce que Parsons appelle un système d'échange qui opère selon un double mouvement d'input et d'ouput. Chaque sous-système reçoit des autres ce dont il a besoin pour fonctionner en offrant en retour les produits ou les avantages de son activité. En voici quelques exemples. La communauté sociétale assure l'engagement et la loyauté des membres à l'organisation économique tandis que celle-ci assure sa survie. De même pour l'État qui en favorisant le développement économique bénéficie en retour des biens et revenus qu'il génère. En somme, la circulation des ressources au sein de ces sous-systèmes assure le fonctionnement et l'équilibre général du système social entier

1.3.   Les systèmes adaptatifs de Buckley

Buckley déplore le fait que la sociologie parsonienne soit trop fortement influencée par les modèles mécanique et organique valables pour l'analyse des systèmes biologique et mécanique mais qui sont insuffisants pour saisir la complexité des systèmes ouverts et vivants comme le système

---

[1] « Sphère politique » signifie ici toute forme de prise de décision, d'organisation et de mobilisation des ressources et se rencontre aussi bien dans l'État qu'au sein de toutes autres formes d'organisation sociale dont l'entreprise.

[2] Le système judiciaire relève de ce que Parsons appelle la communauté sociétale, soit l'ensemble des instances de coordination sociale et des différentes formes de solidarité.

socioculturel. Ainsi, au principe homéostatique qui sert de régulateur au système biologique, il oppose le principe de la morphogenèse applicable aux systèmes sociaux. Ce principe réfère aux processus susceptibles de changer la forme, la structure ou l'état d'un système social[1].

Il souhaite introduire plus de flexibilité dans le modèle parsonien en insistant sur le fait que toute société est traversée par de multiples tensions. Celles-ci proviennent des frustrations et des aspirations des individus et des collectivités, des agressions internes ou externes et des divers conflits qui l'animent. À ses yeux, les impératifs fonctionnels peuvent faire l'objet de transgressions plus ou moins importantes. La déviance positive, par exemple, caractérise un système social capable d'une certaine flexibilité et qui est en mesure d'inventer de nouvelles solutions aux situations problématiques qu'il rencontre. Ainsi, Coser a démontré que certains types de conflit peuvent entraîner des conséquences fonctionnelles non voulues en favorisant l'adaptation des différents acteurs de l'entreprise[2]. Ces conflits contribuent davantage au maintien et à la stabilité organisationnelle des entreprises qu'à remettre en cause son ordre social. Il en est ainsi de l'action syndicale qui peut fournir l'impulsion nécessaire à une meilleure adaptation de l'entreprise à son environnement et une meilleure intégration de ses acteurs. Au contraire, la déviance négative est le fait d'une société fragilisée ou incapable de gérer le changement et qui se fige dans des attitudes passéistes. La gestion du changement ou de l'évolution du système social suppose, pour Buckley, des mécanismes de contrôle ou de « sélection ». La concurrence, les jeux de pouvoir, les actions collectives et les conflits constituent de tels mécanismes et assurent en plus une stabilité relative à un système en changement. On nomme aujourd'hui régulation ces mécanismes.

---

[1] W. Buckley, *Sociology and Modern Systems Theory*, Englewood Cliffs, Prentice-Hall Inc, 1967.
[2] L. Coser, *Les fonctions du conflit social*, Paris, PUF, 1982.

La vision de Buckley des systèmes adaptatifs adoucit le caractère structuraliste, déterministe et formaliste de l'approche parsonienne en ouvrant davantage le système social au changement résultant des tensions qu'il abrite. Pour Buckley, « il n'y a ni loi de l'inertie sociale, ni force de rééquilibrage automatique », nous rappelle Lugan[1].

1.4. Conclusion

La tentative parsonienne de construire un cadre général de l'action humaine qui, rappelons-le, transcende les champs disciplinaires des sciences humaines a peu d'équivalents dans l'histoire de la pensée à l'exclusion peut-être de la théorie marxiste. Au moment où les spécialistes des différentes disciplines des sciences humaines découpent la réalité en parties plus facilement analysables, comme Merton le propose en invitant les sociologues à élaborer des « théories de moyenne portée », Parsons travaille à contre-courant.

Son cadre conceptuel de l'action humaine et du système social, que Mills surnomme ironiquement la « Suprême théorie », a fait l'objet de plusieurs critiques. Mais, selon Rocher, elles ne sont pas toujours fondées[2]. On a beaucoup critiqué le statisme du structuro-fonctionnalisme qui insiste sur le rôle des mécanismes de socialisation et de contrôle social au détriment d'une conception plus dynamique de l'action sociale. Rocher démontre à plusieurs reprises que le schéma de Parsons contient plusieurs éléments qui supposent une dynamique interne du système. La notion de contrôle cybernétique est dynamique en soi et les échanges entre les quatre sous-systèmes sociaux alimentent divers processus de changement. Par contre, il faut reconnaître que Parsons a peu exploré les voies de transformations sociales que son cadre général contient

---

[1] J.-C. Lugan, *Éléments d'analyse des systèmes sociaux*, Toulouse, Editions Privat, Coll. Societas, 1983.
[2] G. Rocher, *Talcott Parsons et la sociologie américaine*, Paris, PUF, 1972.

implicitement, trop préoccupé peut-être à en démontrer le bien-fondé dans différents champs d'application.

Plus fondamentalement encore, le risque que présente ce modèle conceptuel est la tentation de l'utiliser comme théorie. Son caractère général et abstrait offre l'avantage d'intégrer divers éléments et d'être applicable à une variété de situations. Mais il n'est qu'un modèle construit afin de saisir plus facilement la réalité en découpant en quelque sorte les sociétés concrètes en sous-systèmes abstraits. Or, tout modèle est réducteur de la réalité dont la complexité et la dynamique ne se laissent pas saisir facilement. Si ce type de modèle permet de décrire les interdépendances systémiques et d'expliquer le déterminisme culturel des comportements humains, il faut rappeler que l'action sociale transcende toute vision modélisée de la réalité sociale par le sens qu'elle porte et les finalités qui l'animent.

Quoi qu'il en soit, la logique du structuro-fonctionnalisme repose sur deux postulats fondamentaux : la nécessité fonctionnelle des sous-systèmes et leur articulation dans un ensemble structuré relativement stable. Si la différenciation fonctionnelle s'opère par la spécialisation des fonctions, des mécanismes de coordination et de rétroaction permettent la correction des erreurs et l'ajustement général du système. De plus, des mécanismes de socialisation et de contrôle social assurent l'intégration des individus. La version la plus achevée du structuro-fonctionnalisme s'éloigne donc du fonctionnalisme classique pour rejoindre l'approche systémique que les paragraphes suivants abordent.

2. La théorie des systèmes

C'est après des applications prometteuses en sciences pures que des spécialistes des sciences humaines importèrent la théorie des systèmes. Déjà proposée dans les années 30 par von

Bertalanffy, ce n'est qu'en 1968 que celui-ci élabore sa conception des systèmes sous la forme d'une théorie générale[1].

Essentiellement, la notion de système réfère à un ensemble structuré de parties et d'éléments reliés entre eux. Son postulat de base affirme que l'ensemble ainsi formé présente un niveau de complexité supérieur à celui que l'on retrouve dans ses parties constitutives. Les systèmes peuvent être fermés ou ouverts selon que leurs échanges s'opèrent à l'intérieur de leurs frontières ou qu'ils sont dirigés vers l'extérieur.

Pour considérer une organisation du point de vue systémique, il faut appréhender l'interdépendance de ses sous-systèmes organisationnels d'une part, et les relations de réciprocité qu'ils entretiennent avec les éléments de leur environnement respectif, d'autre part. Cela permet de saisir à la fois ses mécanismes internes d'ajustement et ses capacités d'adaptation externe par les processus de rétroaction qu'elle met en oeuvre. La dynamique systémique suppose donc la définition d'objectifs et leur atteinte par la recherche d'une économie des inputs et d'une maximisation des outputs. L'analyse distinguera alors les composantes structurelles des organisations de celles qui relèvent de sa dynamique interne.

Du point de vue systémique, la capacité d'adaptation d'une organisation est inversement proportionnelle à son niveau de structuration. Trop de rigidité organisationnelle accentue les difficultés d'adaptation et une organisation trop structurée est souvent insensible à son environnement. Il faut donc de la souplesse à l'organisation pour répondre aux exigences de changement que son évolution requiert. La *propriété d'équilibre dynamique*, expression contradictoire dans les termes, réfère à la capacité d'un système à assurer son adaptation par les échanges qu'il entretient avec les éléments

---

[1] L. von Bertalanffy, *La théorie générale des systèmes*, Paris, Dunod, 1993.

de son environnement. Les transactions entre les intrants et les extrants assurent au système les ressources nécessaires à son fonctionnement tandis que les mécanismes de rétroaction lui transmettent les effets de son action sur l'environnement. Ainsi, ordre et flexibilité, structure et adaptation nécessitent un arbitrage constant au sein des organisations.

3. **Application en sociologie des organisations**

L'approche systémique et les théories fonctionnalistes ont ouvert à la recherche scientifique divers domaines et alimenté de multiples courants d'analyse. Mentionnons, en premier lieu, les études fonctionnalistes sur l'organisation bureaucratique et les dysfonctions qu'elle engendre. Merton a souligné le ritualisme que des règles de fonctionnement trop rigides provoquent chez les employés (le respect de la règle devient un but en soi) tandis que Gouldner a démontré qu'elles entraînent un ajustement à la baisse des niveaux de production, soit précisément l'effet contraire à celui recherché. Pour sa part, Selznick a attiré l'attention sur le fait que la délégation de pouvoir engendre une valorisation excessive de sous-objectifs au détriment des buts généraux de l'organisation. Enfin, Blau a analysé le caractère dysfonctionnel de certains mécanismes de contrôle sur l'activité des travailleurs et sur la qualité même des produits.

Deuxièmement, plusieurs études ont démontré que la prise de décisions rationnelles peut être contrecarrée par le marchandage qu'elle suscite entre les membres de l'organisation (Simon, Cyert et March). Pour contourner ces vicissitudes et pour s'approcher davantage de la rationalité recherchée, Simon propose de programmer les processus décisionnels. Cette programmation serait évidemment favorable à une centralisation administrative et à une concentration du pouvoir décisionnel entre les mains du groupe le plus apte à définir les critères de décision. March soutient, au contraire, que toute théorie de la décision est impossible tant sa rationalité est limitée.

Troisièmement, les analyses des effets de la technologie sur les structures organisationnelles des entreprises et sur les attitudes ouvrières ont constitué un courant de recherche connu sous le nom de déterminisme technologique. À la suite des travaux de Woodward, l'impact de la technologie sur l'entreprise s'est rapidement posé en termes d'intégration et de différenciation des structures organisationnelles (Lawrence, Lorsch) tandis que les enquêtes sur les attitudes des travailleurs (Blauner, Seeman, Touraine, etc.) démontrent des niveaux variables de satisfaction et d'adaptation. Dans cette même perspective, un grand nombre de recherches souligne les relations existantes entre différents éléments organisationnels (structures, comportements, procédures) et les composantes de l'environnement (marché, institutions, politiques publiques, État, etc.)

Quatrièmement, le domaine des relations industrielles a connu des développements intéressants grâce à son exploration par les théories fonctionnaliste et systémique qui ont fourni à son analyse de nombreux modèles explicatifs : systémique chez Dunlop, institutionnel avec Webb et Flanders, pluraliste pour Clegg et Fox et stratégique dans les études de Kochan et Mc Kersie.

On peut, cinquièmement, regrouper en deux grandes catégories les recherches sur la relation entre la culture et les organisations selon qu'elles adoptent un point de vue interne ou externe. L'approche systémique considère la culture comme une variable externe et déterminante des organisations que les travaux d'Abegglen et d'Iribarne illustrent. L'approche de la culture organisationnelle défendue par Lemaître, Pascale et Athos, Peters et Waterman démontre que la culture est à la fois source de solidarité collective et de compréhension commune et qu'elle influence les orientations des organisations en même temps qu'elle alimente l'action des acteurs.

Enfin, rappelons que le développement de la psychologie organisationnelle et de l'approche sociotechnique est en partie attribuable aux théories fonctionnaliste et systémique qui ont fourni les fondements théoriques nécessaires à leur analyse. On doit à la psychologie organisationnelle de nombreuses recherches sur la motivation des employés et les différents styles de leadership. Ces études sont à l'origine des pratiques actuelles en matière de gestion des salariés. L'approche sociotechnique, en s'appropriant les notions de système et d'adaptation dynamique, a impulsé un large courant de restructuration du travail, particulièrement dans les pays d'Europe du Nord.

Les deuxième et troisième parties de cet ouvrage se proposent d'aborder dans une perspective relativiste l'étude de certains de ces thèmes.

PREMIÈRE PARTIE
LES THÉORIES SOCIOLOGIQUES

C. Le paradigme du déterminisme social

IV
La psychologie organisationnelle et l'approche sociotechnique

Les résultats des recherches menées à la Western Electric durant les années 30 ont conduit l'équipe de Mayo à développer un schéma conceptuel de l'entreprise en tant que système social dont l'articulation de ses organisations formelles et informelles assure l'équilibre. L'importance accordée à cette notion d'équilibre systémique rejoint le postulat fonctionnaliste de la nécessité fonctionnelle. La notion de comportement irrationnel chère à Pareto n'est pas étrangère non plus à Mayo pour qui les comportements des groupes informels traduisent une logique de sentiments qui s'oppose à la logique de l'efficacité de l'organisation formelle.

Sur les voies tracées par l'équipe de Mayo, des recherches menées ultérieurement sur la motivation en lien avec la productivité du travail sont à l'origine de l'École de la psychologie organisationnelle. Les développements de cette discipline fourniront les bases théoriques à l'expérimentation des nouvelles formes d'organisation du travail durant les années 60-70. L'École de la gestion des ressources humaines qui prend son envol la décennie suivante s'inscrit parfaitement dans le prolongement de ce courant d'analyse.

Parallèlement à ces travaux et prenant appui sur la théorie des systèmes, le Tavistock Institute développe son approche sociotechnique. Certains pays s'inspireront des propositions de réforme du travail qu'elle propose et lanceront les mouvements d'enrichissement des tâches en Norvège et en Suède et de démocratie industrielle en Allemagne.

1. L'École des relations humaines

L'équipe de Mayo est la première à établir clairement que les interactions des individus au travail donnent naissance à des groupes sociaux préoccupés de leur cohésion. L'action des individus au sein de leurs équipes de travail, les codes de conduite qu'ils élaborent et les valeurs auxquelles ils adhèrent contribuent à assurer une certaine stabilité au groupe et une sécurité émotive et sociale aux individus. Contrairement aux prétentions du taylorisme, les salariés ne sont pas de simples automates motivés par le seul appât du gain financier mais sont des individus animés de raison et de sentiments qui tentent de s'aménager une certaine autonomie au travail en dépit de la rigidité des tâches et de leurs modes d'opérations. Ils adoptent des règles de fonctionnement qui facilitent l'intégration des individus aux équipes de travail qu'ils forment et qui assurent à celles-ci une relative cohésion.

À partir de ces constats, l'équipe de Mayo développe un modèle conceptuel capable à la fois de rendre compte de la richesse des résultats d'enquête obtenus et de fournir une vision relativement cohérente de la dynamique et du fonctionnement de l'entreprise. L'entreprise apparaît dès lors comme un système social composé d'une organisation technique et économique doublée d'une organisation humaine. Celle-ci est, à son tour, constituée d'une organisation sociale formelle et d'une organisation sociale informelle. Des modèles de relations sociales se développent au sein de ces deux types d'organisation et déterminent les comportements et les attitudes des individus. Dans l'esprit de Mayo, les individus ne sont pas des êtres indifférenciés mais des personnes déjà façonnées par leurs expériences personnelles et par les processus de socialisation qu'ils ont vécus. Ils arrivent donc au travail avec un bagage qui constitue leur capital social et culturel.

Les chercheurs appellent informelles les organisations dont les valeurs et les modèles de comportement émanent spontanément des interactions sociales et des relations interpersonnelles qui se tissent à l'occasion du travail et qui, par le fait même, échappent aux règles et procédures officielles de l'entreprise. Ils qualifient de « logique des sentiments » le mode de fonctionnement de ces groupes, préoccupés qu'ils sont à protéger leur stabilité et leur cohésion par opposition à la « logique des coûts et de l'efficacité » qui anime l'organisation formelle de l'entreprise. Les règles adoptées par ces groupes informels déterminent les comportements de leurs membres qui sont tenus de les respecter sous peine de sanctions. Tout en renforçant la cohésion des groupes, ces règles ou normes informelles visent à protéger ces groupes contre les contraintes extérieures qui échappent à leur contrôle, les changements organisationnels susceptibles de perturber leur mode de fonctionnement et les exigences trop intempestives de productivité. Ainsi, les groupes fixent eux-mêmes les normes de travail qu'ils considèrent convenable de respecter en échange des rémunérations prévues.

Pour l'équipe de Mayo, il importe que les administrateurs prennent acte de l'existence de ces groupes informels et apprennent à composer avec eux afin d'éviter qu'une rupture n'éclate entre ces deux mondes. Elle propose d'établir des mécanismes de communication bidirectionnelle dans le but d'harmoniser les normes informelles aux buts de l'entreprise.

L'intérêt de ces études réside dans le fait qu'elles soulèvent de nombreuses questions sur l'organisation du travail et la gestion de la main-d'oeuvre. Les problèmes relatifs à la répartition de l'autorité, aux mécanismes de contrôle et à la supervision sont posés à tous les niveaux de l'entreprise, et l'organisation du travail comme les structures formelles de l'entreprise n'échappent plus à l'analyse. Ces sujets constituent les préoccupations premières de la psychologie organisationnelle.

2. La psychologie organisationnelle

Parmi tous les domaines explorés par la psychologie organisationnelle, la motivation en tant que facteur présumé de la productivité au travail a suscité un grand nombre de recherches dont les résultats sont à l'origine des nouvelles formes d'organisation du travail introduites en Amérique du Nord dans les années 70. Elles sous-tendent également les réformes organisationnelles auxquelles le management participatif se livrera une dizaine d'années plus tard.

Les spécialistes s'entendent pour regrouper les théories de la motivation en deux grandes catégories. Un premier groupe est formé des théories de contenu qui définissent les forces internes qui poussent les individus à agir. Elles se présentent ordinairement sous la forme d'une classification des besoins individuels et des conditions favorables à leur satisfaction. Les théories de processus constituent le deuxième groupe. Elles tentent d'expliquer l'interaction entre les besoins individuels et l'environnement susceptible d'y répondre. Les premières essaient de décrire ce qui motive les individus à agir tandis que les secondes cherchent à expliquer comment l'interaction entre les pulsions individuelles et les éléments de l'environnement amène les individus à adopter tel ou tel type de comportement. Le tableau 1 présente ces facteurs intrinsèques (psychologiques) et extrinsèques (organisationnels) de la motivation.

Tableau 1
Facteurs internes et externes de motivation

Facteurs intrinsèques	Facteurs extrinsèques	
	Liés au travail	Liés à l'entreprise
Besoins Attitudes Intérêt Perception	Tâche • Environnement immédiat • Complexité et signification • Autonomie • Normes, contrôle • Relations latérales avec les collègues	Système de récompenses • Rémunération • Promotion Pratiques d'encadrement • Participation • Rétroaction • Communication Relations de travail

2.1. Les théories de contenu

Parmi les théories de contenu, celles de Maslow et de Herzberg sont les plus connues tandis que celles de Porter, d'Alderfer et de Mc Clelland en précisent certains aspects. La théorie des besoins de Maslow est encore une référence malgré ses limites évidentes. Pour lui, les besoins des individus en situation de travail sont des sources de motivation s'ils peuvent les exprimer et échapper aux contraintes rigides du modèle taylorien du travail. Il revient aux gestionnaires de canaliser les énergies productives des employés vers l'atteinte des objectifs de l'entreprise. Maslow présente ces besoins sous la forme d'une pyramide hiérarchisée dont la base est constituée par les besoins physiologiques et le sommet par les besoins d'actualisation de soi ou de réalisation personnelle. La caractéristique essentielle de sa théorie réside dans le fait qu'on ne peut satisfaire un besoin de niveau supérieur avant ceux des niveaux inférieurs. À titre d'exemple, les besoins physiologiques auxquels un bon salaire permet de répondre doivent être assurés avant de vouloir répondre aux besoins relationnels de l'individu et a fortiori à ses besoins d'actualisation. Un apport important de cette théorie est de pouvoir associer facilement des éléments organisationnels à chaque catégorie de besoins individuels.

Maslow lui-même reconnaît que sa théorie souffre d'un bon nombre d'exceptions. Certains individus, les artistes par exemple, parce que centrés sur la satisfaction de leur besoin de réalisation négligent leurs besoins de niveau inférieur. Quelquefois, des situations particulièrement pénibles empêchent, au contraire, les individus de percevoir leurs besoins de niveau supérieur.

D'autres recherches et interprétations nuancent les propositions de Maslow. Alderfer rejette l'idée d'une stricte hiérarchisation des besoins à sens unique et reformule la classification en trois niveaux plutôt qu'en cinq paliers comme le propose Malow tandis que Porter ajoute le besoin d'autonomie tant valorisé par les gestionnaires désireux de jouer pleinement leur rôle. Mc Clelland conteste l'ordre hiérarchique des besoins fixé par Maslow et soutient que le besoin d'accomplissement s'explique d'abord par l'origine sociale et culturelle des individus plutôt que par des considérations psychologiques ou individuelles. En effet, ce besoin se rencontre plus souvent chez les individus des classes moyennes dont l'éducation familiale les prépare à la compétition et à la recherche de défis élevés. Pas étonnant qu'ils valorisent le succès et qu'ils se rencontrent principalement dans le monde des affaires.

C'est à partir d'une compilation de réponses relatives à des facteurs présumés de satisfaction et d'insatisfaction au travail que Herzberg élabore sa théorie des deux facteurs[1]. Les cinq facteurs suivants se retrouvent rarement en situation d'insatisfaction au travail : l'accomplissement ou la réalisation, la reconnaissance, la tâche, la responsabilité et l'avancement. À

---

[1] F. Herzberg, B. Mauser, B. Synderman, *The Motivation to Work*, New York, John Wlily, 1959. Voir aussi, *Le travail et la nature de l'homme*, Paris, Entreprise moderne d'édition, 1971.

l'inverse, les politiques de la direction, la supervision, les relations avec les autres salariés et les conditions de travail sont souvent des sources de frustration. Plus précisément, ces derniers éléments appelés facteurs hygiéniques ou d'ambiance ne peuvent être des sources positives de satisfaction au travail, même si une amélioration des conditions de travail peut empêcher une détérioration du climat de travail. Seuls les premiers facteurs qu'il appelle facteurs valorisants ou motivants peuvent jouer positivement sur la satisfaction. Herzberg soutient qu'une plus grande autonomie au travail et un sens accru des responsabilités favorisent la satisfaction des employés et contribuent à l'augmentation de la productivité du travail.

En conséquence, il propose de réorganiser le travail sur la base des six principes organisationnels suivants qui ne sont pas sans rappeler a contrario ceux de Taylor[1].

- Enlever certains mécanismes de contrôle sans détruire la possibilité de vérification.
- Accroître la responsabilité de l'individu vis-à-vis son groupe de travail.
- Donner à l'individu une unité naturelle et complète de travail.
- Permettre au travailleur d'avoir une vue d'ensemble du processus de travail pour en saisir l'utilité sociale.
- Permettre aux travailleurs de participer à la définition des objectifs de production, à la préparation et au contrôle de la tâche.
- Assigner aux individus des tâches spécialisées afin qu'ils acquièrent une expertise et qu'ils aient des possibilités de promotion individuelle.

Afin d'enrichir le travail, Herzberg suggère une démarche stratégique d'implantation comprenant une demi-douzaine d'étapes qui rappellent celles de l'approche

---

[1] F. Herzberg, "One More Time: How Do You Motivate Employees", *Harvard Business Review*, Jan-Fév. 1968, p. 53-62.

sociotechnique. Il faut d'abord établir un diagnostic du fonctionnement de l'unité de travail visée en évaluant le climat de travail, les coûts d'une éventuelle restructuration des tâches et la capacité d'adaptation des employés et des cadres de premier niveau. On procède ensuite au recrutement des employés désireux de participer à l'expérimentation. Celle-ci exige par ailleurs un effort de sensibilisation aux théories motivationnelles de tous les groupes concernés et une présentation claire de la démarche poursuivie. Par des séances de brainstorming, on relève les suggestions susceptibles d'enrichir le travail. Les plus réalistes sont regroupées dans un plan d'action qui sera appliqué progressivement.

Semblablement à la théorie de Maslow qui a suscité beaucoup de débats, la théorie des deux facteurs de Herzberg et son analyse du travail ont fait l'objet de différentes propositions. Myers a suggéré d'inclure dans les modalités de l'enrichissement du travail les fonctions de planification-organisation des tâches et celle du contrôle des résultats. Sa démarche d'implantation rejoint celle des cercles de qualité qui s'articule autour de problèmes ponctuels à résoudre auxquels les individus concernés cherchent une solution. Hackman et Oldman ne font pas de la restructuration des tâches un principe universel, préoccupés qu'ils sont par l'adéquation des caractéristiques du travail aux aptitudes et besoins des individus. Pour eux, l'enrichissement du travail suppose le regroupement d'activités en un tout cohérent qui confère au travail une identité distinctive et lui donne un sens. La transmission des résultats du travail à l'employé demande que des relations directes s'établissent entre celui-ci et les utilisateurs de son produit. Ce processus est susceptible d'améliorer la qualité du produit et d'augmenter la diversité des tâches, ces dernières pouvant inclure des éléments de contrôle.

2.2. Les théories de processus

Les théories de contenu considèrent assez peu les différences sociales, culturelles ou nationales des individus et sous-estiment les impacts des situations réelles de travail sur les individus. Les théories de processus tentent de remédier à ces lacunes en prenant en compte les éléments contextuels. Pourquoi certaines activités apparaissent-elles motivantes pour certains et présentent-elles peu d'intérêt pour d'autres ? Pourquoi certains individus recherchent-ils des défis à relever tandis que d'autres fuient ces mêmes occasions pour se retrancher dans des comportements plus sécurisants ? Parmi la panoplie des théories de processus, celles du renforcement, de l'équité, des objectifs et des attentes retiennent l'attention.

S'inspirant du behaviorisme, la *théorie du renforcement* repose sur le principe selon lequel un comportement est fonction de ses conséquences. Plutôt que de relever de mécanismes internes à l'individu (besoin, tension), ce sont davantage les conséquences externes, positives ou négatives, d'un comportement qui incitent l'individu à le reproduire, le modifier ou l'éviter.

La *théorie de l'équité* proposée par Adams repose sur le calcul comparatif qu'effectue l'individu entre ce qu'il apporte à l'organisation (contribution) et ce qu'il en retire (gains). Cette comparaison favorable ou défavorable l'amène à réagir en modifiant l'un ou l'autre élément de la comparaison. Cette théorie postule que l'individu recherche l'équité en matière de traitement et qu'il tentera d'éviter les situations de déséquilibre ou d'inégalité.

La *théorie des objectifs* de Locke postule que l'individu est un être rationnel et capable de se fixer des objectifs qu'il tentera d'atteindre. Ces objectifs sont des sources de motivation et influencent ses comportements dans la mesure, et c'est là que réside la particularité de cette théorie, où ils sont élevés et qu'ils présentent quelques difficultés de réalisation. Cette particularité de la théorie n'est pas sans rappeler celle du besoin d'accomplissement de Mc Clelland mais s'en différencie par le fait que les objectifs fixés sont extérieurs aux individus.

La *théorie de l'expectative ou des attentes* reprend à son compte certains postulats des théories précédentes. Comme la théorie du renforcement, elle croit que les comportements individuels sont déterminés par leurs conséquences et fait sienne également le postulat de la rationalité des comportements humains que l'on retrouve dans la théorie des objectifs. Elle soutient que l'individu choisit rationnellement les moyens qui lui semblent les plus appropriés pour atteindre ses objectifs. Il échappe donc aux facteurs de conditionnement ou autres déterminismes plus ou moins conscients ou automatiques qui dictent à son insu ses comportements. Enfin, la particularité de cette théorie est d'accorder à l'acteur une place si souvent absente dans les autres théories en lui reconnaissant une volonté consciente d'agir et une capacité à évaluer ses propres attentes. En somme, cette théorie repose sur l'équation entre l'effort requis pour atteindre un rendement et les bénéfices que l'individu espère en retirer. Cette équation est conditionnée par l'évaluation qu'il fait de ses capacités à atteindre le rendement voulu. Ainsi, la décision de l'individu repose sur quatre éléments qui constituent les fondements de sa motivation. La figure 1 illustre cette théorie que Vroom a traduit dans une formule célèbre. Bref, la théorie de l'expectative n'est pas sans rappeler l'approche en termes de coûts-bénéfices de la théorie de la prise de décision.

Figure 1
La théorie de l'expectative

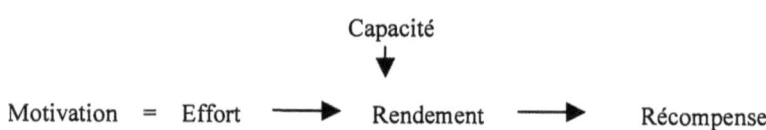

3. La gestion des ressources humaines

Les théories de la motivation ouvrent la voie à l'approche des ressources humaines qui, à partir des années 70, se développe aux États-Unis pour atteindre l'Europe quelques années plus tard. L'intérêt de cette approche découle de l'importance prise par le « facteur humain » et ses qualifications dans les nouveaux systèmes productifs. La gestion des ressources humaines se substitue à la gestion des coûts de production. La pression des marchés, la recherche de produits de qualité par des consommateurs de plus en plus avisés, le développement des nouvelles technologies qui exige une main-d'oeuvre qualifiée, la production en flux tendus qui oblige à ramener à l'atelier des fonctions autrefois centralisées dans les bureaux de méthode, sont des facteurs qui contribuent à ce renversement de situation. Les missions exploratoires au Japon ramènent en Occident un nouveau modèle de gestion du travail axé sur la responsabilisation et la polyvalence des travailleurs. Les entreprises occidentales sont tentées par la création d'équipes de travail autonomes et performantes et par la possibilité de réduire la structure hiérarchique. L'amélioration de la communication entre les catégories professionnelles et les services fonctionnels combinée à une adhésion plus soutenue à des projets communs suscitent beaucoup d'espoir et poussent à une gestion plus responsable des salariés. Il apparaît souhaitable à une partie éclairée du patronat que les employés ne soient plus considérés comme des automates et que leur encadrement ne doive plus se limiter à gérer les comportements inappropriés. Le travail de coût de production ou de facteur imprévisible devient une ressource que certains expriment en termes de capital humain.

Les entreprises qui, prenant en compte les acquis de l'École des relations humaines et les théories de la motivation, assurent aux collectifs de travail une plus grande autonomie y découvrent un potentiel de compétences et de savoir-faire opératoire invisible à l'approche rationnelle du travail. La diffusion de la théorie des systèmes au cours des années 60 consolide les assises théoriques de l'École de la gestion des ressources humaines et permet à ses spécialistes de développer des modèles cohérents d'intervention. La notion d'interdépendance des sous-systèmes justifie la fonction « ressources humaines » dans les organigrammes des entreprises et ses gestionnaires s'appliquent à définir des objectifs de développement du capital humain compatibles avec ceux de l'entreprise. La nécessité d'évaluer les résultats de la mobilisation des travailleurs incite à raffiner les méthodes d'appréciation des rendements et à construire des indicateurs fiables de performance.

En somme, la psychologie organisationnelle et les pratiques de gestion des ressources humaines restent marquées par leur engagement à l'égard de la direction des entreprises et par leur volonté de favoriser l'intégration des travailleurs au fonctionnement de celles-ci. L'individu et son groupe apparaissent encore comme des rouages d'un système que la psychologie organisationnelle a appris à mieux connaître certes, mais à qui on refuse encore l'autonomie et le pouvoir de décision sur l'organisation de leur travail. Ainsi, ces différents courants complètent-ils davantage qu'ils ne contestent fondamentalement le taylorisme tandis que la gestion des ressources humaines poursuit l'œuvre de rationalisation du facteur humain que la psychologie organisationnelle avait entreprise.

4. L'approche sociotechnique

Inspirée de l'analyse systémique et de la théorie fonctionnaliste, l'approche sociotechnique marque un tournant décisif dans l'étude des phénomènes organisationnels par un triple apport. Premièrement, elle tente d'unifier en un tout cohérent les sous-systèmes technique et social que l'École des relations humaines avait différenciés et même opposés. L'approche sociotechnique postule au contraire la complémentarité de ces sous-systèmes et cherche à optimiser leur potentialité respective. Les études de l'industrie du charbonnage en Grande-Bretagne ont permis pour la première fois de constater cette interdépendance entre les systèmes technique et social du travail[1]. En deuxième lieu, l'approche sociotechnique propose une nouvelle définition de l'entreprise comme constituant un système ouvert et en interrelation avec l'environnement qui à la fois l'alimente et l'influence. Enfin, l'analyse de l'entreprise en terme de système sociotechnique remet en cause la thèse du déterminisme technologique dominante à cette époque en soulignant la variété des modèles organisationnels qu'une même technologie autorise comme la recherche de Emery et Trist l'a démontré[2]. Du point de vue de l'approche sociotechnique, la technologie est une « condition-frontière » de l'organisation qui la détermine en lui imposant des limites et des contraintes organisationnelles mais qui permet en même temps des choix quant aux modes d'organisation du travail.

4.1. Composantes et caractéristiques de l'approche sociotechnique

Boisvert rappelle les caractéristiques ou les propriétés systémiques de l'approche sociotechnique[3]. Celles-ci sont au

---

[1] E. L. Trist, K. M. Bamforth, "Some Social and Psychological Consequences of the Longwall Method of Coal-Getting », *Human Relations*, 4 (1), 1951. Version française sous le titre, « Quelques conséquences sociales et psychologiques de la méthode des longs fronts de taille dans l'extraction du charbon », dans J.-F. Chanlat, F. Séguin, *L'analyse des organisations. Une anthologie sociologique*, T. II, Boucherville, gaëtan morin éditeur, 1987, p. 141-174.
[2] F. E. Emery, E. L. Trist, « Socio-Technical System », dans C.W. Churchman et M. Verhulst, *Management Sciences, Models and Techniques*, Vol. 2, N. Y. Pergamon Press, 1960. Traduction française sous le titre « Les systèmes socio-techniques », dans J.-F. Chanlat, F. Séguin-Bernard, *L'analyse des organisations, une anthologie sociologique*, T.1, Saint-Jean-sur-Richelieu, Ed. Préfontaine inc, 1983, p. 302-318.
[3] M. Boisvert, *L'approche socio-technique*, Montréal, Les Éditions Agence d'Arc Inc, 1980.

nombre de cinq : la présence d'une frontière, la finalité, l'autorégulation, l'équifinalité et la croissance par restructuration interne. La frontière d'un système de travail est ce qui démarque une unité de travail de son environnement tout en permettant aux employés qui y oeuvrent d'en avoir une vision globale. La finalité est une qualité du système qui favorise l'intégration et l'implication des travailleurs par la signification du travail que l'organisation rend possible. Le fait de réaliser une tâche qui a du sens éveille la motivation de l'employé et suscite son implication. L'autorégulation est assurée par le recours au feedback et par un minimum de contrôle sur les intrants et les extrants. L'autonomie au travail qu'elle suggère rend possible également l'équifinalité qui consiste en la possibilité de choisir entre différentes combinaisons des facteurs de production. Ces propriétés systémiques permettent enfin l'ajustement du système à son environnement grâce à des mécanismes de rétroaction.

À ces propriétés, s'ajoutent quatre éléments qui façonnent l'organisation sociotechnique, à savoir le système social, le système technique, l'environnement et la fonction gestion.

À cause de son caractère systémique, l'approche sociotechnique tient compte de l'influence de *l'environnement* sur l'organisation. La question est de savoir quelle est la meilleure structure organisationnelle qu'une entreprise puisse adopter en fonction de sa mission stratégique ou de sa tâche essentielle tout en considérant les caractéristiques de son environnement. Emery et Trist ont défini une typologie des environnements à partir de deux critères : le niveau d'instabilité de l'environnement ou de sa propension au changement et le mode de regroupement des événements susceptibles d'affecter les entreprises. La combinaison de ces deux critères fournit quatre types d'environnements[1]. Le premier type est caractérisé

---

[1] F. E. Emery, E. L. Trist, "The Causal Texture of Organizational Environment", *Human Relations*, Vol. 18, No 1, 1965.

par un environnement stable au sein duquel les éléments d'incertitude sont répartis au hasard. Dans ce cas, l'entreprise s'adapte par essais et erreurs. Le second type est toujours stable mais les éléments susceptibles d'affecter l'entreprise sont regroupés. La connaissance de l'environnement permet la prédiction et en conséquence la planification des actions. Ici, l'organisation est hiérarchique et centralisée. Le troisième type d'environnement se distingue par son instabilité. Pour y faire face, l'organisation doit être décentralisée et permettre des réponses rapides afin d'assurer l'adaptation de l'entreprise aux changements externes. Enfin, le quatrième type d'environnement est appelé turbulent parce qu'il impose de multiples changements aux entreprises. L'adaptation exige dans ce cas une mobilisation des ressources techniques et humaines afin de s'ajuster ou d'essayer de ralentir le rythme des changements. L'important ici est de constater que les caractéristiques environnementales sont interreliées et que les entreprises s'y adaptent à travers leurs processus d'échange avec l'environnement.

Le *système technique* est défini par l'ensemble relié des connaissances, activités, instruments et ressources en vue de la production d'un bien ou de la dispensation d'un service tandis que le *système social* est composé des relations entre les employés, de leur polyvalence et de leurs besoins psychologiques et sociaux. Le mode de communication et les écarts entre les comportements attendus et les comportements réels en font également partie, de même que l'articulation des rôles sociaux au travail. S'inspirant de la théorie fonctionnaliste, les rôles sociaux sont définis comme étant des modèles de conduite qui s'interposent entre les comportements réels des employés et le système social qui les encadre. Ainsi, les sentiments, les attitudes et les interactions des travailleurs sont modelés sur des rôles prescrits par l'organisation et en fonction de la position sociale des employés au sein de celle-ci. À ces composantes sociales s'ajoutent les caractéristiques psychologiques des employés et leurs attentes à l'égard du travail. Prendre en compte le système social consiste donc à saisir les interactions sociales et personnelles qui se développent à l'occasion du travail et voir comment les individus, dans le cadre des tâches qui leur sont assignées, assurent la transformation des intrants en extrants.

Il appartient aux dirigeants d'entreprise ou aux cadres des différents niveaux hiérarchiques de gérer ces ajustements tout en considérant les objectifs à atteindre. L'approche sociotechnique rappelle deux rôles du manager à cet égard. Le premier consiste à bien délimiter les frontières des unités de travail pour être en mesure d'identifier les variantes observées entre les résultats atteints et les standards prévus. Tout en assurant l'intégrité de son unité administrative, il lui appartient, en deuxième lieu, de traduire auprès des membres de son unité les directives qu'il reçoit et de coordonner les actions correctrices s'il y a lieu.

4.2. Projet de design sociotechnique

L'approche sociotechnique n'est pas une simple théorie organisationnelle. Il s'agit d'une approche à la fois classificatrice et normative qui a pour objectif d'établir un diagnostic descriptif d'une situation de travail en vue de sa transformation éventuelle en fonction d'objectifs psychosociaux et économiques préalablement fixés. L'approche sociotechnique dépasse donc le cadre de l'analyse scientifique pour se situer dans celui plus pragmatique de l'intervention.

Elle suggère une voie de solution aux grands enjeux organisationnels des entreprises modernes tout en proposant une démarche rigoureuse visant à transformer les modèles d'organisation du travail et de gestion de l'entreprise. Cette démarche se déroule en trois étapes. La première étape consiste en une analyse sociotechnique d'une unité de travail. Elle vise à identifier les principales étapes de la transformation des intrants afin de déterminer si les extrants obtenus sont conformes aux standards de qualité, de quantité et de coûts préalablement fixés. Les écarts entre les standards et les résultats sont appelés variances et leur identification permet de cibler avec plus de précision les objets des interventions correctrices qui seront éventuellement proposées. La deuxième étape est une proposition de réorganisation appelée « design sociotechnique » dont la réalisation nécessite l'élaboration d'un plan d'action. Lors de la troisième phase, ce plan d'action est décomposé à son tour en sous étapes. C'est l'occasion de prévoir les moyens nécessaires à sa réalisation et les outils de mesure appropriés à son évaluation.

Sans en faire une fin en soi comme le suggèrent les Écoles des relations humaines et de la psychologie organisationnelle, un projet de design sociotechnique peut contenir des propositions de réorganisation du travail. Celles-ci doivent considérer les contraintes techniques réelles de l'unité de travail, les caractéristiques de l'environnement et les capacités d'ajustement du système social. Afin d'assurer une implication des employés au travail, Emery et Trist suggèrent de prendre en compte les besoins des salariés avant de redessiner les postes de travail. Les employés ont besoin de connaître la nature et la portée de leur travail, ils souhaitent bénéficier d'une marge d'autonomie et d'une certaine capacité d'initiative et espèrent que leur contribution leur apportera une forme de reconnaissance sociale et un meilleur avenir. Ainsi, les postes de travail doivent comporter une certaine variété de tâches et constituer des unités significatives qui permettent de réaliser un cycle relativement complet d'opérations. La réorganisation du travail doit favoriser une certaine latitude des employés à l'égard des normes à respecter et permettre le recours à différentes habiletés afin de soutenir l'intérêt et la motivation des travailleurs. Il s'agit en fait de donner un sens au travail et d'augmenter la polyvalence des travailleurs par la rotation des tâches, l'enrichissement du travail et la formation d'équipes de travail semi-autonomes. Rappelons que le succès de ces propositions dépend de leur caractère opérationnel et de la prise en compte du système technique.

4.3. Commentaire

Parce qu'elles rejoignent simultanément les besoins des travailleurs et les intérêts des entreprises qui y voient des possibilités d'accroître la productivité du travail, les propositions d'enrichissement des tâches et de démocratisation des structures de travail ont suscité beaucoup d'espoir. D'abord implantées en Norvège, les nouvelles formes d'organisation du travail proposées par l'approche sociotechnique seront principalement expérimentées en Europe du Nord et mobiliseront les énergies novatrices de plusieurs regroupements ouvriers et patronaux au sein du mouvement pour la démocratie industrielle. Les premières évaluations objectives de ces expériences ont cependant mis en évidence certains effets pervers ou inattendus. Si elles favorisent une augmentation de la productivité du travail, celle-ci est souvent attribuable à une intensification du travail et à une réduction des coûts du contrôle des opérations. Une augmentation du stress au travail a également été notée et plusieurs travailleurs se disent déçus de leur participation à ces expériences. Sur le plan psychosocial, plusieurs enquêtes ont observé le remplacement des mécanismes externes de contrôle par des mécanismes internes associés à la pression du groupe sur chacun de ses membres. En somme, quoique mobilisateurs des points de vue idéologique et humain, ces nouveaux modèles d'organisation du travail et de gestion des équipes de travail ne répondent pas toujours aux attentes suscitées.

Enfin, les interactionnistes reprochent à l'approche sociotechnique de ne pas pouvoir expliquer pourquoi, confrontées à un environnement comparable, les entreprises réagissent différemment. Cette approche excelle à dégager les correspondances entre les structures organisationnelles et certaines contraintes de l'environnement, mais semble impuissante à expliquer la diversité des réactions des entreprises confrontées aux mêmes défis. Ce reproche s'adresse également à toutes les formes d'analyse systémique qui partagent avec l'approche sociotechnique une certaine incapacité à saisir l'action des acteurs au sein des organisations. En effet, ceux-ci élaborent leurs stratégies sur la base de la perception qu'ils ont de leur situation et des ressources dont ils disposent pour faire valoir leurs intérêts. L'adaptation de l'entreprise à ses environnements n'apparaît plus alors comme une simple opération d'ajustement plus ou moins mécanique mais découle, en partie pour le moins, de l'action combinée des différents acteurs motivés par l'atteinte de leurs propres objectifs.

PREMIÈRE PARTIE
LES THÉORIES SOCIOLOGIQUES

C. Le paradigme du déterminisme social

V
Le marxisme et la théorie de la régulation

1. Le marxisme

1.1. Aperçu général

Inspirée dans un premier temps par les courants dominants au sein de la philosophie allemande de son époque et plus tard par l'étude qu'elle fait des auteurs classiques de la science économique, la pensée de Marx évoluera de la réflexion philosophique vers celle des sciences sociales naissantes à la fin de sa vie. On trouve donc chez Marx un certain historicisme fréquent à son époque, comme chez Comte et Spencer, et une théorie générale des sociétés qui se double d'une théorie des classes sociales comme moteur de l'histoire. L'apport de Marx constitue une étape essentielle dans ce renversement des interprétations philosophiques du monde et son influence marquera autant l'évolution des sciences sociales que celle de la pensée sociale et de l'action sociale.

Pour Marx, contrairement à la conception généralement acceptée en son temps, ce ne sont pas les idées ou le progrès de la pensée humaine qui marquent l'histoire des sociétés mais le développement de la base matérielle des sociétés qui détermine l'évolution de la pensée ou de ce qu'il convient plus judicieusement d'appeler les idéologies. Le secret du développement historique n'est donc pas à chercher dans les profondeurs de l'esprit humain ou dans les rationalisations que les hommes font de leur réalité, mais dans leurs conditions réelles d'existence et dans les efforts qu'ils consacrent à la satisfaction de leurs besoins.

Cette base matérielle est pour Marx composée de deux éléments reliés. Les forces productives regroupent l'ensemble des moyens utilisés pour répondre aux besoins des individus et des sociétés. Elles comprennent les connaissances, les équipements et les technologies nécessaires à toute activité humaine et sociale ainsi que les modalités d'organisation du travail. Les rapports de production forment le deuxième élément de cette infrastructure et sont constitués des relations sociales qui se tissent entre les individus à l'occasion du travail. Tout en dépendant du degré d'évolution des forces productives, les rapports de production caractérisent les modes d'organisation sociale de la production et en particulier leur régime de propriété.

Cette infrastructure se complète par un second palier nommé superstructure qui comprend les idéologies et les autres formes de représentations collectives, l'organisation de l'État, le droit, la religion et leur institution respective. Pour Marx, étudier le fonctionnement de ces institutions exige au préalable un retour à la base matérielle des sociétés, d'où le caractère matérialiste de sa théorie.

Par ailleurs, le marxisme comporte une théorie du changement social puisque c'est dans l'opposition entre les facteurs de production et les rapports de production que réside la principale force d'impulsion des sociétés. Dans le régime capitaliste, cette opposition prend la forme d'un antagonisme entre le développement de plus en plus socialisé des forces productives et la concentration grandissante de la propriété des moyens de production. Pour Marx, les sociétés évoluent toujours en fonction de ce type de contradiction qui les ronge en quelque sorte de l'intérieur et de laquelle une nouvelle société peut émerger. C'est le côté hégélien de Marx.

Un deuxième thème central de la pensée marxiste réside dans la lutte qui anime les classes. Dans l'esprit de Marx, les classes sociales correspondent à des réalités concrètes et constituent les acteurs de l'histoire des sociétés. Elles se forment à partir des rapports de production propres à chaque société. Même si le critère marxiste qui sert à la détermination des classes sociales est relativement simple (la propriété privée des moyens de production) et que Marx insiste fréquemment sur l'opposition entre les deux principales classes sociales de la société capitaliste, les analyses particulières qu'il fait des luttes sociales présentent souvent une configuration complexe des rapports sociaux[1]. De plus, cette lutte prend des formes multiples puisqu'elle se manifeste aux niveaux économique, social, politique, idéologique et qu'elle couvre alors tout le champ des rapports sociaux de production.

La figure I illustre l'articulation des différents concepts du mode de production capitaliste. La ligne pointillée indique le caractère à la fois déterministe et actionniste de la théorie marxiste. Les individus sont socialement déterminés par la place qu'ils occupent dans le système de production et en même temps la lutte entre les classes sociales est le « moteur de l'histoire ».

1.2. L'organisation et la division du travail : le passage de la manufacture à la grande industrie

C'est par l'étude des économistes classiques que Marx découvre la théorie de la valeur qui est à la base de son analyse du capitalisme naissant. Son apport essentiel à cet égard est de découvrir que derrière l'échange de valeurs sur le marché, se cache un véritable rapport social mettant en relation les

---

[1] K. Marx, *La lutte des classes en France 1840-1850* et *Le 18 Brumaire de Louis Bonaparte*, Paris, Éditions sociales, Coll. Libertés, 1965.

travailleurs et les capitalistes. Ici le capital acquiert non seulement une valeur d'échange mais une valeur d'usage constituée de la force de travail des travailleurs. Or, la force de travail placée dans un contexte particulier a la capacité de produire une valeur supérieure au salaire payé pour son utilisation. Il s'agit, pour Marx, d'un « surtravail » résultant de l'exploitation des travailleurs et constituant à la fois la source du profit capitaliste et le ferment de la lutte entre les classes sociales. Cela s'est réalisé en deux étapes par le passage de la manufacture à la grande industrie.

Figure 1
Mode de production

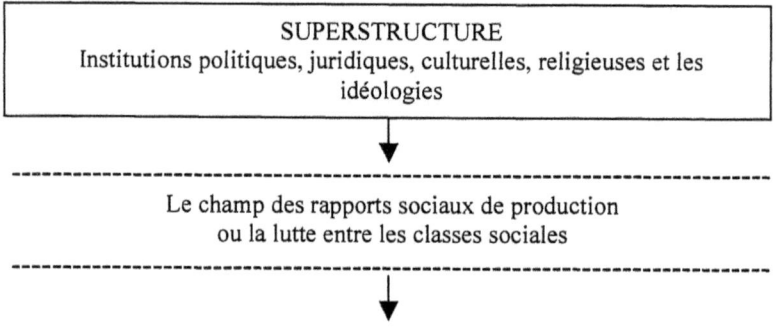

La manufacture se différencie quantitativement de l'atelier du Moyen Age par l'échelle à laquelle elle opère c'est-à-dire par le grand nombre d'ouvriers et de moyens de production qu'elle concentre sous la direction unique du capital. Le capital s'empare d'abord du travail dans les conditions données et ne modifie pas immédiatement l'ancien système de production. Mais ni le capitaliste, ni l'ouvrier moderne ne sont issus de l'atelier du Moyen Age où les rapports patriarcaux entre le maître, ses compagnons et ses apprentis étaient réglés selon les lois corporatives du travail. Malgré la ressemblance des moyens de production utilisés, la manufacture est, au contraire, le résultat de la décomposition de cette ancienne organisation du travail et de son remplacement par une nouvelle forme de travail caractérisée par l'emploi salarié. Or, l'apparition du salariat suppose une transaction entre les travailleurs et les manufacturiers au cours de laquelle les premiers sont défavorisés, parce qu'obligés de vendre leur force de travail pour survivre. Ce déséquilibre entre les deux termes de l'échange place la force de travail dans une situation de dépendance à l'égard du capital. Mais cette dépendance n'entraîne pas immédiatement une soumission réelle des travailleurs au processus de production parce que la manufacture repose sur l'habileté et la maîtrise du métier[1]. C'est ce que Marx appelle le « principe subjectif » de la manufacture, en ce sens que l'ouvrier est adapté à une fonction productive comme le travail s'accommode de l'ouvrier. Dans la manufacture, l'acte productif demeure encore le « principe régulateur de la production sociale », affirme Marx. C'est pourquoi la manufacture peut être définie comme une forme « d'unité de la force de travail et des moyens de travail »[2].

Le point de départ de la grande industrie est le moyen de travail. C'est par la transformation de l'outil utilisé dans la manufacture en machine mécanique que la grande industrie apparaît et supplante la manufacture. Elle se présente alors sous

---

[1] « Le tissage et le filage furent décomposés en genres de travaux différents pendant la période manufacturière : les outils qu'on y emploie furent variés et perfectionnés, mais le procès de travail lui-même reste indivis et affaire de métier ». K. Marx, *Le Capital*, T. 2, Paris, Éditions sociales, 1969, p. 64, note 1,
[2] E. Balibar, « Sur les concepts fondamentaux du matérialisme historique », dans L. Althusser, E. Balibar, *Lire Le Capital*, Paris, F. Maspero, 1970,

un double aspect : en tant qu'opération de plusieurs machines homogènes comme dans le tissage ou en tant que système de machines différentes comme dans le filage. Le système entier est mû comme un « grand automate » dont les différentes machines exécutent une série d'opérations à l'aide de travailleurs sans qualification. En fait, le processus de travail se réalise indépendamment des capacités de l'ouvrier et repose maintenant sur l'agencement technique des machines qui requièrent une force de travail déterminée. La fabrique crée un nouvel organisme de production indépendant de la volonté des travailleurs qui s'impose devant eux comme condition matérielle de leur travail et de leur exploitation. Ici ce n'est plus le travailleur qui emploie les machines mais au contraire ces dernières qui commandent son travail.

La division technique du travail, c'est-à-dire l'assignation des ouvriers aux différentes tâches définies en fonction des capacités et de l'agencement des machines, constitue pour Marx un moyen de contrôle, de subordination et de déqualification de la force de travail. La mécanisation et la parcellisation, en découpant les métiers et en spécialisant les tâches, entraînent une déqualification des ouvriers et réduisent la force de travail à un simple élément opérationnel du processus productif. La division technique du travail constitue également une méthode sûre d'exploitation par l'intensification du travail et la subordination des producteurs qu'elle engendre. Cette subordination de l'ouvrier au processus de travail le rend étranger à l'organisation de son propre travail. La division technique du travail est donc à la fois un mode d'organisation de la production et une technique de domination et d'exploitation. En conséquence, elle s'inscrit parfaitement dans les rapports sociaux de la production capitaliste.

1.3.   Une définition moderne du processus de travail

La transformation des facteurs de production par la grande industrie n'est pas sans effets sur la composition de la force de travail. Le travail productif ne se limite plus maintenant aux tâches directement reliées à la transformation de la matière. Il concerne aussi l'ensemble du travailleur collectif, c'est-à-dire tous ceux qui remplissent une fonction quelconque du processus de production dans la mesure où leur activité est insérée dans le rapport d'échange entre le travail et le capital. Marx attire l'attention sur le fait que la socialisation des forces productives tend à réduire le rôle du travail direct pour accroître celui du « travail général » et que la productivité du travail dépend de plus en plus du niveau de développement de la science et de la technologie.

La richesse matérielle se développe maintenant grâce à un double écart entre le temps de travail utilisé et la valeur du produit d'une part, et entre la force de travail et la puissance du processus de production qu'elle surveille, d'autre part. D'où l'impossibilité de déterminer exactement le temps de travail nécessaire à la production d'une marchandise. De plus, dès que le travail sous sa forme immédiate et concrète cesse d'être la cause principale de la richesse, le temps de travail doit lui aussi cesser d'être la mesure de la valeur d'échange. Telle est la contradiction nouvelle du processus de production capitaliste. Il utilise toutes les forces de la science, de la nature, de la coopération et de la division du travail afin de rendre la création de richesse de plus en plus indépendante du temps de travail concret, tandis que le capital mesure toujours la productivité des forces sociales mobilisées à l'aide de l'étalon fictif du temps de travail.

En somme et indépendamment de la justesse de certaines lois qu'il a formulées (loi de la paupérisation relative, loi de la valeur, loi de la détermination de la superstructure par l'infrastructure, etc.), on peut considérer Marx comme un précurseur de la sociologie du travail. Sa pensée a jeté les bases de l'analyse du travail et de son organisation dans les sociétés industrielles, inspiré plusieurs recherches sur les effets de la technologie et de la division du travail et questionné les relations de pouvoir et les rapports sociaux au travail. Il est certainement à l'origine de la dimension critique de la sociologie du travail dont plusieurs spécialistes se réclament encore. À tous égards, il demeure un auteur important dont la puissance de la pensée, « équivoque et inépuisable », pour reprendre les termes de Aron, a inspiré et nourri plus d'un siècle de réflexion et dont l'action militante est à l'origine des grands bouleversements sociaux du XXe siècle[1].

2. La théorie de la régulation

Comme le marxisme au XIXe siècle, la théorie de la régulation constitue probablement aujourd'hui l'effort le plus important de construction d'une nouvelle théorie générale[2] capable de prendre en compte autant l'évolution des rapports sociaux au sein du capitalisme que les mécanismes de régulation qui le reproduisent[3]. Elle apporte aussi une réponse à certaines rigidités du marxisme en reconnaissant à l'État une autonomie d'action et en remettant en cause le changement par la détermination des forces productives ou par la chute des profits. La correspondance entre les rapports de production et les forces productives est aussi abandonnée comme est rejetée la séparation des modes de production en infrastructure et superstructure. Elle souligne par contre l'impératif de l'accumulation du capital auquel les rapports sociaux

---

[1] R. Aron, Conférence prononcée à l'Unesco en mai 1968 à l'occasion du 150e anniversaire de la naissance de Marx publiée dans *Marxismes imaginaires*, Paris, Gallimard, Coll. Idées, 1970, Note finale, p. 355-377.

[2] J. Freyssinet, *Hétérogénéité du travail et organisation des travailleurs*, Document de travail, No 04.01, IRES, janvier 2004. Sur la parenté intellectuelle entre le marxisme et la théorie de la régulation, on lira avec intérêt D.-G. Tremblay, *Économie du travail. Les réalités et les approches théoriques*, Montréal, Télé-université et Éditions Saint-Martin, 1990, p. 411-439.

[3] R. Boyer, Y. Saillard, « Un précis de la régulation », dans R. Boyer, Y. Saillard, *Théorie de la régulation l'état des savoirs*, Paris, La Découverte, Coll. Recherches, 2002, chap. 5, p. 58-68.

contribuent en prenant des formes institutionnelles particulières selon les époques et les formations sociales. Les régulationnistes sont donc aussi préoccupés d'analyser l'évolution du capitalisme à travers ses mécanismes de changements et les crises qui le traversent que les modalités de sa reproduction à travers ses modes de régulation et son régime d'accumulation. La figure 2 tente d'illustrer l'appareillage conceptuel de la théorie de la régulation.

2.1. Le régime d'accumulation

Le régime d'accumulation désigne l'ensemble des mécanismes de stabilisation du système capitaliste visant à assurer de façon cohérente sa progression dans le temps et à absorber les contrecoups de sa croissance. Parmi ces mécanismes d'accumulation, notons une croissance de la demande capable d'absorber la production, une correspondance entre les salaires et la productivité du travail, le partage des surplus assurant la reproduction des classes sociales et une évolution contrôlée de l'organisation du travail. À titre d'exemple, le régime d'accumulation fordiste des Trente Glorieuses repose sur une croissance exceptionnelle, elle-même le fruit d'une production de masse et d'un compromis institutionnel entre le capital et le travail visant le partage des gains de productivité. Au niveau de l'entreprise, l'introduction de la chaîne de montage pousse plus loin que dans le taylorisme la parcellisation des tâches et la séparation entre la conception et l'exécution. Par contre, le droit à la négociation de conventions collectives est assuré par la syndicalisation des salariés et les entreprises s'engagent dans des contrats de travail de longue durée. Tout cela est rendu possible par la mise en place de formes institutionnelles compatibles avec ce régime d'accumulation. Elles consistent en un régime monétaire fondé sur le crédit, une concurrence oligopolistique et des mécanismes d'ajustement de la production et de la demande opérant sur un marché national, ce que Boyer appelle « une accumulation intensive autocentrée et gouvernée par la consommation interne »[1].

Figure 2
Schéma conceptuel de la théorie de la régulation

Régime d'accumulation
(cohérence : production, revenu, demande)

Formes institutionnelles —————— **Mode de régulation**

Régime monétaire
Formes de concurrence
Modalités d'insertion dans le
régime international
Nature de l'État
Rapport salarial

Procédures et comportements
individuels et collectifs en
vue de reproduire les rapports
sociaux et de soutenir le
régime d'accumulation

Rapport salarial

Type de moyens de production
Division sociale et technique du travail
Modalités de combinaison et
d'attachement des ouvriers à l'entreprise
Déterminants du revenu salarial
Mode de vie des salariés

2.2. Mode de régulation et formes institutionnelles

Le mode de régulation a une fonction opérationnelle au quotidien et vise à ajuster la multiplicité des décisions et des actions des agents économiques. Il s'agit en fait de l'ensemble des procédures et des comportements individuels et collectifs qui assure la reproduction des rapports sociaux et qui soutient le régime d'accumulation. Il voit à résorber, s'il y a lieu, les

---

[1] R. Boyer, « Du fordisme canonique à une variété de modes de développement », dans R. Boyer, Y. Saillard, *Théorie de la régulation l'état des savoirs*, op. cit., 2002, p. 369-377.

déséquilibres qu'engendre une accumulation désordonnée. Il assure l'harmonisation des actions individuelles des agents économiques dont les décisions reposent sur une rationalité limitée en les situant au sein des formes institutionnelles qui caractérisent le régime d'accumulation. Les principes d'action du mode de régulation sont la négociation par la recherche de compromis, la routine par le partage de valeurs ou de représentations communes et la contrainte par l'imposition de lois, de règles ou de règlements.

Le mode de régulation agit donc à travers des formes institutionnelles que les régulationnistes définissent comme étant des modèles de codification des rapports sociaux fondamentaux. Ces formes institutionnelles sont les modes de concurrence, les modalités d'insertion de l'économie dans le régime international, la nature et les formes de l'État, le régime monétaire et les particularités du rapport salarial. Ces formes institutionnelles ont pour mission de socialiser les comportements hétérogènes des agents économiques en fonction des impératifs du régime d'accumulation.

La théorie de la régulation reconnaît une valeur particulière aux formes institutionnelles dont l'articulation à une époque et pour un pays donnés présente une configuration spécifique selon le mode de régulation en vigueur. La place particulière que la théorie de la régulation accorde au rapport salarial tient au fait qu'il définit les modalités d'appropriation ou de partage du surplus au sein du mode de production. Ainsi, le fordisme se distingue par un rapport salarial qui autorise un partage des gains de productivité dans une économie dominée par une concurrence de type oligopolistique et par un régime monétaire basé sur le crédit.

2.3. Rapport salarial et modèles productifs

Voisin de la notion marxiste de rapport de production, le rapport salarial se présente sous la forme d'une configuration particulière de relations entre l'organisation du travail, le mode de vie des salariés (leur niveau de consommation) et les modalités de leur reproduction sociale. En fait, le rapport salarial comporte les cinq éléments suivants : les types particuliers de moyens de production, les formes de la division sociale et technique du travail, les modalités de mobilisation et d'attachement des salariés à l'entreprise, les éléments directs ou indirects du revenu salarial et finalement le mode de vie des salariés.

La particularité de la configuration du rapport salarial découle de la correspondance que la théorie de la régulation établit entre celui-ci et le régime d'accumulation. Le rapport salarial peut donc prendre différentes formes selon l'évolution du régime d'accumulation. Les analyses historiques et les comparaisons internationales ont amené les régulationnistes à distinguer les formes concurrentielle, taylorienne et fordienne du rapport salarial. Chaque pays, à un moment donné, est caractérisé par une forme particulière du rapport salarial. Cette unicité du rapport salarial à une étape spécifique de l'évolution du régime d'accumulation au sein d'une formation sociale n'exclut pas la possibilité d'une diversité de relations salariales. C'est la distinction que Freyssinet introduit dans l'article cité plus haut entre l'unité du rapport salarial et l'hétérogénéité des relations salariales.

Le constat de l'hétérogénéité des relations salariales découle d'une série d'analyses menées par les régulationnistes dans deux directions principalement. Premièrement, il se fonde sur les distinctions observées entre la production en continu, la production en grande série et l'organisation par chantier que les industries de la pétrochimie, de l'automobile et du bâtiment symbolisent respectivement et sur l'analyse des différents modes de gestion de la main-d'œuvre et du processus de travail que l'on y rencontre. En situation de sortie de crise, par exemple, ces différents modes de gestion ont eu recours à des formes diverses de flexibilité : flexibilité de l'emploi dans le cas de l'industrie de production en continu, flexibilité technique dans le cas de la production en grande série et flexibilité organisationnelle dans le cas de l'organisation en chantier. Deuxièmement, les études menées par le GERPISA (Groupe d'études et de recherches permanent sur l'industrie et les salariés de l'automobile) sur l'industrie mondiale de l'automobile mettent en évidence l'existence d'une bonne demi-douzaine de modèles productifs. Dans le cas de la production de masse qui caractérise les producteurs américains, les modèles fordien et sloanien se concurrencent tandis que dans le cadre de la lean production, le Japon se différencie par les modèles toyotien et hondien. À ceux-ci s'ajoute le modèle volvoien inspiré de l'approche sociotechnique et qui est le plus opposé au modèle tayloriste. Enfin, le producteur anglais Morris a expérimenté dès les années 30 le modèle woollardien que l'on peut définir rapidement comme une combinaison des modèles tayloriste et de la lean production. Cette diversité des modes de gestion de la main-d'œuvre et des modèles productifs confirme l'existence d'une hétérogénéité de relations salariales au sein du rapport salarial capitaliste dominant à notre époque.

Rappelons que cette notion de modèles productifs est à l'origine de plusieurs débats en sociologie du travail, surtout depuis l'introduction en Occident du modèle de la lean production. La production flexible et ses diverses variantes représentent-elles un dépassement du taylorisme ou en constituent-elles une simple modernisation ?

DEUXIÈME PARTIE
L'ORGANISATION DE L'ENTREPRISE

I
Les dysfonctions bureaucratiques

Introduction

La conception rationaliste de l'organisation prend sa source dans les travaux fondateurs de Taylor, Fayol et Weber et son application domine la pratique gestionnaire de toute la première partie du XXe siècle. Son rayonnement s'explique en partie par le prestige de ses théoriciens et la renommée de ses praticiens dont plusieurs sont issus du monde industriel où le modèle centralisé et autoritaire d'organisation est de rigueur. Elle soutient que les règles et les principes gestionnaires qu'elle préconise ont un caractère universel, qu'ils peuvent donc s'appliquer à toutes formes d'organisation. Mais, au fur et à mesure des recherches et des progrès de la connaissance, tous les principes organisationnels qu'elle a établis et les règles qu'elle a fixées seront revus et corrigés.

La première critique est venue de l'École des relations humaines qui dénonce le caractère rigide, normatif et autoritaire de cette approche. L'équipe de Mayo a dévoilé les relations informelles qui se développent au sein des entreprises et a souligné la présence, à côté de l'organisation formelle, d'un autre monde social obéissant à ses propres règles. Ces travaux pionniers ont tracé la voie aux psychologues et aux sociologues d'orientation fonctionnaliste qui feront de l'organisation un domaine particulier de la recherche.

L'École de la prise de décision n'a pas eu de difficulté à démontrer le caractère limité de la rationalité appliquée au processus décisionnel. Malgré la prétention de la conception rationaliste des organisations voulant que l'autorité soit une caractéristique indivisible et homogène, attachée aux personnes et d'une grandeur fixe, les études de ce courant d'analyse indiquent plutôt qu'elle est une donnée extensible et variable en fonction des caractéristiques organisationnelles de l'entreprise. Ainsi, plusieurs formes de répartition du pouvoir sont possibles dépendamment des contraintes de l'environnement et des zones d'incertitude qui se créent au sein des entreprises. Par ailleurs, la connaissance ne coïncide pas toujours avec la détention de l'autorité. On distingue aujourd'hui le pouvoir de compétence (détention de l'expertise) du pouvoir formel ou statutaire.

Le titre de ce chapitre nous est suggéré par les premières études fonctionnalistes qui révèlent le caractère dysfonctionnel des organisations bureaucratiques. Merton, Selznick, Gouldner et Blau démontrent le caractère irrationnel, inefficace et contre-productif du trop grand nombre de règles qui encadrent leur fonctionnement. Les résultats de ces analyses justifient la définition que Crozier donne de la bureaucratie comme étant « un système d'organisation incapable de se corriger en fonction de ses erreurs et dont les dysfonctions sont devenues un des éléments essentiels de l'équilibre »[1]. L'analyse qu'il fait du phénomène bureaucratique démontre que la multiplication des règles suscite l'apathie du personnel et que le respect de la routine sclérose l'entreprise dans une rigidité anti-performante. L'approche marxiste de Goldman et Van Houten suggère que les pratiques de contournement constituent une réponse prévisible à des règles administratives imposées, surtout quand

---

[1] M. Crozier, *Le phénomène bureaucratique*, op. cit, 1963.

les objectifs qui les justifient apparaissent contraires aux intérêts de ceux qui ont pour mission de les réaliser.

1. Les analyses fonctionnalistes des dysfonctions bureaucratiques

1.1. Le déplacement des objectifs et le ritualisme[1]

Merton reprend, a contrario, l'analyse wébérienne de la bureaucratie pour dénoncer le « ritualisme de la personnalité bureaucratique » qui fait de l'employé un fonctionnaire tatillon. Celui-ci érige les règles qu'il doit respecter en principes sacrés, ce qui le conduit à oublier qu'elles ne sont là que pour baliser son jugement lors de leur application dans des situations complexes. Ce déplacement des objectifs par une application stricte des règles lui sert de paravent protecteur contre d'éventuels jugements négatifs de son employeur ou des réactions défavorables des clients qu'il est censé servir. Son attitude de retrait l'installe dans un ritualisme confortable mais dysfonctionnel et contre-productif qui incite les directions à multiplier les mécanismes de contrôle.

1.2. La déformation des objectifs par la délégation de l'autorité[2]

L'étude de Selznick de la Tennessee Valley Authority (TVA) illustre la déformation d'objectifs définis au niveau national par des groupes d'intérêts locaux. Fondée en 1933 par le Président Roosevelt dans le cadre du New Deal, la TVA doit appliquer une politique de décentralisation administrative et de développement régional. Elle se propose de mettre fin à des années de discussion sur l'utilisation de terres publiques tout en

---

[1] Robert-K. Merton, « Structure bureaucratique et personnalité », dans Psychologie sociale (A. Lévy, dir.), Paris, Dunod, 1965.
[2] P. Selznick, *TVA and the Grass Roots*, Berkeley, University of Colombia Press, 1949.

respectant les principes d'une représentation directe de la population locale. Elle intègre donc dans ses instances des membres de la Fédération des fermiers américains qui représentent les intérêts des riches fermiers blancs de la région. Cette « aile droite au sein d'un organisme de gauche », pour reprendre la formulation de Selznick, contribue à redéfinir les orientations de la TVA, notamment celles relatives à la protection de l'environnement et à la distribution des terres publiques. Ainsi, la TVA qui avait pour mandat de favoriser la prise de décision par les populations concernées et de contribuer à un partage de la richesse en faveur des groupes moins fortunés, est amenée à vendre les meilleures terres aux mieux nantis et est incapable de réaliser ses objectifs en matière de protection des sols.

Cette étude démontre les conséquences dysfonctionnelles de la délégation de pouvoir et la valorisation excessive d'objectifs particuliers au détriment des buts généraux. Il n'est pas rare de constater ce dysfonctionnement au sein d'entreprises qui valorisent le développement d'expertises pointues, la formation d'équipes, de départements ou de services spécialisés qui trop centrés sur leurs intérêts particuliers, perdent de vue l'intérêt général et défendent leurs prérogatives au détriment du bien commun. Le cloisonnement fonctionnel et les luttes de pouvoir au sein des entreprises entraînent une diminution de la performance générale qui incite les directions à préciser davantage les objectifs, à morceler encore plus les responsabilités et à accroître la spécialisation des services dans une spirale dysfonctionnelle.

1.3. Le cercle vicieux de la production de règles[1]

Le cercle vicieux des règles bureaucratiques est fort bien illustré par Gouldner dans une recherche célèbre menée à la General Gypsum Co. Une nouvelle direction remplace un

---

[1] Alvin W. Gouldner, *Patterns of Industrial Bureaucracy*, New York, The Free Press, 1964.

ancien leader charismatique, paternaliste et tolérant par un nouveau contremaître qui reçoit le mandat d'augmenter la productivité. Celui-ci instaure un système de direction autoritaire, centralisé et impersonnel qui a pour effet d'accentuer les tensions au sein de l'entreprise. Les conflits rebondissent aux différents échelons de l'entreprise et forcent la direction à multiplier les règles, les procédures et les mécanismes de contrôle. Cette étude démontre de façon plus générale que l'application de règles impersonnelles entraîne un affaiblissement de la motivation et un faible niveau de rendement. Elle suscite tensions et conflits que les entreprises ont tendance à régler par l'ajout de nouvelles règles. Ainsi, les règles se multiplient dans un cercle vicieux où se perdent les objectifs initiaux.

Ces observations conduisent Gouldner à distinguer différentes fonctions des règles bureaucratiques. Si certaines procurent aux organisations une relative cohérence, d'autres au contraire présentent un potentiel dysfonctionnel. Dans le premier cas, les règles précisent les attentes à l'égard des employés. Elles permettent d'éviter la répétition des ordres, et ce faisant, réduisent le nombre et la durée des relations directes entre le supérieur et les employés. Elles fournissent au supérieur un soutien à son autorité et facilitent le contrôle à distance tout en légitimant éventuellement l'application de sanctions. Par contre, leur multiplication en fait des enjeux de négociation et de marchandage et leur application ouvre la porte à l'arbitraire et aux traitements inégaux. Enfin, le respect des règles peut favoriser l'apathie de l'employé qui limite son implication au minimum requis. Ce dernier aspect est à l'origine des observations précédentes à la General Gypsum Co. Alors, les directions multiplient les règles pour combattre l'apathie des travailleurs tout en évitant le face à face désagréable de la supervision directe que les anciennes règles avaient précisément pour objectif d'éviter. D'où le cercle vicieux de l'enchaînement des règles.

1.4. Le caractère fonctionnel des dysfonctions[1]

Dans son étude d'une agence fédérale américaine de surveillance des fraudes, Blau pousse plus loin l'analyse des dysfonctions bureaucratiques en démontrant de façon étonnante leur caractère... fonctionnel. Les employés chargés de l'inspection des établissements et de la vérification des dossiers des entreprises peuvent en cas de doute consulter leur supérieur ou, avec son accord, un expert juridique. Par contre, la consultation des pairs est interdite. Mais, la notation des agents et leur avancement éventuel relèvent de leur supérieur qui compile des statistiques sur la fréquence des erreurs et des décisions non conformes à la réglementation. Voulant ne pas être perçus négativement par leur supérieur, les agents ont développé un réseau d'entraide afin de se conseiller mutuellement, enfreignant ainsi la règle. Ce système parallèle de consultations interdites favorise la prise de décisions des agents, diminue leur anxiété et renforce la confiance des agents les plus consultés. Bref, l'atteinte des objectifs, le maintien d'un climat de travail agréable et le bon fonctionnement du service sont assurés par le contournement de la règle.

2. L'analyse stratégique des dysfonctions

Dans « *Le phénomène bureaucratique* », Crozier présente deux recherches inspirées de l'analyse stratégique sur les dysfonctions organisationnelles[2]. Les lignes qui suivent s'attardent à l'étude de l'Agence comptable de la région parisienne. Son analyse s'articule autour des quatre concepts fondamentaux de l'analyse stratégique, à savoir le pouvoir, les zones d'incertitude, l'organisation et les dysfonctions bureaucratiques.

---

[1] P. M. Blau, *The Dynamics of Bureaucracy*, Chicago, The University of Chicago Press, 1955.

[2] Michel Crozier, *Le phénomène bureaucratique*, op. cit, 1963.

2.1. Rappel de quelques notions de l'analyse stratégique

Crozier remet en cause la conception dualiste de l'organisation défendue par l'École des relations humaines qui oppose d'une manière trop tranchée le monde rationnel de l'organisation avec sa logique de l'efficacité à celui plus informel des groupes humains animés d'une logique de sentiments. Pour Crozier, l'acteur est rationnel et capable de calcul, et la dichotomie organisation formelle/organisation informelle est rejetée au profit d'une analyse en termes de jeux stratégiques et de lutte de pouvoir. C'est pourquoi il définit l'organisation comme un « ensemble complexe de jeux entrecroisés et interdépendants » à travers lesquels les acteurs tentent de maximiser leurs gains et de minimiser leurs pertes en jouant le jeu des règles non écrites. Les résultats des stratégies déployées dépendent évidemment des ressources accessibles aux acteurs et de leur capacité à orienter les actions mises en scène.

Le pouvoir des acteurs découle justement de l'imprévisibilité de leurs comportements et du contrôle qu'ils sont en mesure d'exercer sur une source d'incertitude. Les zones d'incertitude sont des situations prévues ou non qui déstabilisent l'organisation et qui compromettent son fonctionnement ou l'atteinte de ses objectifs. Elles échappent, par définition, aux règles formelles des organisations, et les procédures ou protocoles établis par les directions sont incapables de les neutraliser.

Pour Crozier, le fondement de la routine des fonctionnaires n'est donc pas à rechercher dans le caractère plus ou moins passif de la « personnalité bureaucratique » ni dans des mécanismes d'auto-sélection qui feraient du monde de l'administration un univers peuplé de fonctionnaires apathiques. Il croit plutôt que la routine est une réponse rationnelle et cohérente, pas uniquement dysfonctionnelle, à un système organisationnel contraignant. Cette réponse résulte de la pression des pairs sur les employés et du jeu des relations de pouvoir et des règles dont l'organisation est le théâtre. Ce système d'actions composé de règles et de rapports de force génère des régulations informelles et inattendues qui peuvent prendre l'apparence de comportements irrationnels ou de fonctionnements inappropriés. C'est ce que l'analyse de l'Agence comptable démontre.

2.2. Le fonctionnement bureaucratique de l'Agence comptable

L'Agence emploie près de 4,500 personnes réparties dans quatre divisions dont trois sont en lien direct avec sa mission première qui consiste à traiter un grand nombre d'informations selon la demande journalière. Chaque division est dirigée par un directeur assisté d'une dizaine de chefs de section. Chacun d'entre eux est responsable d'une centaine d'employés. Le fonctionnement général est impersonnel et autoritaire, et la négociation directe entre les employés et l'encadrement est exclue. La productivité atteinte n'est pas la conséquence d'une gestion efficace et prévoyante mais résulte de la pression de la direction. Elle apparaît assez faible aux yeux du ministère responsable et il n'est donc pas question d'ajouter des ressources supplémentaires comme le demande l'Agence.

L'analyse du fonctionnement de l'Agence comptable souligne trois problèmes : une structure décisionnelle inefficace, un désengagement du personnel à l'égard de l'établissement sclérosé dans la routine et une insatisfaction des employés qui se traduit par une forte rotation du personnel.

Les directions de division qui sont responsables d'un millier d'employés sont isolés, tenus à distance par l'encadrement inférieur et réduits à prendre des décisions sur la base d'une information incomplète. Leur réflexe est donc de se retrancher derrière les règles et d'en exiger le respect. Les chefs de section (dix par division) filtrent l'information communiquée au niveau supérieur pour s'aménager une zone de non-ingérence et tentent de préserver le capital de sympathie qu'ils détiennent auprès de leurs employés. Il en résulte une structure décisionnelle inefficace où ceux qui ont le pouvoir de régler les problèmes n'ont pas les informations pertinentes tandis que ceux qui les détiennent envoient les problèmes au niveau supérieur. Du point de vue des directeurs, la prise de décisions sur la base des règles impersonnelles leur apparaît la plus rationnelle dans les circonstances. Elle est, somme toute, celle qui assure l'équilibre à l'ensemble, préserve une indépendance relative à chaque groupe et évite les chocs du face à face.

Cette gestion impersonnelle a pour effet d'accroître l'apathie du personnel et de réduire sa productivité. Pour contrer ces dysfonctionnements, la direction multiplie les pressions qui entraînent à leur tour le désistement et la rotation du personnel. La charge de travail du personnel restant augmente et, avec elle, l'insatisfaction et l'essoufflement qui alimentent le réflexe d'apathie. La productivité ne peut donc être maintenue ou augmentée que par la reprise du cercle vicieux des mécanismes de contrôle. Mais, ceux-ci ne peuvent s'appliquer que dans le respect de cadres réglementaires de plus en plus précis qui formalisent davantage les relations entre les employés et l'encadrement. Dans ce contexte de travail de plus en plus sclérosé, l'apathie générale qui règne à l'Agence ne peut pas être considérée comme un simple problème organisationnel ou un dysfonctionnement irrationnel mais constitue, au contraire, une adaptation heureuse qui garantit à chaque groupe professionnel la tranquillité de la routine.

Ainsi, aux yeux de Crozier, les dysfonctions habituellement constatées au sein des grandes organisations, à savoir la présence d'une structure hiérarchique inefficace, la multiplication des règles et l'apathie des employés ne sont pas des attributs naturels de la bureaucratie ou des employés mais s'expliquent par une dynamique de jeux de pouvoir et par un ensemble de rapports sociaux qui génèrent ses propres règles. Il y a donc bien présence d'un système d'action, à la fois formel et informel, qui produit ses propres mécanismes de régulation et limite, en retour, l'action des acteurs sans totalement la déterminer.

3. Une analyse marxiste des règles administratives

Goldman et Van Houten interprètent différemment la fonction des règles dans les entreprises capitalistes et proposent une autre lecture des dysfonctions bureaucratiques[1]. La définition de règles organisationnelles et de procédures d'exécution n'est pas naturellement et exclusivement inhérente à une stricte logique administrative qui recherche une meilleure cohérence fonctionnelle ou une efficience accrue. Le fondement des règles est plutôt à chercher du côté des finalités poursuivies par les entreprises et des contraintes disciplinaires que la concurrence des marchés et l'appétit des actionnaires imposent aux acteurs. Dans cette vision utilitariste des organisations, la conception négative de l'être humain, telle que perçue déjà par Taylor et rappelée par Mac Gregor, appelle la mise en place de mécanismes de contrôle, de surveillance et d'évaluation afin d'obtenir le meilleur rendement du « facteur humain » toujours enclin à de mauvais penchants ou disposé à contourner les directives.

Les pratiques de contournement des règles ne relèvent pas d'un fonctionnement chaotique des organisations ou d'errements comportementaux mais reflètent plutôt une action rationnelle de ceux qui sont aux prises avec des contraintes qui leur apparaissent abusives. Il s'agit dans certains cas d'une

---

[1] P. Goldman, D. R. V. Houten, "Managerial Strategies and the Worker; A Marxist Analysis of Bureaucracy", *The Sociological Quarterly*, 18 (1), 1977. Traduit en français sous le titre « Les stratégies managériales : Une analyse marxiste de la bureaucratie », dans F. Seguin-Bernard, J.-F. Chanlat, *L'analyse des organisations une anthologie sociologique*, T. 1, op. cit, 1983.

forme de résistance à des règles tatillonnes ou à des conditions de travail insatisfaisantes. Elle est l'expression volontaire et cohérente de la recherche d'une plus grande autonomie au travail et du désir des employés de gérer leur temps en grignotant si possible sur les cadences imposées.

Contourner les règles a aussi une fonction identitaire. La volonté de donner un sens à un travail parcellaire et monotone, à l'usine comme au bureau, relève de la fierté professionnelle et de l'affirmation identitaire. La joie éprouvée à se sentir plus « malin » que la machine ou d'avoir, pendant un court instant, démontré la supériorité de son savoir-faire pratique sur celui plus théorique du régleur ou du technicien valorise le salarié et confirme son identité à ses propres yeux.

L'application plus ou moins rigoureuse des règlements constitue également un outil de gestion du personnel. Celui qui la contrôle peut en faire un instrument de discipline et possiblement une arme de division des employés. Enfin, les règles et les procédures ne font pas que protéger ceux qui les subissent en se réfugiant derrière la routine mais ont aussi pour fonction d'assurer la tranquillité à ceux qui les définissent et les appliquent. La distance sociale que la règle maintient éloigne les décideurs des contestations trop directes et évite le face à face si désagréable.

Conclusion

Les analyses fonctionnalistes ont souligné à grands traits les dysfonctions bureaucratiques dont la simple existence contredit la conception rationaliste des organisations. La multiplication des règles installe l'employé dans un ritualisme confortable qui le protège mais qui le rend improductif. La formation de groupes d'experts en vue d'une prise de décision éclairée engendre des luttes intestines et détourne l'énergie des meilleures compétences de l'atteinte des objectifs globaux. Les contrôles étroits suscitent la méfiance des employés et constituent autant d'invitations à contourner les règlements. Cela devient même une exigence si on veut atteindre les objectifs fixés ou s'aménager un cadre de travail qui rende supportables les exigences de la tâche. Toutes ces manifestations inattendues ne sont pas le fruit de mauvaises têtes mais trouvent leurs racines au cœur du système social des organisations. La bureaucratie n'est pas l'univers formel et aseptisé que la conception rationaliste des organisations présente. L'analyse stratégique nous enseigne que l'impersonnalité du travail du fonctionnaire que décrit Weber cache un autre monde fait d'interactions singulières, de défense de territoire, de jeux de pouvoir et de désobéissance larvée. L'analyse marxiste invite à prendre en compte les finalités des organisations pour saisir le sens et la nature véritables des règles bureaucratiques. Si elles protègent l'employé qui se retranche derrière la routine, elles rendent inaccessibles les dirigeants par la distance sociale qu'elles imposent. Le contournement des règles n'est pas uniquement un jeu d'acteur. Il prend sa source dans l'expression d'une résistance, s'appuie sur une quête identitaire et vise la reconnaissance de l'employé par le marchandage de sa contribution au bon fonctionnement de l'organisation. L'affirmation des acteurs comme celle de leur identité professionnelle et la recherche d'un minimum de contrôle sur le travail heurtent les ambitions de la règle.

DEUXIÈME PARTIE
L'ORGANISATION DE L'ENTREPRISE

II
Technologie et organisation

Introduction

La technologie a longtemps été perçue comme une force naturelle échappant à la volonté des hommes et dont le développement assurait le progrès économique et social. Réalité inéluctable et base naturelle des sociétés industrielles, elle apparaissait en plus comme la concrétisation du développement scientifique et, à ce titre, porteuse d'une rationalité sans frontière ni patrie.

Il n'est donc pas étonnant de constater que la sociologie a fait de l'étude de la technologie un thème majeur de sa réflexion et que son importance dans les systèmes de production a suscité de nombreuses recherches[1]. Déjà, Marx accordait à la technologie une place centrale dans son analyse de l'avènement du mode de production capitaliste. Les premières générations de sociologues voyaient dans sa puissance et son potentiel de développement un important facteur de l'évolution du travail et un déterminant de son

---

[1] Pour une présentation des problématiques associées au facteur technologique en sociologie du travail, on lira avec intérêt M. Maurice, « La question du changement technique et la sociologie du travail », dans M. De Coster, F. Pichault, *Traité de sociologie du travail*, Bruxelles, De Boeck Université, 1994, p. 231-251.

organisation. N'était-elle pas à l'origine de la division du travail et de la fragmentation des tâches ? Ne commandait-elle pas la spécialisation des fonctions administratives de l'entreprise tout en assurant une productivité accrue au travail et un meilleur rendement au capital ? Les premières études, souvent à caractère fonctionnaliste, qui lui ont été consacrées sont à l'origine de la thèse du déterminisme technologique qui marquera la naissance de la sociologie du travail.

Un peu plus tard, le facteur technologique cesse d'être considéré séparément du système social dans lequel il opère. S'il influence l'évolution du travail, il dépend aussi des politiques économiques de l'entreprise et des rapports sociaux qui y règnent. Dans un autre langage, l'approche sociotechnique affirme qu'un système technique ne peut opérer sans être associé à un système social comme la machine ne peut être dissociée de la main qui la dirige ou la sert. Toute technologie suppose des choix préalables à sa conception, à son implantation et à son utilisation. Ces choix renvoient aux acteurs sociaux en présence, à leurs statuts respectifs, aux attitudes des uns envers les autres, aux politiques d'encadrement de l'entreprise, etc. L'implantation d'une technologie est donc indissociable de la répartition du pouvoir et des règles de commandement qui régissent les rapports entre les acteurs au sein de l'entreprise. Cette approche remet donc en cause le déterminisme technologique en soulignant la variété des modèles organisationnels qu'une même technologie autorise comme Emery et Trist l'ont démontré. Du point de vue de l'approche sociotechnique, le facteur technologique est une « condition-frontière » de l'organisation, il la détermine certes en lui imposant des limites ou des contraintes organisationnelles mais il permet en même temps des choix quant à ses modes d'organisation.

À partir des années 80, le débat s'élargit de nouveau pour prendre en compte les contextes nationaux dans lesquels le facteur technologique s'insère et souligner l'influence des cadres institutionnels sur son utilisation. Encore une fois, de variable indépendante, la technologie passe au rang de variable intermédiaire influençant la structure de l'entreprise et ses modalités organisationnelles tout en étant elle-même déterminée par le contexte national dans lequel l'entreprise s'inscrit. Des études comparatives montrent que dans des sociétés à développement technologique similaire, des différences notables apparaissent dans les modalités d'organisation, les politiques salariales, les relations de travail, etc. Des observations similaires sont établies au sein même des entreprises qui recourent à des technologies comparables. La thèse de l'autonomie des modes d'organisation à l'égard du facteur technologique est confirmée par un grand nombre de recherches dont les constats répétés mettent fin à l'hégémonie du facteur technologique. On assiste donc à un dépassement de la thèse du déterminisme technologique pour évoluer vers une théorie de la variabilité des arrangements organisationnels et de l'autonomie des acteurs au sein des entreprises.

Ce chapitre aborde donc la relation existante entre la technologie et les structures organisationnelles des entreprises. Les premières recherches de Woodward illustrent la thèse du déterminisme technologique. Mais, une étude ultérieure qu'elle a menée pondère le caractère trop déterministe qui a longtemps été associé à ses premières analyses. Il appartient à l'approche sociotechnique, dès les premières versions de la thèse du déterminisme technologique, de démontrer empiriquement ses limites et d'affirmer qu'une même technologie accepte différents modes d'organisation du travail. Enfin, une recherche québécoise analyse les rapports sociaux et les jeux des acteurs qui président à l'introduction de nouvelles technologies dans trois entreprises de pâtes et papier. Cette recherche confirme la thèse de l'interdépendance du facteur technologique et des rapports sociaux dans l'explication de la mise en place des nouveaux mécanismes de coordination du travail et des modes de collaboration entre les services d'entretien et les secteurs de la fabrication.

1. Le déterminisme technologique : deux analyses fonctionnalistes

Woodward se propose de vérifier les thèses de l'École rationaliste de l'organisation du travail et de l'entreprise dans un contexte ayant connu de profondes transformations depuis l'époque de Taylor et de Fayol[1]. Elle constate une variation des modes d'organisation et de coordination du travail en fonction des types de technologie utilisés. Sa recherche, inspirée de l'analyse fonctionnaliste dominante à la fin des années 50, a fortement contribué à imposer la thèse du déterminisme technologique dans l'étude des phénomènes organisationnels.

Les résultats de ses premiers travaux contredisent la règle qui soutient que la spécialisation des départements, le nombre de niveaux hiérarchiques, l'étendue du pouvoir des contremaîtres et la réussite financière de l'entreprise dépendent de la concentration de l'autorité. En effet, une première classification d'une centaine d'entreprises indique que 35 % d'entre elles présentent une répartition hiérarchique de l'autorité tandis que 59 % se caractérisent par une double structure des responsabilités du type «line-staff». De plus, le croisement des principales variables organisationnelles avec les structures d'autorité en vigueur ne démontre aucune relation significative.

Elle abandonne donc la répartition formelle de l'autorité comme variable explicative de l'organisation de l'entreprise pour le facteur technique qui devient alors la variable déterminante. Reclassant les entreprises selon les niveaux de complexité technique de leur système de production, elle

---

[1] J. Woodward, "Management and Technology", dans T. Burns, *Industrial Man*, Norwich, Her Majesty's Stationery Office, 1958, p. 4-40. Traduction française sous le titre « Administration et technologie », dans J.-F. Chanlat et F. Séguin, *L'analyse des organisations,* T. 2, Boucherville, Gaëtan Morin Edition, 1987, p.105-139.

découvre qu'à chacun de ceux-ci est associé un modèle particulier d'organisation. Les méthodes de production apparaissent alors comme le facteur principal de la détermination des structures organisationnelles et du mode de fonctionnement des entreprises.

Les données recueillies sont regroupées en trois parties selon les domaines administratifs visés : l'organisation générale de l'entreprise, la coordination des principales fonctions de l'entreprise et leur importance relative et enfin, les processus de décisions. Elle soutient que le système technique de production détermine, d'une part, le mode général d'organisation des entreprises et, d'autre part, les modalités d'opération et de coordination de leurs principales fonctions administratives. Autrement dit, les entreprises qui utilisent des techniques de production comparables se caractérisent par des structures organisationnelles similaires.

1.1. Systèmes techniques et structures organisationnelles des entreprises

Une première analyse des résultats démontre que certaines caractéristiques organisationnelles se répartissent progressivement sur un continuum technologique partant des entreprises de production à l'unité jusqu'aux entreprises de production en continu en passant par les entreprises de production de masse. En fonction de cette complexité technologique, on constate par exemple une augmentation de l'influence du principal dirigeant mesurée par le nombre de cadres qui lui sont redevables, de la proportion des cadres supérieurs et du personnel de supervision par rapport au nombre total d'employés et du nombre d'employés diplômés parmi le personnel de supervision. De plus, les niveaux d'autorité le long de la structure administrative (line), la proportion de travailleurs indirects (personnel de bureau et administratif) par rapport aux employés de la production et la proportion des coûts totaux de production par rapport aux coûts salariaux évoluent dans le même sens que ce continuum technologique.

Par ailleurs, les entreprises de production de masse se différencient des entreprises qui opèrent selon les procédés de production les plus anciens (production à l'unité) et les plus nouveaux (automatisation). Dans les entreprises de production à la chaîne, l'organisation générale apparaît plus rigide, les devoirs et responsabilités sont plus clairement définis et les communications écrites sont plus nombreuses. Ces entreprises se caractérisent aussi par une plus grande portée du commandement de premier niveau, une taille des unités organisationnelles supérieure et par un plus faible nombre d'ouvriers qualifiés. La spécialisation des fonctions administratives y est plus poussée et davantage conforme au modèle classique (line-staff) où le groupe des administrateurs se distingue de celui des superviseurs de la production. Dans les entreprises de production en continu, ces deux fonctions, quoique séparées dans l'organigramme, sont davantage reliées dans la pratique. Dans les entreprises de production de masse, le climat de travail est plus tendu, les relations de travail sont plus difficiles et la pression sur les employés est plus forte que dans les entreprises à production en continu où le contrôle de la production est assuré par des mécanismes qui sont incorporés au processus même de la fabrication. Enfin, c'est dans ce type d'entreprise que se manifeste avec le plus d'acuité la rivalité entre les responsables techniques et le centre de contrôle des opérations, et où est notée la plus nette opposition entre la perspective à long terme de la direction et celle à court terme de l'encadrement subalterne. C'est là aussi que l'on observe la plus grande distance entre les dirigeants hiérarchiques et ceux qui détiennent l'expertise.

La pertinence de la classification des entreprises sur la base de leurs caractéristiques techniques ressort également du fait que leur réussite financière semble également déterminée par ce facteur. L'analyse de Woodward souligne en effet que les entreprises qui présentent une meilleure réussite sont celles dont les caractéristiques organisationnelles se situent dans la médiane de leur catégorie.

1.2. Systèmes techniques et fonctions administratives

Woodward a également procédé à l'analyse de l'agencement des principales composantes ou fonctions administratives des entreprises sous l'angle de l'hypothèse du déterminisme technologique. Ces fonctions sont le développement, la production et le marketing. Est-ce que leur importance relative et leur coordination par la direction découlent des systèmes techniques de production ? La recherche apporte une première réponse à cette question en précisant d'abord la séquence de ces trois fonctions administratives selon les systèmes techniques en vigueur et souligne ensuite leurs particularités administratives.

Dans les entreprises de production à l'unité, la séquence commence par le marketing qui doit trouver un marché puisque l'entreprise fonctionne à partir de commandes. On doit d'abord convaincre le client quitte à modifier le prototype envisagé initialement pour répondre à ses exigences. À partir de ce moment, toutes les activités de l'entreprise sont subordonnées aux activités de développement et de conception. Dans les entreprises de production en série, la séquence de ces grandes fonctions est inversée. La conception précède la fabrication et le marketing termine le processus. On produit pour vendre, ensuite on convainc le client qu'il désire ce que l'entreprise a produit. Ici, la production est l'activité centrale et les efforts de gestion sont centrés sur elle. Enfin, dans la production continue, la fonction conception-développement reprend son importance antérieure. Mais elle dépend cette fois de la capacité du marketing à trouver un marché suffisant parce que l'entreprise doit opérer sur une grande échelle pour amortir ses coûts élevés d'opération et qu'elle ne peut entreposer ses produits.

Au niveau des particularités administratives, la coordination des fonctions de l'entreprise se réalise dans le système de production à l'unité de façon immédiate ou sur une base quotidienne parce que la conception du produit et sa fabrication sont intimement liées. Ici, les décisions ont ordinairement un effet à court terme parce qu'elles exercent une influence directe sur la production et affectent plus souvent l'ensemble de l'entreprise. Dans les entreprises de production en série, les fonctions sont plus indépendantes les unes des autres et donnent lieu à la mise en place de services distincts avec leurs propres personnels et cadres administratifs. Un grand nombre de décisions touchant les opérations courantes se prennent à ce niveau, la direction se réservant les décisions ayant une portée à long terme ou impliquant des dépenses importantes. On assiste donc à une certaine déconcentration du pouvoir en même temps qu'à une spécialisation des fonctions administratives et à un partage des responsabilités. Dans les entreprises de production en continu, même si la fonction développement bénéficie d'une grande autonomie, elle doit s'intégrer à la production à partir du moment où le processus dépasse le stade de la conception pour atteindre celui des mises à l'essai. Dans ce type de production, les décisions les plus fréquentes sont d'ordre opérationnel et doivent être prises rapidement sur le terrain même de la fabrication. Les décisions majeures, celles qui engagent à long terme, sont prises au sommet car elles impliquent des sommes importantes et présentent des risques considérables. Ces décisions se caractérisent par leur rationalité et font l'objet de nombreuses études préalables par les différents services de l'entreprise.

1.3. Une deuxième analyse de Woodward qui nuance le déterminisme technologique

Aussitôt formulée, la thèse du déterminisme technologique a suscité de nombreuses critiques et Woodward elle-même apportera quelques nuances à une interprétation trop linéaire de ses premiers travaux malgré les précautions qu'elle a prises pour l'éviter.

Lors d'une étude ultérieure[1], Woodward souligne le fait que dans les entreprises de production en série, différents mécanismes de contrôle sont à l'oeuvre. Souvent, chaque département a ses propres normes de contrôle qui en plus portent sur des aspects différents. Certaines entreprises privilégient le contrôle par les coûts tandis que d'autres insistent sur la qualité des produits ou leurs temps de production. Une nouvelle analyse des résultats de sa première recherche à la lueur de la notion de contrôle des opérations productives, l'amène à distinguer quatre formes de contrôle qui théoriquement épousent l'évolution des systèmes techniques de production.

Le premier type de contrôle unitaire et personnel se rencontre dans les entreprises de production à l'unité de petite dimension tandis que les entreprises de ce même type de production mais de plus grande taille recourent à un type de contrôle fragmenté et personnel. Les entreprises de production en série se caractérisent par un contrôle fragmenté et mécanique alors que les entreprises de production en continu utilisent un contrôle de type unitaire (global) et mécanique. Bref, en passant de la production unitaire à la production en série et au système de production à flux continu, le contrôle devient de moins en moins personnel et de plus en plus mécanique.

Woodward reformule alors son hypothèse initiale en posant le système de contrôle comme variable intermédiaire entre le système technique de production et les caractéristiques organisationnelles des entreprises et procède à une nouvelle répartition des entreprises étudiées. L'analyse des résultats

---

[1] J. Woodward, *Industrial Organization : Behaviour and Control*, Londres, Oxford University Press, 1970.

obtenus par cette nouvelle répartition des entreprises explique pourquoi les entreprises de production unitaire et à flux continu présentaient, dans sa première recherche, certaines caractéristiques organisationnelles communes malgré leurs différences technologiques. En effet, ces entreprises se caractérisent par un même type de contrôle unitaire ou global qui commande l'agencement de leurs fonctions administratives et détermine également les modalités de leur coordination. Les entreprises de production en série dont les caractéristiques organisationnelles diffèrent des autres entreprises présentent des types de contrôle multiples, fragmentés et d'ordre mécanique. Ainsi, si le facteur technologique détermine les caractéristiques organisationnelles des entreprises, ces caractéristiques s'expliquent également par le système de contrôle à l'oeuvre au sein de ces entreprises : contrôle personnel et unitaire dans les entreprises à production unitaire, contrôle mécanique mais fragmenté dans les entreprises de production en série et contrôle mécanique mais global dans les entreprises à flux continu. Ainsi, de la production en série à la production continue, on passe d'un système de contrôle mécanique et bureaucratique à un système mécanique et organique. Ce dernier système de contrôle permet plus facilement l'établissement de liens directs entre les responsables opérationnels et les services fonctionnels.

1.4. Les constats de Woodward et les formalisations de Mintzberg

En somme, Woodward a démontré l'existence d'une relation de causalité entre les systèmes techniques de production et les modes d'organisation des entreprises en dégageant trois modèles. Le système de production à l'unité se caractérise par une coordination directe des fonctions et par une autorité concentrée tandis que la spécialisation des fonctions et la délégation du pouvoir de décision distinguent le système de production en série. La production en continu se différencie à la fois par une spécialisation et une intégration de ses fonctions afin de faciliter la prise collective de décisions. De plus, le positionnement des entreprises au sein de ces modèles organisationnels semble être un gage de leur succès financier. Bref, les résultats des recherches de Woodward, tout en étant à l'origine de la thèse du déterminisme technologique, contredisent les thèses classiques qui affirmaient la suprématie d'un modèle unique d'organisation.

Dans une publication plus récente, Mintzberg systématise en termes d'hypothèses les constats établis en premier lieu par Woodward et confirmés par la suite par d'autres recherches que ses études ont inspirées[1]. La première hypothèse affirme que « plus le système technique est régulé, plus le travail opérationnel est formalisé et plus le centre opérationnel est bureaucratique ». Dans un système de production de masse où le travail productif est routinier et prévisible, les responsables fonctionnels qui conçoivent le système exercent plus de pouvoir au détriment des cadres hiérarchiques et des travailleurs. Mintzberg affirme que l'imposition de ce type de contrôle bureaucratique ne découle pas automatiquement d'un système technique sophistiqué mais de la capacité des concepteurs à décomposer des tâches complexes en opérations simples et régularisées et à les imposer à des ouvriers non qualifiés. La deuxième hypothèse affirme que « plus le système technique est sophistiqué, plus la structure administrative est élaborée […], plus les fonctionnels sont nombreux et qualifiés, plus s'opère à leur bénéfice une décentralisation sélective et plus l'organisation utilise de mécanismes de liaison pour coordonner leur travail ». Ainsi, l'automatisation entraîne l'intervention d'un plus grand nombre de spécialistes à qui sont confiées des responsabilités accrues qui nécessitent un travail d'équipe et le maintien de relations plus informelles entre les personnes. Enfin, une troisième hypothèse rappelle que « l'automation du centre opérationnel transforme la structure administrative de bureaucratique en

---

[1] H. Mintzberg, *Structure et dynamique des organisations*, Paris, Les éditions d'organisation, et Montréal, Les éditions Agence d'Arc, 1982.

structure organique ». La structure organique de contrôle a pour effet de réduire les conflits entre les responsables des opérations et les travailleurs et entre les cadres hiérarchiques et les responsables opérationnels.

2. L'approche sociotechnique et la mise en cause du déterminisme technologique

Inspirés de la théorie des systèmes, Emery et Trist proposent une définition de l'entreprise comme système sociotechnique ouvert[1]. Leur définition marque une distance importante à l'égard des positions de l'École des relations humaines et se différencie en même temps de la version classique pré-parsonienne de la théorie fonctionnaliste. Ils remettent en cause le déterminisme souvent attaché au facteur technologique voulant que l'organisation sociale du travail et de l'entreprise découle des contraintes technologiques. Les auteurs soulignent qu'en partant d'une même technologie, différentes modalités organisationnelles sont possibles. Leurs arguments reposent sur les résultats d'une recherche portant sur les conséquences organisationnelles de la mécanisation du travail minier et sur les effets psychosociaux d'expériences de réorganisation du travail effectuées selon les principes de l'approche sociotechnique.

Il faut d'abord comprendre qu'avant la mécanisation, l'extraction du charbon était réalisée par de petites équipes de travail formées de deux à quatre mineurs expérimentés et polyvalents. L'instrumentation était rudimentaire, puisque l'extraction se faisait manuellement, et les équipes de travail étaient relativement autonomes dans l'exercice de leur métier.

---

[1] F. E. Emery, E. L. Trist, « Socio-Technical System », dans C.W. Churchman et M. Verhulst, *Management Sciences, Models and Techniques*, Vol. 2, N.Y., Pergamon Press, 1960, p. 83-97. Traduction française sous le titre, « Les systèmes socio-techniques », dans Chanlat, J.-F., Séguin-Bernard, F., *L'analyse des organisations, une anthologie sociologique*, T. 1, op. cit, 1983, p. 304-318.

En fait, ces équipes de travail opéraient selon un modèle quasi artisanal. À ce système technique d'extraction assez simple, se superposait une organisation du travail caractérisée par une faible division des tâches dont la diversité des rôles et des fonctions de travail était le corollaire.

L'introduction de la mécanisation modifie profondément les conditions de travail et par le fait même son organisation. De l'extraction sur de courts fronts de taille, la mécanisation oblige à exploiter un seul long front de taille et à former des équipes de travail composées d'une quarantaine d'hommes répartis sur trois quarts de travail. Le travail effectué par ces trois sous-équipes forme le cycle complet du processus d'extraction du minerai. Le travail devient donc séquentiel conformément à la nouvelle définition des tâches et des rôles et brise l'unité des anciennes équipes de travail au profit d'équipes plus larges au sein desquelles chaque travailleur est moins polyvalent mais plus spécialisé.

Or, les conséquences sociales et psychologiques de cette nouvelle organisation du travail sont telles que des expériences de réorganisation du travail sont menées sur la base de l'approche sociotechnique[1]. En partant des mêmes conditions techniques de production, on procède alors à des regroupements différents de travailleurs. Ces nouvelles équipes conviennent par contrat avec la direction d'extraire une certaine quantité de charbon en échange d'une rétribution globale que les membres des équipes se répartissent entre eux. Il revient au groupe d'organiser son travail de façon autonome afin d'atteindre les objectifs convenus. La formation de ces équipes

---

[1] E. L. Trist, K. M. Bamforth, « Some Social and Psychological Consequences of the Longwall Method of Coal-Getting », *Human Relations*, 4 (1), 1951, p. 3-38. Version française sous le titre, « Quelques conséquences sociales et psychologiques de la méthode des longs fronts de taille dans l'extraction du charbon », dans J.-F. Chanlat, F. Séguin, *L'analyse des organisations. Une anthologie sociologique*, T. II, op. cit, 1987, p. 141-174.

de travail permet aux mineurs d'exécuter un plus grand nombre de tâches et de travailler au sein de plusieurs sous-équipes. On appelle *système composite* ces groupes de travail par opposition au *système conventionnel* où le travail est davantage morcelé au sein d'équipes qui se reconnaissent peu de responsabilités les unes à l'égard des autres.

Emery et Trist comparent ensuite les niveaux de productivité atteints par ces deux systèmes ainsi que les niveaux de tension sévissant au sein des groupes de travail. La supériorité productive du système composite réside dans sa capacité à répondre rapidement aux conditions particulières de l'environnement du travail des mineurs. La rigidité du système conventionnel rend difficiles ces ajustements ou les réalise au prix d'un effort considérable de la part des mineurs, ce qui a pour effet d'accroître les tensions au travail. La souplesse du système composite, en facilitant ces adaptations, réduit les pertes de temps et augmente le nombre de cycles de production sans interruption de travail. En conséquence, la productivité du travail augmente. De plus, en favorisant les échanges entre les mineurs, le système composite permet une meilleure interaction et favorise le soutien et l'entraide. Enfin, une complémentarité mieux définie entre les différents rôles au travail réduit les tensions chez les travailleurs et améliore le climat de travail.

La recherche de Emery et Trist démontre que différents systèmes sociaux peuvent être mis en place en partant d'une même technologie. Ils soutiennent aussi qu'il n'y a pas de relation directe entre le degré d'automatisation et le niveau de regroupement des travailleurs. Même si la mécanisation des opérations de production facilite une description plus rigoureuse des tâches, il n'en découle pas automatiquement une « correspondance strictement déterminée » entre ces descriptions de tâches et le système social. Il est donc possible d'établir différents modes d'organisation du travail à partir d'un même système technique. Le système social qui se développe à l'occasion du travail a également son propre dynamisme, d'où l'importance de prendre en compte l'influence réciproque de la technologie et du système social.

De plus, ces chercheurs affirment que l'entreprise peut et doit être définie comme un système ouvert sur l'environnement. Leur recherche a bien souligné l'importance de laisser aux équipes de travail une marge de manoeuvre suffisante pour permettre les ajustements nécessaires aux conditions changeantes de leur environnement de travail. Ainsi, toute entreprise ne peut limiter son action à rechercher un équilibre interne mais doit prendre en compte le contexte plus large dans lequel elle opère et démontrer sa capacité d'adaptation à son environnement. Cet acquis de l'approche sociotechnique souligne une de ses principales différences à l'égard des théories rationalistes de l'organisation du travail et de l'entreprise.

3. Technologie, politique de gestion, et rapports sociaux : une analyse qui laisse place aux acteurs

C'est en prenant appui sur les acquis de l'approche sociotechnique et les enseignements de l'analyse stratégique que Legendre étudie l'importance relative du facteur technologique et des rapports sociaux organisationnels dans la définition des politiques de gestion et de coordination du travail productif dans trois entreprises québécoises de pâtes et papier[1].

La perspective d'analyse retenue prend une distance à l'égard des approches trop déterministes des structures organisationnelles des entreprises et accorde une importance aux choix stratégiques des dirigeants et aux interventions des autres acteurs de l'entreprise. La dynamique sociale ainsi prise en compte dépend des processus décisionnels en vigueur au

---

[1] C. Legendre « Technologie, politique de gestion et dynamique des rapports sociaux organisationnels dans trois papetières au Québec », *Sociologie et sociétés*, No. 2, Vol. XXIII, Presses de l'Université de Montréal, 1991, p. 199-215.

sein des entreprises, processus qui n'excluent pas la négociation et les jeux d'influence. Elle tient compte aussi des relations de pouvoir et des facteurs de contingence technique et économique. Si ces derniers limitent la liberté de choix et d'action, ils ne la suppriment pas comme l'ont déjà souligné plusieurs spécialistes. C'est donc en considérant l'interdépendance des facteurs de contingence et des rapports sociaux organisationnels que Legendre analyse les mécanismes de coordination et de contrôle de l'effort productif, les formes que prennent l'organisation du travail et les modes de collaboration qui s'établissent entre les services de l'entretien et les secteurs de la fabrication. Cette approche favorise également la prise en compte des pratiques de négociation et d'interprétation des règles auxquelles les acteurs se livrent à l'occasion de leur travail.

Trois entreprises des pâtes et papier sont ciblées. Elles sortent d'une intense période de modernisation technologique et de restructuration organisationnelle consécutives à de fortes pressions économiques et à une concurrence accrue des marchés internationaux. De nouveaux procédés automatisés de production ont été introduits et les systèmes de contrôle de la fabrication ont été informatisés. Les données recueillies proviennent d'observations directes et de l'analyse de documents transmis par les entreprises. Une cinquantaine d'entrevues semi-dirigées menées auprès de cadres de différents niveaux et de quelques opérateurs complètent la cueillette des informations.

3.1. Changement de politiques de gestion : coordination et contrôle par ajustement mutuel

Avant l'adoption des nouvelles technologies, le fonctionnement des entreprises s'apparentait au modèle mécaniste défini par Woodward et Burns auquel sont ordinairement associés un marché relativement stable et des technologies maîtrisées. Les processus de travail étaient standardisés mais la présence d'inventaires tampons entre les principales étapes de la production témoignait d'une faible intégration. Cette production faiblement régulée était complétée, au plan administratif, par des unités organisationnelles cloisonnées et une direction centralisée. La coordination et le contrôle des opérations étaient assurés par la préparation de plans de production assortis d'échéanciers. Ils reposaient également sur la programmation préalable des processus productifs et misaient sur le respect des règles formelles et des procédures officielles. Enfin, c'est après avoir suivi la voie hiérarchique des communications que les ajustements nécessaires étaient effectués.

En quoi l'introduction des nouvelles technologies influence-t-elle les mécanismes de coordination et de contrôle et jusqu'à quel point les modifications constatées lui sont-elles attribuables? L'analyse des données révèle un cumul des mécanismes de coordination et de contrôle. Aux anciens modes de supervision, s'ajoutent de nouvelles modalités de coordination par ajustement mutuel qui s'effectuent sur une base individuelle ou collective. L'intégration des différentes étapes de la production dans un processus continu et l'élimination des inventaires tampons expliquent, en partie, cette addition des mécanismes de supervision. Elles justifient aussi le maintien de la coordination par la programmation des processus productifs. Les objectifs d'efficacité et de productivité fixés dans le cadre d'une concurrence accrue et l'importance des efforts financiers consentis accroissent également le besoin d'une coordination par ajustement mutuel. Visiblement, la rigidité hiérarchique et le cloisonnement bureaucratique des anciennes organisations ne pouvaient plus satisfaire les nouvelles exigences d'une production plus flexible et mieux intégrée dont les perturbations devaient être corrigées rapidement.

Par ailleurs, tous les groupes au sein des entreprises ne réagissent pas de la même façon à l'implantation des nouvelles technologies et des différences apparaissent sur le plan de la gestion de la main-d'oeuvre. Pour expliquer ces différences, il faut prendre en considération la présence des rapports sociaux organisationnels et la dynamique particulière qu'ils impulsent. Ainsi, dans l'entreprise qui valorisait déjà la consultation et la participation des employés, les nouvelles exigences de la production automatisée ont renforcé la gestion démocratique existante. Dans une autre entreprise qui avait adopté difficilement les nouvelles technologies, leur mise en œuvre a provoqué des déplacements d'employés et la mise à la retraite prématurée des opérateurs les plus qualifiés. Cette mobilité a éveillé de vives inquiétudes chez les travailleurs et accentué les rivalités entre le secteur de la production et les services d'entretien et de réparation. La nouvelle politique de gestion de la main-d'œuvre n'a pas été perçue dans cette usine comme une politique qui découle naturellement des nouvelles exigences de la production automatisée mais est apparue davantage comme une réponse de la direction à la crise d'autorité qui sévissait dans cet établissement et au manque de confiance du personnel à l'égard de l'entreprise. En fait, les enjeux financiers en cause et l'objectif de maximiser l'utilisation des nouveaux équipements ne pouvaient plus tolérer les anciennes rivalités et le maintien des tensions antérieures.

3.2. Flexibilité et polyvalence

Pour mieux articuler les secteurs de la production et les services d'entretien, les trois entreprises ont décidé d'améliorer la polyvalence de leurs employés. Mais, chacune a utilisé une formule différente et a connu des résultats divers selon l'état de ses rapports sociaux organisationnels et de la capacité particulière de ses acteurs à négocier des arrangements satisfaisants. La moins taylorienne des entreprises a eu recours à la polyvalence individuelle, considérée comme la forme la plus avancée parce qu'elle repose sur le décloisonnement complet des métiers. Ici, chaque homme de métier acquiert une qualification dans deux autres domaines complémentaires selon le principe de « trois dans un ». Une deuxième entreprise a procédé à la formation d'équipes polyvalentes dont l'élargissement des champs de compétence est obtenu par la rotation des tâches. Enfin, le système cloisonné des compétences entre les différents corps de métiers a été maintenu dans l'entreprise qui a effectué le plus difficilement son passage à l'automatisation.

Ainsi, et malgré des contraintes économiques et techniques similaires et des orientations gestionnaires comparables, la spécificité organisationnelle des entreprises et les modalités de leur politique de gestion s'expliquent, en partie, par les rapports sociaux organisationnels qui les caractérisent.

En somme, des différences importantes subsistent entre les trois entreprises au niveau de l'étendue et de la portée des changements organisationnels induits par l'introduction de nouvelles technologies. L'implantation de la nouvelle politique de gestion de la main-d'œuvre en constitue un exemple. Dans un cas, elle prolonge les anciennes manières démocratiques de faire tandis que, dans un autre cas, elle s'impose au nom d'impératifs financiers extérieurs aux contraintes techniques. De même, les négociations en matière de polyvalence ont donné lieu à des arrangements variés en fonction des rapports sociaux organisationnels en vigueur dans chacune des trois entreprises.

Conclusion

Le facteur technique apparaît périodiquement à l'avant-scène de l'analyse sociologique, au fil des transformations organisationnelles que son évolution induit. L'étude de sa relation avec l'organisation du travail et les structures organisationnelles des entreprises a donné lieu à de nombreuses hypothèses et à des points de vue les plus opposés. Trois thèses ont attiré notre attention, passant du déterminisme technologique à celles qui prennent en compte le système social et les rapports sociaux de production qui encadrent son implantation et tempèrent ses répercussions.

Il convient de nuancer le caractère déterministe qui, même aujourd'hui, est associé au facteur technique pour affirmer l'autonomie des organisations et considérer l'action des groupes concernés par son implantation et sa mise en œuvre. S'il influence les structures organisationnelles des entreprises par les limites et les contraintes qu'il impose, sa conception comme les modalités de son utilisation n'échappent pas aux choix des dirigeants et à l'action des travailleurs. Les différentes formes d'organisation et de division du travail qu'il autorise, la diversité des politiques de gestion de la main-d'œuvre qui l'accompagne et les différents systèmes de relations de travail qui l'encadrent démontrent sa capacité d'adaptation à des situations organisationnelles très variables.

L'évolution des formes d'organisation du travail et de l'entreprise ne s'arrête pas et la technologie continue sa progression. Des recherches portant cette fois sur les effets de l'automatisation sur la qualification du travail et la publication récente de monographies sur l'introduction des nouvelles technologies de l'information et de la communication en milieu de travail relancent à nouveau le débat sur l'impact du facteur technique sur les conditions de travail des employés et les modalités organisationnelles des entreprises.

DEUXIÈME PARTIE
L'ORGANISATION DE L'ENTREPRISE

III
Environnement, structures organisationnelles et performance

Introduction

La relation entre les structures organisationnelles et les objectifs de l'entreprise, notamment sa performance, a été un secteur privilégié de la recherche en science sociale. Woodward a démontré que les différents systèmes de production (à l'unité, de masse et à flux continu) déterminent les modes d'organisation du travail et les structures de l'entreprise et que leur efficacité comme leur rentabilité en dépendent. À l'encontre du déterminisme technologique, une étude du groupe d'Aston a établi que la taille de l'entreprise s'avère un meilleur facteur prédictif de son organisation. Plus la taille de l'entreprise est grande, plus ses fonctions et activités se spécialisent et plus ses règles et procédures se formalisent. Pour Blau et Scott, c'est plutôt le choix des problèmes à résoudre qui détermine les structures organisationnelles tandis que pour Etzioni, les objectifs poursuivis par l'organisation ou la nature de sa mission influencent le choix de ses modalités organisationnelles. On n'organise pas un hôpital de la même façon qu'une entreprise industrielle ou une armée de la même façon qu'un service social. Enfin, d'autres études démontrent que la différenciation des unités organisationnelles ne dépend pas uniquement des contraintes et de la diversité des environnements mais découle aussi du grand nombre et de l'incompatibilité des objectifs poursuivis et qu'elle peut même être une réponse préventive aux risques de conflits internes des organisations.

En fait, deux perspectives d'analyse traversent les études portant sur les relations entre les contraintes de l'environnement, les structures organisationnelles, les caractéristiques des entreprises et leur performance. Une première école de pensée part de l'idée que l'organisation n'a pas d'objectifs en soi. Seuls les groupes qui la composent peuvent avoir des intérêts à défendre, des positions sociales à préserver ou des objectifs à atteindre (salaire, promotion, rentabilité, efficacité). L'organisation est donc traversée par les ambitions de ses acteurs. Mais, ces groupes ne disposent pas de ressources équivalentes, ne pèsent pas d'un poids égal sur les décisions importantes et n'ont pas la même conviction ou la même capacité de persuasion. Ici, performance et efficacité sont subordonnées aux jeux des acteurs. Un autre courant d'analyse, issu de l'approche systémique, soutient la thèse inverse et affirme que la performance résulte des structures organisationnelles, et que celles-ci sont à leur tour déterminées par les environnements dans lesquels les entreprises opèrent. Les études présentées dans ce chapitre illustrent ces deux points de vue.

La question sous-jacente à ces recherches est de savoir qu'elle est la meilleure adéquation possible entre les structures organisationnelles et les diverses contraintes qui pèsent sur l'entreprise. Y a-t-il des modes d'organisation plus appropriés à un environnement changeant, par exemple, et que faire devant un marché bousculé par l'évolution des goûts des consommateurs ? Comment une entreprise de services peut-elle répondre aux exigences variées de clientèles diversifiées tout en demeurant imputable de la qualité des services rendus ? Comment satisfaire les clientèles desservies et les actionnaires soucieux de rentabilité ? Les organisations peuvent-elles concilier les multiples contraintes de l'environnement avec les exigences de la performance ? S'adapter aux changements technologiques ne peut pas être sans conséquence sur l'organisation du travail et le fonctionnement de l'entreprise. Telles sont les préoccupations qui animent les recherches présentées ici.

Il revient à l'approche systémique d'avoir ouvert les portes de l'entreprise sur le monde extérieur et d'avoir mis en relation ses structures organisationnelles et son fonctionnement avec les contraintes de l'environnement. L'étude portant sur l'incertitude des marchés et l'évolution des technologies de Burns et Stalker marque le coup d'envoi d'une série de recherches inspirées de l'approche systémique. La recherche de Lawrence et de Lorsch sur les effets des incertitudes des environnements scientifique, technico-économique et commercial sur les structures organisationnelles et les niveaux de performance des entreprises est parmi les plus marquantes de ce courant d'analyse. On doit à ces deux auteurs d'avoir soutenu la théorie de la contingence organisationnelle qui marque la fin de toute forme de déterminisme hégémonique sur les structures des entreprises.

Malgré les avancées importantes de ces recherches, plusieurs spécialistes déplorent le peu d'espace laissé aux acteurs. Une première critique interactionniste rappelle, à la suite de Weber, que les actions que l'on attribue aux organisations résultent en fait de la signification que les individus donnent à leur situation organisationnelle. Technologie et marché, par exemple, n'ont de sens que ceux que les intéressés leur donnent en fonction de leurs propres objectifs et intérêts. C'est cette structure des significations qui détermine l'action des acteurs et qui, en conséquence, explique les ajustements internes des entreprises et leurs modes d'adaptation à l'environnement. Les organisations en soi ne réagissent pas, ce sont les individus qui le font en fonction de leur définition de la situation. Enfin, Crozier et Thoenig affirment que les résultats de la théorie de la contingence ne permettent pas de dégager des lois ou des concordances automatiques entre l'environnement, les formes organisationnelles et les niveaux de performance[1]. Tout au plus, il s'agirait de « préceptes » ou d'orientations normatives qui accepteraient assez facilement des dérogations.

L'analyse stratégique se propose de réhabiliter l'acteur et rappelle que son action influence les structures organisationnelles et les modes de gestion des entreprises. Ainsi se construisent des mondes sociaux au sein des entreprises qui régularisent les comportements des acteurs mais sans les déterminer totalement. Les modèles de développement que les contextes économique et commercial proposent aux entreprises font l'objet d'une adaptation et d'un remodelage par les acteurs qui, à leur tour, articulent leurs choix stratégiques aux impératifs de croissance de l'entreprise. La dernière recherche présentée ici nous invite à saisir cette régulation sociale de l'entreprise et à comprendre les jeux des acteurs qui se mettent en scène à partir des contraintes de l'environnement et de l'obligation de résultat qui pèse sur les entreprises.

1. Une recherche systémique

Dans la foulée des travaux de Woodward et du groupe d'Aston, Burns et Stalker ont mené une recherche auprès d'une vingtaine d'entreprises en Grande-Bretagne[2]. Ils conçoivent l'entreprise comme un système ouvert de transformation de matières premières (matérielles ou non) en produits finis (objets ou services). Ils s'inspirent donc d'une approche systémique.

L'analyse des données révèle que les caractéristiques organisationnelles et le fonctionnement des entreprises

---

[1] M. Crozier, J.-C. Thoenig, « La régulation des systèmes organisés complexes », *Revue française de sociologie*, XVI, 1975, p. 3-32.
[2] T. Burns, G. M. Stalker, *The Management of Innovation*, Londres, Tavistock Publications, 1961.

dépendent du degré de prévisibilité de l'environnement. Celui-ci est mesuré par les taux de changement dans les techniques utilisées et par les variations des marchés. Même si leur étude différencie cinq types d'environnement variant du plus stable (pas de changement technique et marché stable) au moins prévisible (changement technique et marchés variables), ils s'attardent principalement aux entreprises qui opèrent dans les environnements les plus opposés. Ces entreprises se caractérisent par une cohérence fonctionnelle et une bonne adaptation à leur environnement et présentent des profils organisationnels que les chercheurs appellent « mechanistic system » et « organic system ».

Le type d'organisation mécanique convient davantage aux entreprises oeuvrant dans un environnement stable et leurs caractéristiques rappellent celles de l'organisation rationnelle-légale de Weber. Parmi ses principales modalités organisationnelles notons une fragmentation et une spécialisation poussées des tâches assorties de descriptions précises des postes, un contrôle étroit de l'exécution des tâches et une structure hiérarchique clairement établie le long de laquelle les connaissances et les communications circulent en sens inverse. On relève également que le pouvoir de décision est concentré au sommet de l'entreprise, et que celle-ci fixe ses exigences de loyauté et d'obéissance aux employés. Enfin, les connaissances spécialisées sont valorisées au détriment des connaissances générales.

Le système organique se rencontre surtout chez les entreprises confrontées à un environnement variable et dont les structures organisationnelles sont elles-mêmes instables ou flexibles. Ces entreprises se caractérisent par de fréquentes redéfinitions des tâches, une dispersion des fonctions de contrôle et d'autorité, des communications de type informationnel plutôt que décisionnel et une circulation de l'information autant verticale qu'horizontale. Elles valorisent davantage les connaissances techniques des employés et délaissent la gestion par la loyauté et la soumission.

L'étude de Burns et Stalker révèle également que dans des situations de changement, les entreprises qui répondent au système mécanique développent des réflexes de résistance. Elles optent pour des stratégies de contournement qui consistent à faire remonter au sommet de la structure hiérarchique tous les problèmes imprévus, retardant ainsi la prise de décision. La formation de comités spéciaux, la création de nouveaux postes ou de services experts traduisent la même attitude de délégation des responsabilités et alourdissent la structure administrative avec les risques de dysfonctions organisationnelles que cela comporte.

Pour Burns et Stalker, il n'y a donc pas un seul système organisationnel idéal qui convienne à toutes les situations contrairement aux prétentions de l'École classique. Un système mécanique semble convenir davantage à un environnement stable qui permet une description détaillée des tâches, une spécialisation des fonctions organisationnelles et une répartition hiérarchique de l'autorité. Par contre, un environnement variable dû à des conditions techniques changeantes ou à un marché fluctuant exige une capacité d'adaptation des entreprises que seule une déconcentration des informations, du contrôle, de la connaissance et du pouvoir de décision permet.

2. La théorie de la contingence

Les travaux de Lawrence et Lorsch prolongent en les complétant ceux de Burns et Stalker[1]. Ils rappellent que le développement de l'entreprise entraîne ordinairement une spécialisation de ses fonctions tout en l'obligeant à assurer leur intégration conformément à la théorie de Spencer sur

---

[1] P. R. Lawrence, J. W. Lorsch, *Adapter les structures de l'entreprise. Intégration ou différenciation*, Paris, Les Éditions d'Organisation, 1994.

l'évolution des systèmes sociaux et biologiques à laquelle ils réfèrent explicitement. De plus, parce qu'une entreprise est un système ouvert sur l'environnement et que celui-ci est variable et multiple, chaque entreprise est confrontée à une diversité d'environnements qui a pour effet de différencier ses structures organisationnelles et indirectement d'influencer ses niveaux de performance. Autrement dit, l'impact respectif de chacun des sous-environnements au sein desquels l'entreprise opère se fait sentir différemment sur chacune de ses unités organisationnelles. Les auteurs qualifient leur théorie de « contingente » pour souligner le fait qu'il n'y a pas une seule et unique forme d'organisation qui peut prendre en compte la multiplicité des environnements.

Leur étude porte sur une dizaine d'entreprises américaines choisies en fonction de la diversité de leur environnement. Il s'agit de six entreprises de produits de plastique, de deux firmes d'emballage et de deux sociétés de produits alimentaires conditionnés. Elles oeuvrent dans des environnements particuliers par le volume des ventes, les changements technologiques, la diversité des produits et les fluctuations des marchés. L'enquête a été menée à l'aide de questionnaires et d'entrevues auprès de trente à cinquante cadres moyens et supérieurs de chaque entreprise.

2.1. Diversité des environnements et structures organisationnelles : différenciation et intégration

Selon les auteurs, trois dimensions caractérisent l'environnement des entreprises et déterminent leur niveau d'incertitude : la pression des marchés, les développements de la science et les contraintes de la technologie. L'incertitude qui sévit dans ces trois sous-environnements est mesurée à l'aide des trois indicateurs suivants : la validité des informations, l'exactitude des relations causales et le temps de feedback. À partir de ceux-ci, des indices globaux d'incertitude sont construits. Ainsi, l'industrie du plastique opère dans un environnement scientifique hautement incertain attribuable principalement à la chimie des polymères qui apparaît alors davantage comme un art plutôt qu'une science aux dires de ses dirigeants. L'industrie contrôle assez peu son marché soumis aux désirs multiples et variables de ses clients. Contrairement à l'industrie du plastique, tous les secteurs environnementaux de l'industrie de l'emballage semblent relativement contrôlés à l'exclusion de l'environnement technico-économique qui présente encore quelques difficultés. L'industrie alimentaire occupe une position intermédiaire où les environnements scientifique et commercial demeurent relativement imprévisibles, ce dernier en raison du grand nombre de clients et de la nécessité de procéder par essais.

Parce que chaque entreprise a fractionné son organisation en fonction de ses environnements, les auteurs différencient trois sous-systèmes organisationnels. Le secteur de la fabrication voit à l'approvisionnement en matières premières, à l'achat des équipements et au recrutement des employés tandis que le secteur scientifique est responsable de la fonction recherche-développement. Le secteur vente-marketing suit l'évolution des marchés, les goûts des clientèles et le positionnement des concurrents. Les comportements des employés et les activités menées dans chaque unité organisationnelle divergent donc grandement. Par exemple, les efforts du marketing sont centrés sur le volume des ventes tandis que le contrôle des coûts mobilise l'attention de la fabrication.

Afin d'établir une base comparative des différents niveaux de différenciation des unités organisationnelles, les auteurs décomposent cette notion en quatre dimensions. Premièrement, le type d'objectifs fixés par chaque unité comme l'exemple précédent l'illustre. Deuxièmement, l'horizon temporel de l'activité principale de l'unité : action à court terme dans les unités de production par rapport à une action à long terme dans les unités de recherche-développement.

Troisièmement, la nature des relations interpersonnelles au travail : centrées sur la tâche quand celle-ci est bien définie ou sur les compétences quand la tâche est complexe et moins bien définie. Quatrièmement, le caractère plus ou moins centralisé des structures organisationnelles : très hiérarchisées avec des règles et procédures élaborées ou décentralisées avec des règles souples. Ainsi, le niveau global de différenciation des entreprises est fonction du cumul des différences enregistrées dans ses unités organisationnelles.

Évidemment, plus la différenciation des unités organisationnelles est grande, plus la coordination de l'effort collectif est difficile. L'intégration des unités organisationnelles et la collaboration des différents services requièrent l'action d'un ensemble de mécanismes de concertation. Ils comprennent la nomination « d'intégrateurs » par la haute direction, la formation d'équipes de coordination, le recours à la voie hiérarchique, les procédures classiques de contrôle et les interventions informelles des cadres.

En somme, les chercheurs font l'hypothèse que le niveau d'incertitude des sous-environnements détermine la structure des sous-systèmes organisationnels et qu'en conséquence les entreprises présentent une assez grande différenciation de leur mode d'organisation. Mais, pour être performantes, elles doivent assurer une intégration suffisante de leurs unités organisationnelles et se munir de mécanismes adéquats de résolution des conflits. Le schéma d'analyse présenté au tableau 1 illustre l'articulation de ces différentes dimensions de l'entreprise.

2.2. Les résultats

L'analyse des données démontre l'existence de relations entre les niveaux d'incertitude de chacun des sous-environnements et les caractéristiques de chacune des unités organisationnelles des entreprises. Par ailleurs, plus les unités organisationnelles de l'entreprise se différencient, plus les mécanismes de coordination doivent s'imposer. Les entreprises les plus performantes sont celles qui articulent le mieux leurs structures organisationnelles et leurs mécanismes de coordination en fonction des caractéristiques de leurs sous-environnements respectifs.

Tableau 1
Schéma d'analyse
Environnements multiples, structures organisationnelles et performance

Environne-ment	Sous secteurs (recherche, production, vente)		Performance
	Différenciation	Intégration	
Pression des marchés	Nature des objectifs	Modes d'interrelations	Profit
Évolution des techno-logies	Horizon temporel Types de relations des cadres	entre les unités Stratégies internes ou mécanismes de	Volume des ventes
Évolution de la science	Modèles de structure entre les unités	coordination : hiérarchie, comité, etc.	Nombre de produits nouveaux

Par exemple, les entreprises de produits de plastique les plus performantes qui opèrent dans un sous-environnement scientifique incertain ont un service de recherche peu structuré au sein duquel les comportements sont centrés sur la tâche tout en menant une action à long terme. Parce que le marché de ces entreprises est moyennement incertain, leur service marketing est moyennement structuré. Ce service envisage son action à moyen terme et son organisation du travail repose en bonne partie sur les compétences et les aptitudes des employés. Toutefois, les systèmes de production et d'administration de cette industrie sont fortement structurés. Ils opèrent à court terme et les comportements des employés sont axés sur la tâche à exécuter parce que leurs sous-environnements présentent peu d'incertitude.

Un raisonnement similaire s'applique à la répartition du pouvoir de décision. La position de celui-ci au sein de la structure organisationnelle de chaque unité dépend du degré d'incertitude de l'environnement en matière d'information. Ainsi, dans les entreprises performantes de matière plastique, il est concentré au sommet pour les activités de production dont le sous-environnement présente peu d'incertitudes et déconcentré dans les unités organisationnelles aux prises avec des sous-environnements plus instables. De même, dans les entreprises d'emballage où tous les sous-environnements sont stables, le pouvoir de décision est concentré au sommet de chaque unité organisationnelle.

Le deuxième intérêt de la recherche de Lawrence et Lorsch est d'avoir souligné l'importance des facteurs d'intégration et de coordination. En effet, les entreprises performantes sont celles qui sont les plus différenciées mais qui en même temps réussissent à bien intégrer leurs unités organisationnelles. Ces entreprises recourent alors à des coordonnateurs spécialisés, à la formation de comités ou à la création de services spécialisés afin d'assurer cette intégration. Par contre, pour les entreprises présentant une faible différenciation organisationnelle, comme celles du secteur de l'emballage, la voie hiérarchique suffit pour assurer l'intégration souhaitée.

Quant à la résolution des conflits qui ne peuvent manquer d'apparaître au sein des entreprises, particulièrement chez celles caractérisées par une forte différenciation, Lawrence et Lorsch insistent sur l'utilisation d'une gamme variée de moyens en fonction dès caractéristiques des unités organisationnelles. Dans les unités les plus différenciées, il semble que le succès repose davantage sur l'exercice d'un pouvoir informationnel fondé sur la compétence plutôt que sur celui d'une autorité statutaire ayant une moindre légitimité. Ils n'hésitent pas à suggérer un mode de résolution des conflits axé sur la confrontation dans la mesure où cette dernière favorise l'échange des informations nécessaires à la recherche de solutions appropriées.

En résumé, l'approche systémique utilisée par Lawrence et Lorsch permet d'établir une relation entre les caractéristiques des environnements des entreprises des trois secteurs industriels considérés et leurs niveaux respectifs de différenciation, d'intégration et de performance. En insistant sur les facteurs de contingence propres à chaque entreprise et à chacune de leurs unités organisationnelles, cette recherche, à la suite de celles de Woodward, de Burns et Stalker, met fin à la prétention d'un modèle universel de gestion et d'organisation des entreprises. Aux dires mêmes des auteurs, la théorie de la contingence offre un cadre d'analyse susceptible de réinterpréter toutes les théories traditionnelles des organisations.

3. La régulation sociale des entreprises

3.1. Présentation de la recherche et cadre d'analyse

La recherche de Francfort, Osty, Sainsaulieu et Uhalde vise à expliquer les formes de développement économique des entreprises et leur performance en s'appuyant sur trois contributions essentielles qui déterminent son cadre d'analyse[1]. Premièrement, elle considère les travaux de plusieurs chercheurs, dont ceux de Sainsaulieu pour qui la cohésion sociale nécessaire au fonctionnement de l'entreprise repose sur une culture commune mais qui, contrairement à la prétention des fonctionnalistes, n'est pas imposée. Cette culture se développe à partir des identités collectives qui se construisent à l'occasion du travail et au fur et à mesure que s'élaborent les

---

[1] I. Francfort, F. Osty, R. Sainsaulieu, M. Uhalde, *Les mondes sociaux de l'entreprise*, Paris, Desclée de Brouwer, Coll., Sociologie Economique, 1995. Les résultats de cette recherche sont partiellement repris dans R. Sainsaulieu, *Sociologie de l'entreprise, organisation, culture et développement*, Paris, Presses de Sciences po et Dalloz, 1997.

règles de conduite des acteurs. Deuxièmement, dans la perspective des travaux de Mintzberg sur la dynamique des structures organisationnelles, cette recherche souhaite vérifier les formes actuelles de contingence qui s'exercent sur les entreprises et influencent leur performance. Troisièmement, elle s'inspire de l'analyse stratégique mise de l'avant par Crozier et Friedberg qui soutiennent que les jeux des acteurs et le déploiement de leurs stratégies visent à renforcer leur position de contrôle sur les zones d'incertitude ou à préserver leur marge d'autonomie. En conséquence, les chercheurs définissent l'entreprise comme un système socio-économique composé de structures organisationnelles, de normes de fonctionnement et d'exigences de résultats.

Les chercheurs se proposent d'identifier les structures sociales des entreprises afin de caractériser les dynamiques d'action et de cerner les formes de coopération que leurs acteurs établissent. Ils soutiennent que les capacités de changement et d'adaptation des entreprises résultent de cette dynamique sociale et que les performances atteintes dépendent des mécanismes de régulation sociale que les acteurs se donnent.

En fait, la recherche met en relation les différents mondes sociaux des entreprises avec les contextes économiques qui conditionnent leurs modes de développement. Les *mondes sociaux* réfèrent aux structures sociales et aux mécanismes qui régularisent le fonctionnement des entreprises. La culture propre à chaque entreprise et les modes de gestion des personnels en font également partie. Les *mondes économiques de référence* couvrent les relations que les entreprises entretiennent avec l'environnement et les stratégies qu'elles mettent en œuvre pour s'y adapter tout en prenant en compte les types de production qui les caractérisent (flexible, de masse, spécialisé). Ils influencent le développement économique des entreprises. Les *modes de développement* sont les versions dynamiques des mondes économiques de référence. Ils situent l'entreprise dans son évolution à travers les divers modes d'adaptation (continuité, repositionnement, adaptation) selon la trajectoire choisie par l'entreprise. La figure 1 représente schématiquement le cadre d'analyse de la recherche.

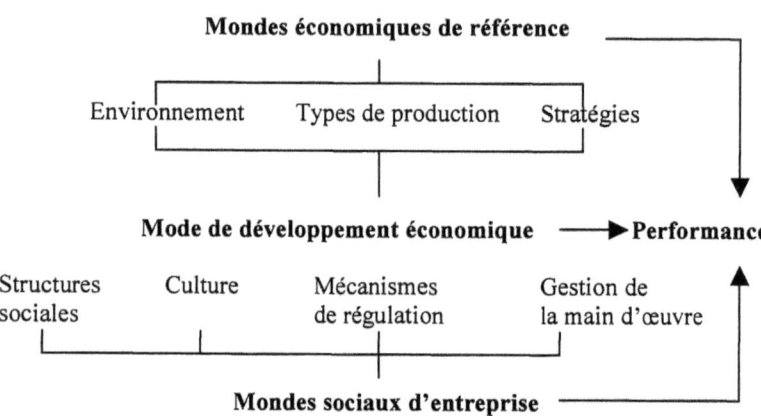

Figure 1.
Schéma d'analyse

Au plan méthodologique, 81 établissements ont été sélectionnés afin de respecter à la fois les règles de représentativité et les exigences du cadre d'analyse. Ont donc été prises en compte les variables suivantes : la taille des entreprises, le secteur d'activité et les différentes catégories de personnel. Plus de quatre mille entretiens ont été menés auprès des employés et des dirigeants.

La matière couverte par cette importante recherche dépasse largement le résumé qui en est fait ici. Ne seront pas rappelés les observations des chercheurs sur les transformations des modes de rationalisation des entreprises (taylorisme, nouvelles formes d'organisation du travail) et leurs modes de régulation sociale (gestion des personnels, identités collectives et culture d'entreprise). Par contre, la description des modes sociaux présentée ici prend en compte ces éléments. De même, la présentation des modes économiques de référence est limitée à sa version dynamique à savoir les modes de développement des entreprises. En conséquence, les caractéristiques environnementales, les types de production et les stratégies des entreprises ne font pas l'objet de précisions particulières. Malgré tout, nous croyons avoir respecté la logique d'ensemble de cette recherche magistrale par son ampleur et extrêmement riche par son contenu.

3.2. Les cinq mondes sociaux des entreprises

Induits de l'observation par les chercheurs, les mondes sociaux des entreprises sont des types idéaux qui centrent l'attention sur la dynamique des entreprises. Plus concrètement, ils s'attardent aux processus de rationalisation, à la réactivité des entreprises à l'environnement, aux jeux des acteurs et aux modes de gestion des personnels. Les chercheurs distinguent les cinq mondes sociaux suivants : l'entreprise duale, en crise, modernisée, bureaucratique et l'entreprise communauté.

Issue de l'industrie du XIXe siècle, l'*entreprise modernisée* a réalisé une transformation profonde de l'ensemble de ses structures et de son mode de fonctionnement. Elle apparaît comme un univers relativement intégré au sein duquel normes culturelles, règles formelles et légitimité partagée cohabitent. Misant sur la qualification de sa main-d'oeuvre et sur le cumul des savoir-faire développés au fil de son histoire, elle occupe aujourd'hui des positions enviables sur les marchés. Quinze des 81 établissements font partie de ce premier monde social des entreprises et se répartissent principalement dans les secteurs suivants : mécanique, chimie, énergie, extraction, textile industriel, plastique et banque. Mais tout n'est pas encore joué pour l'entreprise modernisée, en particulier la définition de ses nouvelles règles de conduite. De fait, les contraintes commerciales, techniques et organisationnelles multiplient les zones d'incertitude et obligent à une redéfinition des acteurs et des pouvoirs. Les nouveaux métiers en formation constituent de nouvelles bases identitaires. L'entreprise modernisée oscille entre l'affirmation des communautés professionnelles et l'établissement d'un nouveau modèle de communauté d'entreprise.

L'*entreprise duale* représente près du quart de l'échantillon étudié et regroupe autant de petites que de grandes entreprises. Ces dix-neuf entreprises privées et publiques oeuvrent en majorité dans le secteur tertiaire et se répartissent dans les domaines suivants : biens d'équipement, agroalimentaire, énergie, télécommunication, nettoyage industriel, banque, santé, formation et conseil, restauration rapide et administration. Constituées pendant les années de croissance, elles ont hérité de structures organisationnelles tayloriennes et d'une hiérarchie bureaucratique. Les contraintes des années 80 les ont forcées à revoir leur mode de production pour en augmenter la productivité et la flexibilité. Dans les entreprises industrielles de ce type, les nouvelles rationalisations gestionnaires et organisationnelles ont poussé plus loin les limites du taylorisme et exacerbé les tensions inhérentes à ce modèle tout en favorisant une attitude de retrait chez la majorité des salariés. Motivée par une volonté de modernisation et de mobilisation de leurs ressources, l'adoption de nouvelles règles dans les entreprises de service a eu pour effet de fractionner davantage les identités professionnelles et de réduire la cohésion sociale de ces établissements.

Partagée entre la modernité et la tradition et à mi-chemin entre l'entreprise modernisée et l'entreprise duale, l'*entreprise en crise* vit une mutation difficile. Elle constitue 20 % de l'échantillon et se répartit surtout dans les secteurs traditionnels suivants : automobile, mécanique, sidérurgie, ciment, biens d'équipement, textile industriel, imprimerie, télécommunication, ingénierie et assurance. Par rapport à l'entreprise duale qui superpose ses modes organisationnels et gestionnaires et à l'entreprise modernisée qui a acquis une cohérence relative mais fonctionnelle, l'entreprise en crise se caractérise par une modernisation partielle, sélective et bloquée à la fois. La déstabilisation de plusieurs de ses acteurs et les divisions sociales et professionnelles qui la traversent empêchent le développement de nouvelles règles stabilisatrices et l'éclosion d'une culture d'entreprise intégrante.

Derrière sa façade de structure hiérarchisée et d'organisation rationnelle du travail, l'*entreprise bureaucratique* a connu depuis quelques années de profondes transformations et présente maintenant deux nouveaux modèles d'adaptation. Ainsi, certaines entreprises de services publics reconnaissent à l'ancien « administré » le statut d'usager dont la satisfaction de la demande, dans le respect des cadres réglementaires et de l'équité en matière de traitement, constitue leur mission fondamentale. Ces entreprises adoptent de nouvelles formes flexibles de travail et favorisent le développement d'une plus grande autonomie des employés. D'autres, aux prises avec des opérations plus routinières et une organisation du travail morcelée, trouvent dans un nouveau modèle de régulation axé sur la collaboration des différents groupes d'employés et l'aménagement de meilleures conditions de travail, le compromis nécessaire à une production de masse. Les chercheurs appellent « bureaucratie ouverte » et « bureaucratie consensuelle » ces deux nouvelles formes d'adaptation. La *bureaucratie consensuelle* semble animée d'une « modernisation rampante » pour reprendre l'expression de l'équipe de recherche tandis que la *bureaucratie ouverte* est traversée par deux formes de régulation sociale que Reynaud a popularisées sous les vocables de régulation de contrôle et de régulation autonome. La première réfère aux initiatives de la hiérarchie désireuse d'affirmer ses prérogatives tandis que la seconde renvoie à la construction d'une nouvelle identité professionnelle à la base. Ce modèle représente 13 établissements qui se répartissent dans les divers services publics et les assurances.

L'*entreprise communauté* (21 % de l'échantillon) relève souvent d'une propriété privée de type familial et de tradition plus ou moins ancienne. Elle opère dans des secteurs à faible intensité de capital comme le bâtiment, le commerce et l'ingénierie. Son avantage concurrentiel réside dans sa capacité d'adaptation au marché. Elle n'est pas une entreprise sous-traitante et captive mais constitue une entité originale par son mode de fonctionnement. Elle fait preuve d'innovation tant par les produits et services qu'elle offre que par le marché qu'elle occupe et qu'elle a souvent contribué à constituer. Derrière une gestion souple des employés et une culture d'entreprise de type professionnel qui entretient encore l'image mythique du fondateur, se profilent un mode de production très structuré et une coordination verticale et horizontale quasi parfaite.

En somme, l'entreprise est loin d'être monolithique dans sa forme, et sa diversité ne découle pas uniquement des contraintes de l'environnement. Le jeu des acteurs, la culture d'entreprise comme l'identité collective de ses personnels déterminent également sa dynamique interne et ses rapports avec l'extérieur. Sa morphologie générale est donc variable.

3.3. Les cinq modes de développement économique des entreprises

Une lecture qualitative et dynamique des mondes économiques des entreprises permet aux chercheurs d'identifier cinq modes de développement économique ou trajectoires socio-économiques. Leur définition et le classement des entreprises dans ces différents modes de croissance permettent de saisir les logiques qui influent sur les différentes formes de performance que des entreprises.

Le *repositionnement vers la production flexible de séries* résulte de la combinaison de la stratégie d'optimisation productive avec le type flexible de production. Il consiste en une transformation de la production de produits standardisés et indifférenciés en un nouveau système plus flexible de production assurant une plus grande variété et une meilleure qualité des produits. La stratégie déployée par ces entreprises repose sur une optimisation interne qui vise à atteindre une productivité accrue du travail. Ce mode de développement économique est représenté par 28 % des entreprises échantillonnées et s'observe, pour les deux tiers, dans le secteur industriel et pour un tiers, dans les services. La caractéristique principale de ce repositionnement est d'avoir misé sur une requalification, au moins partielle, des métiers et d'avoir évité la déqualification et l'exclusion.

L'*adaptation économique* désigne les entreprises qui se sont partiellement adaptées et qui appliquent encore les principes du taylorisme. Il ne s'agit pas du statu quo mais d'une adaptation lente. Elle prend deux formes particulières : l'optimisation de la production de masse et l'adaptation bureaucratique. L'*optimisation de la production de masse* concerne les entreprises industrielles et de services qui oeuvrent dans des secteurs encore traditionnels offrant des biens standardisés dans un contexte de demande prévisible. La modernisation technologique ne s'y fait pas encore sentir et la tradition taylorienne y subsiste encore quand elle ne s'est pas durcie. La main-d'oeuvre est peu qualifiée, souvent issue de l'immigration ou de couches sociales au bord de l'exclusion. Elle concerne 22 % de l'échantillon. L'*adaptation bureaucratique* caractérise les établissements dont la stratégie d'ouverture au marché s'articule à une production flexible dans un contexte d'expansion. Mais cette transformation est encore partielle et limitée à quelques services et engage rarement l'ensemble de l'organisation qui reste bureaucratique dans ses règles et son fonctionnement général. La progression salariale et les profils de carrière sont assujettis à des règles mécaniques en dépit de quelques tentatives d'introduction de systèmes d'évaluation au mérite. Treize pour cent de l'échantillon s'y retrouvent.

Contrairement aux cas précédents pour lesquels les modes de développement économique reposent sur des rationalisations internes, les deux situations suivantes s'inscrivent dans une expansion des marchés de produits complexes non standardisés. L'*expansion de la production flexible* diffère du mode de développement par le repositionnement vers la production flexible de séries par deux aspects. Premièrement, il s'agit d'activités dont les caractéristiques assurent la maîtrise de certains créneaux du marché (coiffure, traiteur, restauration) et qui ont connu une très forte croissance durant les vingt dernières années. La deuxième différence réside dans la technologie peu développée requise dans ces secteurs, ce qui permet aux entreprises, sur la base d'une faible capitalisation, de s'insérer sur le marché ou d'en développer de nouveaux en misant sur des modes quasi artisanaux de production. La croissance est alors réalisée par une décentralisation sélective des activités c'est-à-dire par une divisionnalisation des productions ou des marchés en préservant la ligne hiérarchique qui assure la cohérence nécessaire à cette expansion horizontale. Elle touche 25 % de l'échantillon. L'*expansion de la production spécialisée* caractérise principalement les petites ou moyennes entreprises qui ont opté pour un développement par la qualité. Ces entreprises oeuvrent dans les services de conseil, recherche et ingénierie et livrent un produit sur mesure. Plusieurs d'entre elles présentent une organisation du travail flexible en misant sur le professionnalisme et la polyvalence de leurs employés. La dimension des unités opérationnelles assure la préservation du métier et la transmission des savoir-faire même si des efforts de standardisation des opérations sont en cours pour réduire les coûts de production. Douze pour cent de l'échantillon relèvent de ce mode de développement.

3.4. Mondes sociaux d'entreprise, trajectoires de développement et performance

Quoique simple au premier abord, la notion de performance a donné lieu à plusieurs définitions. Les auteurs distinguent quatre dimensions au concept pour un total de seize indicateurs. Le croisement des différentes variables amène à différencier trois formes principales de performance. Il s'agit de l'*excellence socio-économique* qui regroupe 15 % des entreprises, de la *performance par la croissance économique* et de la *performance par la progression productive* dont chacune représente 22 % des entreprises. La *performance par la croissance économique* est définie par une forte performance aux plans économique et commercial et par une performance assez moyenne au niveau social. Il s'agit en fait d'une croissance commerciale réalisée par des gains sur les marchés sans qu'ils résultent d'une productivité nettement améliorée. Elle reflète une stratégie d'optimisation et d'extension des marchés. La *performance de progression productive* combine de bons résultats aux plans commercial et productif, mais sans se traduire en termes de performance économique. Elle concerne les entreprises qui sont en situation de redressement économique ou d'implantation sur de nouveaux marchés dont les rationalisations administratives et les restructurations organisationnelles n'ont pas encore livré tous leurs fruits. Enfin, l'*excellence socio-économique* caractérise les entreprises qui présentent une performance globale enviable.

La répartition des entreprises entre les différentes formes de performance pose la question de savoir si les dimensions sociale et économique des entreprises sont reliées et si elles influencent les performances. Autrement dit, est-ce que certains mondes sociaux d'entreprise sont susceptibles d'une meilleure performance ? L'analyse des résultats apporte des réponses nuancées à ces questions.

Il appert que tous les mondes sociaux d'entreprise atteignent des niveaux fort acceptables de performance et qu'on ne peut attribuer à un monde social particulier des résultats sensiblement meilleurs qu'aux autres mondes. Même si l'excellence socio-économique est le point fort de l'entreprise communauté, les autres mondes sociaux n'en sont pas totalement exclus. De même, le type statu quo de performance enregistré par l'entreprise bureaucratique n'étonne pas compte tenu de sa lente adaptation aux exigences de ses marchés. Occupant des positions intermédiaires, les entreprises modernisées et en crise enregistrent une performance du type croissance économique, tandis que la progression productive caractérise les entreprises duales et en crise. Les auteurs en concluent que la relation entre les mondes sociaux et l'efficacité économique des entreprises mérite d'être nuancée et qu'il n'y a pas de relation causale simple entre ces deux aspects. Ces résultats seraient également attribuables au petit nombre d'entreprises qui influence les corrélations statistiques.

Par contre, des corrélations plus significatives sont enregistrées entre les mondes sociaux des entreprises et leurs modes de développement économique. En croisant ces deux grandes composantes avec les types de performance, une logique sous-jacente émerge.

On se souvient que le mode de repositionnement économique caractérise les anciennes entreprises de production standardisée qui ont opté pour une production flexible de séries dans le cadre d'une modernisation technologique. Le maintien du travail qualifié et le redéploiement d'un nouveau professionnalisme chez les employés permettent à ces *entreprises modernisées* de mobiliser leurs ressources humaines et de maîtriser les nouvelles technologies de production tout en ayant une bonne performance. Celle-ci repose donc principalement sur la transformation des métiers qu'elle a su effectuer.

Quoique semblable à l'entreprise modernisée, l'*entreprise en crise* s'en éloigne par les divisions sociales et professionnelles qui la traversent. Les anciens travailleurs sont progressivement disqualifiés au profit de nouveaux employés diplômés, brisant ainsi les hiérarchies culturelles établies de longue date. Son efficacité repose sur son habileté à manier la pression sociale et la crainte du chômage et de l'exclusion. Cette gestion autoritaire et les exigences d'une production flexible entachent le devenir de cette entreprise malgré une performance par la croissance économique et par la progression productive.

L'*entreprise duale* a la particularité de se situer dans les trois principaux modes de développement économique en enregistrant principalement des performances de type progression productive et de type statu quo. Même si elle se situe dans des contextes économiques variés et qu'elle oeuvre dans des secteurs différents, la juxtaposition de ses modèles d'organisation du travail, de ses structures organisationnelles et de ses modes différenciés de gestion en fait un modèle « limite ». Des progrès éventuels en termes de flexibilité sont retardés par les contradictions qu'elle entretient. Les divisions sociales qu'elle nourrit semblent être sa principale source de productivité.

Presque entièrement située dans le secteur des services, l'*entreprise bureaucratique* hérite d'une longue tradition administrative que la pression des usagers a mise récemment sur la voie de l'adaptation. Sa performance de type statu quo est facilement compréhensible.

Le succès de l'*entreprise communauté* réside dans sa forte culture professionnelle qui lui permet d'éviter les voies trop contraignantes des rationalisations tout en lui assurant la mobilité de ses structures et les compétences nécessaires à son développement. Sa performance de type excellence socio-économique s'explique aisément.

3.5. Conclusion

Les principales trajectoires économiques des entreprises (repositionnement, adaptation, expansion) sont investies par l'ensemble des entreprises même si leurs mondes sociaux sont fort différents. Par ailleurs, l'analyse des types de performance démontre la présence de relations très relatives entre les trajectoires économiques et les mondes sociaux des entreprises. Une impression de diversité se dégage de cette recherche que les auteurs affirment être conforme à la réalité des entreprises françaises de cette fin de siècle.

Trois propositions résument bien les principaux résultats. Premièrement, en rappel de la théorie de la contingence des années 60, il n'existe pas de modèles sociaux d'entreprise plus performants que les autres. Deuxièmement, à un niveau de performance semblable, il n'y a pas de relation univoque entre le contexte économique de l'entreprise et son modèle social, plusieurs mondes sociaux cohabitent avec succès au sein d'un même univers économique. Autrement dit, le marché n'impose pas un impératif absolu au mode de développement de l'entreprise qui bénéficie d'une marge de manœuvre suffisante pour modeler sa trajectoire à sa guise. Il en est de même pour la variable technologique qui demeure assujettie aux décisions et aux jeux stratégiques des principaux acteurs de l'entreprise. Cette indétermination de la relation entre les choix économiques des entreprises et leurs trajectoires sociales témoigne de l'indépendance relative des systèmes sociaux, selon les chercheurs. Aux théories systémiques déterministes, il faut donc opposer une approche axée sur la dynamique sociale propre à chaque entreprise et sur la complexité de son système de régulation. Troisièmement, et en dépit de l'absence de corrélations parfaites, l'analyse démontre que les modes de développement économique ne sont pas adoptés de façon aléatoire par les entreprises. En conséquence, la performance des mondes sociaux des entreprises demeure dépendante du contexte de développement économique des entreprises.

Conclusion

Les recherches présentées dans ce chapitre n'avaient pas pour objectif de démontrer la force respective des différents déterminants des structures organisationnelles ni de tracer un bilan exhaustif d'un sujet aussi vaste qu'inépuisable. Elles visaient plus modestement à dégager différentes lectures qui peuvent être faites de la relation entre les structures organisationnelles des entreprises, leurs niveaux de performance et les contraintes de l'environnement. Deux voies ont été essentiellement empruntées : l'approche systémique et les théories de l'acteur et de la régulation sociale. L'approche systémique a guidé les auteurs des deux premières recherches alors que les théories de l'acteur et de la régulation sociale ont introduit la dimension dynamique qui manquait aux premières analyses. En plus de la contingence des environnements dans lesquels les entreprises opèrent, l'étude du groupe de chercheurs français souligne la complexité des relations existantes entre les mondes sociaux des entreprises, leurs trajectoires économiques et les types de performance qui les caractérisent.

DEUXIÈME PARTIE
L'ORGANISATION DE L'ENTREPRISE

IV
Culture nationale et entreprise

Introduction

Hofstede a livré une des premières grandes recherches portant sur la relation entre les cultures nationales, l'organisation des entreprises et les comportements au travail. Il démontre qu'au sein d'une même entreprise multinationale (IBM), la gestion des conduites humaines au travail s'organise autour de quatre ensembles d'éléments dont la configuration générale reflète les différences culturelles nationales[1]. Ainsi, la France se distingue par le caractère hiérarchique de ses structures organisationnelles, le refus de l'insécurité pour ses membres et par la distance sociale qui marque les relations de pouvoir. Au contraire, dans les pays scandinaves et anglo-saxons, les individus moins préoccupés par ces deux dernières dimensions (sécurité et pouvoir) évoluent dans des organisations moins rigides au sein desquelles leurs relations se structurent selon un modèle plus prévisible d'échanges contractuels entre égaux.

D'autres recherches plus récentes projettent des éclairages différents sur cette problématique au point d'en

---

[1] G. Hofstede, *Conséquences culturelles*, Paris, Edition moderne d'entreprise, 1974.

inverser la logique. En fait, pas plus que la technologie, la culture ne peut prétendre expliquer à elle seule les structures organisationnelles des entreprises et les comportements de ses acteurs.

Sainsaulieu regroupe les recherches effectuées sur la relation entre les cultures nationales et le fonctionnement des entreprises en trois types d'analyse[1]. Le premier, qu'il appelle la théorie de la contingence culturelle et à laquelle le paragraphe précédent faisait allusion, est défendu en France par d'Iribarne et réfère à une analyse de type culturaliste. Selon une définition assez traditionnelle de la culture et s'inspirant de la théorie fonctionnaliste, d'Iribarne défend l'idée que certaines traditions nationales expliquent les comportements des employés et le fonctionnement des entreprises. Il fonde son point de vue sur l'analyse d'une série de comportements qu'il a observés au sein d'établissements comparables d'une même entreprise opérant dans trois pays différents. Une équipe de chercheurs composée de Maurice, Silvestre et Sellier conteste cette approche culturaliste des comportements sociaux pour proposer une approche que Sainsaulieu qualifie de contingence structurelle ou institutionnelle. Cette approche se fonde sur l'analyse sociétale des mécanismes qui régularisent l'action des acteurs au sein des sous-systèmes dans lesquels ils oeuvrent[2]. Pour ces chercheurs, il n'y a pas un extérieur et un intérieur à l'entreprise, l'externe déterminant l'interne. L'entreprise est « étudiée dans la société » c'est-à-dire en étant insérée dans un ensemble de rapports sociaux qui la constituent et qu'elle contribue aussi à produire. Cela souligne « l'autonomie de l'entreprise tout en la relativisant », affirment-ils. Trinh, s'inspirant de l'approche actionnaliste développée par

---

[1] R. Sainsaulieu, *Sociologie de l'entreprise, Organisation, culture et développement, op. cit.* 1985.
[2] Sur ce débat, on lira avec intérêt P. d'Iribarne, « Culture et « effet sociétal » », *Revue française de sociologie*, XXXII, 1991, M. Maurice, F. Sellier, J.-J. Silvestre, « Analyse sociétale et cultures nationales, Réponse à Philippe d'Iribarne », *Revue française de sociologie*, XXXIII, 1992.

Touraine, inverse l'ordre classique de la détermination culture-entreprise et soutient la thèse contraire selon laquelle l'entreprise est un « construit social » au même titre que la culture nationale. L'entreprise est définie comme un acteur social capable d'articuler sa relation à la société en fonction de ses intérêts et de sa conception du monde. Elle est aussi agent de son propre développement à condition de maîtriser l'art de travailler sur elle-même et d'amener ses ouvriers à se discipliner conformément aux modes de conduites souhaités. Les pages qui suivent présentent ces trois points de vue sur la relation culture-société.

1. L'analyse culturaliste de l'entreprise ou la théorie de la contingence culturelle

1.1. Présentation de la recherche[1]

Dans la perspective des travaux de Weber sur l'éthique protestante et l'esprit du capitalisme, d'Iribarne renoue avec la riche tradition culturaliste de l'analyse sociologique. À la suite de Crozier, il s'intéresse à la manière dont les acteurs, malgré leurs différences de statut, d'intérêt et de motivation, parviennent à coopérer, à gérer leurs conflits et à atteindre un niveau raisonnable d'efficacité. Ce résultat ne peut être atteint, selon d'Iribarne, sans que les acteurs concernés n'entretiennent une vision commune des objectifs à atteindre, une certaine conception du travail bien fait et un sens minimal de l'éthique et de l'équité au travail. Il n'existe pas, soutient-il, d'intérêts, de besoins, de désirs assez naturels et universels pour s'imposer à tous les individus et à toutes les sociétés. Ils ne peuvent être détachés des cultures particulières qui leur ont donné naissance et surtout qui leur donnent sens.

---

[1] P. d'Iribarne, *La logique de l'honneur. Gestion des entreprises et traditions nationales*, Paris, Éditions du Seuil, 1989.

Pour d'Iribarne, la culture fournit aux individus comme aux groupes sociaux les référents leur permettant de donner un sens à leur action et une signification aux événements qui surviennent. Elle fournit les schémas d'interprétation des comportements d'autrui, ce qui en facilite la compréhension. Au-delà des singularités historiques, d'Iribarne recherche les éléments culturels stables qui ont traversé les frontières du temps et que l'on peut encore déceler derrière les comportements des individus. Il reprend à son compte la définition des « éléments structuraux » de Lévi-Strauss à laquelle il réfère explicitement.

Aux yeux du chercheur, « la culture modèle les conceptions du travail » en créant un univers de sens qui donne une signification particulière aux gestes quotidiens, aux formes de coopération et aux rapports hiérarchiques au sein des entreprises. Ces univers de sens sont spécifiques à chaque culture nationale. Dans le cas de la France, il voit dans l'opposition du noble et du non-noble un de ces invariants culturels. *La logique de l'honneur* que cette dichotomie sous-entend est à la base de maints comportements et explique plusieurs attitudes des acteurs au travail. Dans les sociétés anglo-saxonnes, c'est le contrat établi entre citoyens égaux en droit qui, en limitant l'arbitraire et la servitude, régularise les comportements. Dans les pays germaniques, cet invariant réside dans leur pratique séculaire de la négociation qui assure encore aujourd'hui la coopération entre les individus et garantit le consensus nécessaire à toute action efficace.

Pour des raisons méthodologiques, la recherche d'Iribarne porte sur une seule entreprise française qui dirige des établissements dans différents pays, dont les États-Unis, les Pays-Bas et la France. Le matériel d'analyse provient d'une série d'entretiens menés auprès des directions des établissements et de divers documents qui lui ont été remis.

La recherche s'effectue en trois temps. La première étape consiste en une description « terre à terre » de la manière dont les salariés vivent leurs relations au quotidien, supportent les relations hiérarchiques, régularisent leurs conflits et s'organisent pour livrer la marchandise dans les délais prescrits. La deuxième étape consiste à retrouver dans l'histoire nationale, plus ou moins lointaine, l'origine des normes qui encadrent ces comportements. Certains éléments culturels de cet héritage national influencent le fonctionnement des entreprises et régularisent les relations des individus au travail. La troisième partie, plus normative, invite les gestionnaires à prendre en compte ces impératifs culturels. Une entreprise qui se veut performante ne peut ignorer les facteurs culturels qui influencent l'action de ses acteurs, particulièrement si elle opère au plan international.

1.2. La logique de l'honneur de l'entreprise française

L'opposition du noble et du commun revêt en France une grande signification malgré les contenus différents que cette opposition a pris à travers les siècles. Le chercheur tente de démontrer qu'elle influence encore les comportements des acteurs et le fonctionnement de l'entreprise française. La logique de l'honneur se caractérise par l'importance accordée au rang social des individus et par la crainte de ne pas être à la hauteur de celui-ci. C'est que le rang occupé est assorti de responsabilités et de devoirs librement consentis qui sont compensés par des privilèges qui rendent acceptables les devoirs et honorables les responsabilités. Le refus de déchoir et la volonté de tenir son rang façonnent les comportements des individus dans leurs échanges et rendent compréhensibles les enjeux et les stratégies qu'ils déploient.

L'auteur rappelle que l'on rencontre dans la société française deux types de rapports à l'autorité et, qu'en conséquence, la fidélité prend deux formes. Le premier repose sur l'ancien modèle du serviteur et du maître qui est contraire à la logique de l'honneur à laquelle la majorité des Français adhère. On le rencontre encore dans certaines entreprises où les patrons tiennent leurs ouvriers à distance, refusent autant que possible de négocier, se cachent derrière leurs prérogatives et sont avares de reconnaissance envers ceux qu'ils considèrent comme des « laquais ». Le second type de relation à l'autorité réfère à la présence d'une sorte de communauté féodale au sein de laquelle les rapports du vassal au suzerain reposent sur la reconnaissance mutuelle de droits et privilèges liés au rang de chacun. Ce modèle est encore bien vivant dans l'entreprise française et caractérise tous les groupes professionnels, ouvriers, cadres, directeurs qui défendent leurs prérogatives. Chacun refuse de se sentir au service d'un autre mais tous sont disposés à fournir de loyaux efforts si on fait appel à leur sens du devoir et de l'honneur. Cette règle de conduite non écrite est aussi exigeante qu'un contrat et explique plusieurs comportements qui peuvent être perçus comme des manifestations d'un dévouement exagéré. C'est que derrière le refus de la servitude se cache un sens des responsabilités qui est tout à l'honneur des salariés français. C'est ce que démontre l'étude de l'usine de « Saint-Benoît-le-Vieux ».

Dans cette usine, différentes formes de gouvernement issues de ces deux types de rapport à l'autorité sont observées et rappellent à l'auteur une vieille classification établie par Montesquieu. Il règne dans cette entreprise une forme « monarchique » d'autorité où le chef de service semble tout puissant mais dont les pouvoirs sont tempérés par les droits de ses subordonnés. Dans les services d'entretien, c'est plutôt la logique de l'honneur qui domine en prenant appui sur l'identité du métier. Là où la qualification ouvrière s'émousse, une direction plus autoritaire a tendance à se manifester. En contrepartie, une sorte d'aristocratie est formée par les chefs de service qui, sans s'opposer à la direction, maintiennent une distance qui préserve leur autonomie. Il n'y a donc pas de modèle hiérarchique universel, et l'exercice de l'autorité peut prendre des formes bien différentes selon les types d'états auxquels il renvoie ou que les individus appartiennent ou non à la même strate sociale.

Par ailleurs, ces clivages sociaux peuvent être source de conflits si certaines conditions de l'obéissance ne sont pas respectées. L'auteur renoue ici avec l'analyse de l'ancien régime de Tocqueville pour retracer le « code d'honneur » à respecter dans les rapports d'autorité, car servir librement n'est pas s'avilir et obéir n'est pas se soumettre, affirme-t-il. Obéir dans l'honneur suppose une déférence à plus noble que soi, un respect de l'autre qui prédispose à le suivre. L'obéissance ainsi obtenue n'est pas un effet du pouvoir mais résulte de la magnanimité de l'âme. Pour obéir sans s'abaisser, il faut que chacun reste fidèle à son honneur, respecte ses propres principes et n'entache pas son amour-propre.

Ce code d'honneur aide à comprendre certains comportements au travail, notamment les relations entre le secteur de la fabrication et les services d'entretien. Les tensions maintes fois constatées dans les relations entre ces deux secteurs trouvent leur origine dans la difficile application des règles d'obéissance dans l'honneur. Pour les ouvriers qualifiés de l'entretien, servir les exigences de la production déclenche de vieux réflexes d'insoumission et d'affirmation de leur autorité professionnelle. Les relations entre les différents services d'une même entreprise et les interactions entre leurs chefs relèvent aussi de la même dynamique.

Malgré ces conflits, la coordination nécessaire au bon fonctionnement de l'entreprise est assurée grâce au principe de modération défini par Montesquieu. L'application de ce principe permet d'éviter les affrontements trop directs et garantit à chacun le respect de ses prérogatives. Le rang de chaque catégorie se trouve ainsi préservé.

Au plan macrosocial, la superposition des catégories sociales luttant pour préserver leur rang respectif et maintenir intactes les distances sociales qui les séparent engendre une société fortement stratifiée. La mobilité sociale des individus est réduite et ne pas vouloir tenir son rang peut être considéré comme une trahison sociale ou démontrer une ambition démesurée.

1.3. Le contrat entre égaux aux États-Unis

Dans une nouvelle société qui n'a pa subi le poids des traditions féodales et qui a su très tôt se libérer des servitudes coloniales, il n'est pas étonnant de constater que sa constitution politique proclame l'égalité en droits des citoyens comme fondement de la nation. L'affirmation de ce principe se traduit de multiples façons dans la société américaine. Au plan institutionnel, l'application de la théorie des contre-pouvoirs assure un équilibre politique qui garantit aux citoyens le respect de ses droits et évite aux gouvernants de pécher par abus de pouvoir. Au plan économique, la précision des contrats entre individus reconnus égaux vise à réduire les excès possibles, à éviter les situations de servitude et à les protéger contre les formes d'arbitraire. La législation américaine du travail repose sur cette reconnaissance des droits et impose aux parties contractantes de négocier de « bonne foi » tandis qu'au sein de l'entreprise, les pouvoirs de la direction sont tempérés par l'application de règles et de procédures qui garantit un traitement équitable aux salariés.

Un observateur étranger pourrait être étonné de la précision des contrats de travail signés par les syndicats et les directions d'entreprise, de l'importance accordée aux codes de procédure, de la rigueur avec laquelle on fixe les objectifs de l'entreprise et de chacune de ses unités organisationnelles et de l'attention portée à la définition des responsabilités confiées à chaque service et employé. Cette obsession de la règle et la précision des contrats traduisent dans le monde de l'entreprise la logique des rapports marchands que l'on retrouve au sein de la société. Dans un cas comme dans l'autre, elles visent à atteindre l'équilibre entre les parties et à assurer aux individus un traitement équitable.

Le contrat ne place pas le salarié, même de bas niveau, dans une situation servile mais lui reconnaît la capacité d'atteindre les objectifs convenus. Cette liberté d'action reconnue au salarié est contrebalancée par le sens des responsabilités qui l'anime et le devoir moral qu'il a de bien exécuter son travail. C'est le fair-play américain. De plus, les attentes, telles que consignées par les signataires, balisent toute éventuelle évaluation qui devra, de toute façon, se faire dans un esprit d'équité et de justice. Le salarié est donc évalué sur les seuls résultats que son supérieur attend de lui et il ne rend compte que de ce qui dépend de lui. Ce même esprit de justice et d'équité légitime le respect des règles d'ancienneté dans la mobilité des travailleurs et de leur rémunération.

On le voit, la vie quotidienne dans l'usine américaine est animée d'un souffle égalitaire où les rapports d'autorité sont vécus comme des relations d'échange entre égaux qui conviennent de règles garantissant le respect de chacun. Travailler pour quelqu'un n'est pas avilissant, obéir n'est pas s'abaisser, si l'égalité des parties est mutuellement reconnue et que des contre-pouvoirs et des procédures assurent le respect des règles.

Le chercheur voit dans cette manière américaine de travailler un héritage des « marchands pieux » qui ont fondé la nation américaine. Issus pour la plupart des classes moyennes aisées, ils étaient animés d'idéaux puritains. Plusieurs pratiquaient le commerce et voulaient établir une nouvelle société basée sur l'échange honnête et équitable entre citoyens égaux. La nation qu'ils souhaitaient fonder prenait appui sur une association d'hommes libres qui convenaient entre eux, par contrat, de se constituer en société politique. Cette notion de contrat est donc un des mythes fondateurs de la nation américaine et revêt un caractère quasi sacré. Elle détermine les échanges économiques et influence les relations de travail et la vie quotidienne des employés.

1.4. Le consensus néerlandais

Le troisième établissement de la même firme internationale investiguée est l'usine de Sloestad située aux Pays-Bas. Elle appartient majoritairement à un groupe français qui en assure encore la direction. Un directeur, un sous-directeur technique, deux des quatre chefs de la fabrication et le contrôleur financier sont français. Les Néerlandais occupent des positions similaires en plus d'assurer la direction des services d'entretien, du financement ainsi que les postes de contremaîtres. Le personnel d'exécution est principalement néerlandais mais on note une présence étrangère non négligeable. Ce portrait socioculturel des salariés présente en soi un intérêt pour qui souhaite étudier les relations de travail entre divers groupes nationaux tant au niveau du personnel d'exécution qu'à celui de la hiérarchie de l'entreprise. L'établissement s'avère donc un excellent laboratoire d'observation des échanges interculturels au travail, de l'adaptation réciproque des individus et de la nécessaire harmonisation des comportements organisationnels.

Le trait majeur des conduites néerlandaises au travail se présente selon d'Iribarne sous la forme d'un curieux paradoxe caractérisé par une grande souplesse des comportements doublée d'une forte affirmation des individus.

Ici comme en France, chacun tient et défend sa place. Mais contrairement à l'usine française où cette défense est justifiée au nom du respect du rang social et de prérogatives coutumières, le respect des rôles de chacun repose ici sur un principe d'ordre qui conduit à une définition précise des responsabilités et qui tolère mal les voies de contournement. Étrangement, ce respect de la ligne hiérarchique n'est pas légitimé par la « noblesse » des supérieurs mais par les attributions des subordonnés. Leurs prérogatives supposent aussi la reconnaissance d'un certain pouvoir décisionnel dans l'exécution de leur travail et du refus de sanctions, tant négatives que positives.

Comment, dans un univers aussi individualiste, obtenir la coopération nécessaire au bon fonctionnement de l'usine ? Si le respect des règles prohibe toute violence verbale, si coutumière en France, c'est par l'échange que la coopération peut ici s'établir. Informer, écouter, expliquer et s'accorder semblent être les règles à suivre pour assurer l'harmonisation des points de vue. La recherche de consensus est le leitmotiv de la gestion néerlandaise, particulièrement pour les secteurs de la fabrication et de l'entretien dont les relations sont souvent tendues. Le respect des fonctions de chacun assure un niveau acceptable de collaboration. Par contre, il sera difficile de déroger à l'accord convenu.

Cette dynamique d'échange et la recherche de consensus associées à un sentiment assez large d'appartenance influencent aussi le rôle et la place du syndicat dans l'entreprise. On enregistre très peu de journées de travail perdues à cause des grèves aux Pays-Bas malgré un fort taux de syndicalisation. À l'inverse, le grand nombre d'instances de concertation et les nombreuses occasions d'échange limitent l'importance des interventions syndicales.

En fait, la dynamique particulière des comportements au travail aux Pays-Bas repose sur trois éléments culturels distincts. Les deux premiers sont l'importance attribuée au point de vue des autres et la place accordée aux données de fait. Ils ont pour effet de calmer les esprits et de ramener les discussions sur le plancher des réalités. À l'émotivité française, les Néerlandais opposent les voies de la raison. Le faible sentiment d'appartenance à des sous-groupes professionnels ou à des services particuliers, troisième trait culturel, atténue les réactions de défense des diverses catégories d'employés et facilite l'ouverture à l'autre. Les notions de statut et de hiérarchie ont donc une faible prégnance sur les comportements individuels et collectifs.

Le chercheur voit dans l'esprit de compromis à l'origine de la fondation de la nation néerlandaise la source du consensus observé dans l'entreprise. Il rappelle que l'Union d'Utrecht de 1579 fut le résultat d'un compromis de gouvernement négocié entre sept provinces autonomes et qu'il a survécu, par-delà les siècles, grâce à la volonté pragmatique des Néerlandais de résoudre les problèmes au fur et à mesure qu'ils se présentaient.

En somme, si on ne peut produire efficacement et amener des individus différents à collaborer sans définir au préalable une répartition des tâches, délimiter clairement les responsabilités de chacun et établir des mécanismes de coordination, il n'en demeure pas moins que la nature de cette répartition et les manières de coopérer s'inscrivent dans des rapports sociaux marqués par les cultures nationales. Le tableau 1 illustre les effets des cultures nationales sur les comportements des salariés au travail et présente les règles qui encadrent le fonctionnement des trois établissements étudiés par d'Iribarne.

Tableau 1
Culture nationale et entreprise

	France	États-Unis	Pays-Bas
Comportements	Agir loyalement selon ses droits et privilèges	Agir selon l'entente convenue	S'entendre sans imposer sa volonté
Rapports d'autorité	Obéissance dans l'honneur	Échanges entre égaux garantis par les règles	Recherche de compromis et de consensus
Fondements nationaux	Droits et privilèges liés au rang	Hommes libres et égaux liés par contrat	Esprit de conciliation

2. L'analyse sociétale de l'entreprise « socialisée » ou la théorie de la contingence institutionnelle

2.1. Présentation de la recherche[1]

Un groupe de chercheurs du Laboratoire d'économie et de sociologie du travail (LEST), à l'origine de l'analyse sociétale, publie en 1982 une étude comparative sur les rapports salariaux en France et en Allemagne. L'observation de disparités salariales entre les deux pays est à l'origine de la recherche. Comment expliquer que l'on observe des taux d'inégalité salariale du simple au double entre l'Allemagne et la France, alors que le développement économique des deux pays est comparable ? Comment rendre compte des importantes variations salariales entre les travailleurs manuels et les travailleurs non manuels des deux pays qui travaillent pourtant dans des entreprises semblables aux plans économique et technologique ? En théorie, ces écarts salariaux s'expliquent en partie par des structures d'emplois et des systèmes différents de classification des qualifications. Or, ces spécificités renvoient au marché du travail et au système éducatif des deux pays, d'où l'objectif du groupe de chercheurs de comprendre comment, à travers l'universalité apparente de la condition salariale, se développent des relations salariales propres à chaque pays. Pour saisir cette complexité, les chercheurs proposent de décomposer le rapport salarial en trois dimensions qu'ils appellent *rapports ou systèmes éducatif, organisationnel et industriel*[2]. Les données empiriques nécessaires à cette étude ont été rassemblées au cours de différentes recherches réalisées par le LEST entre 1971 et 1978.

---

[1] M. Maurice, F. Sellier, J.-J. Silvestre, *Politique d'éducation et organisation industrielle en France et en Allemagne*, op. cit, 1982.
[2] Pour comprendre les spécificités de l'analyse sociétale, se référer à la première partie de l'ouvrage.

2.2. Système éducatif et formation professionnelle

Le système éducatif recouvre l'enseignement dispensé, les types de qualification acquise et les différentes formes de mobilité professionnelle des travailleurs. En Allemagne, le système éducatif privilégie la formation professionnelle dont l'acquisition détermine les possibilités de promotion professionnelle. En France, la qualification repose plutôt sur l'expérience professionnelle acquise en cours d'emploi et l'entreprise utilise les règles de l'ancienneté comme mécanisme de promotion. Ce mode de fonctionnement supplée au système éducatif français fortement orienté vers la formation générale et où la formation professionnelle fait figure de parent pauvre.

Il n'est donc pas étonnant de constater des différences importantes dans la comparaison des qualifications ouvrières en France et en Allemagne même s'il s'agit de travailleurs qui oeuvrent dans des secteurs économiques comparables. En Allemagne, 67 % des ouvriers ont au minimum un diplôme de formation professionnelle alors qu'ils ne sont que 31 % en France.

Concernant les ouvriers qualifiés et les ouvriers non qualifiés, des différences tout aussi importantes sont relevées. Tandis qu'en Allemagne on enregistre une identification quasi totale entre le statut d'ouvrier qualifié et la possession d'un diplôme de formation professionnelle, la situation française se caractérise différemment. Cinquante pour cent des ouvriers qualifiés français n'ont aucun diplôme de formation professionnelle, ce groupe se divisant en deux parts égales entre ceux qui n'ont aucun diplôme et ceux qui détiennent un diplôme d'études primaires ou qui ont acquis une formation générale au secondaire. Seulement 48 % des ouvriers qualifiés français détiennent un diplôme de formation professionnelle. L'influence de la formation professionnelle sur la hiérarchisation des ouvriers français est donc relativement faible contrairement à la situation allemande.

Si l'âge moyen des non-ouvriers (employés, contremaîtres, cadres) par rapport à celui des ouvriers est plus élevé dans les deux pays, la France se caractérise par un écart plus important. L'écart français est attribuable principalement à la « jeunesse » du groupe ouvrier et particulièrement à celui des ouvriers non qualifiés dont 40 % des effectifs ont moins de trente ans par rapport à 27 % en Allemagne.

En Allemagne, c'est la qualification professionnelle reconnue à l'ouvrier qui assure son passage du statut d'ouvrier non qualifié à celui d'ouvrier qualifié tandis qu'en France l'expérience professionnelle acquise au sein de l'entreprise et l'âge des travailleurs constituent les principaux critères de promotion. Âge et ancienneté expliquent également les différences salariales en France entre les ouvriers non qualifiés et les ouvriers qualifiés tandis qu'en Allemagne ces facteurs ont un faible pouvoir de différenciation salariale et cela en dépit du fait que les différences de qualification entre les deux groupes sont plus marquées.

Chez les non-ouvriers allemands, 90 % ont un diplôme de formation professionnelle contre 20 % en France. Les non-ouvriers allemands se répartissent sur une échelle continue de qualification qui ne semble pas être marquée par de fortes ruptures comme c'est le cas en France. Par exemple, les cadres supérieurs allemands sont 42 % à détenir des diplômes intermédiaires par rapport à 46 % chez les employés. A contrario, la situation française se caractérise par des ruptures plus marquées entre les employés et les cadres. Cela tient principalement au fait que 46 % des cadres supérieurs détiennent des diplômes de l'enseignement supérieur (contre 16 % en Allemagne) et qu'un grand nombre d'entre eux détiennent des diplômes professionnels intermédiaires. Il en résulte une différenciation salariale entre les employés et les cadres beaucoup plus forte en France qu'en Allemagne.

De ces premiers constats, les auteurs tirent la conclusion suivante : la formation professionnelle en Allemagne se caractérise par une forte capacité de structuration des groupes ouvriers et en particulier de celui des ouvriers qualifiés contrairement en France où cet effet se fait moins sentir. Cela se traduit par une absence d'identification à une formation spécifique chez les travailleurs français. Cette caractéristique est compensée par l'effet de l'âge et de l'ancienneté comme facteurs discriminants des groupes de travailleurs.

En somme, deux logiques de structuration différencient les groupes ouvriers français et allemands. En France, l'identification aux groupes ouvriers et non ouvriers semble s'établir en fonction de l'âge et de l'ancienneté. La formation générale intervient autant que la formation professionnelle dans les processus de mobilité individuelle qui caractérisent surtout les jeunes ouvriers. Ceux-ci souhaitent abandonner en plus grand nombre que leurs collègues allemands leur statut d'ouvrier pour acquérir celui de non-ouvrier. En Allemagne, la classe ouvrière est structurée à partir de la formation professionnelle dont l'acquisition fournit à l'ouvrier une plus grande autonomie professionnelle sur le marché du travail, un niveau plus élevé d'indépendance à l'égard de l'entreprise et une meilleure prise sur sa classification en cours d'emploi.

2.3. Système organisationnel

Le rapport organisationnel caractérise les relations de pouvoir au sein de l'entreprise et les formes de la coopération ouvrière au niveau des ateliers. Il spécifie les formes que prennent la division du travail, l'autonomie laissée aux ouvriers, la polyvalence des travailleurs et les structures hiérarchiques des entreprises. Parce que la qualification professionnelle des travailleurs est plus faible en France, les entreprises s'orientent davantage vers une définition étroite des postes de travail et établissent des structures hiérarchiques plus fortes. Au contraire, en Allemagne, l'autonomie professionnelle apparaît comme une conséquence légitime de la qualification ouvrière et l'organisation du travail repose davantage sur la formation d'équipes caractérisées par la polyvalence de leurs membres.

L'analyse comparative des systèmes organisationnels en France et en Allemagne permet aux auteurs d'apporter quelques nuances à la thèse de Woodward selon laquelle les niveaux différents de mécanisation obligent les entreprises à structurer de façon particulière leur mode d'organisation du travail[1]. En effet, les systèmes organisationnels français et allemand présentent des particularités en dépit de leurs niveaux de mécanisation comparables. Parmi celles-ci, les auteurs citent les différences relatives au nombre moyen d'ouvriers par agent de maîtrise et le nombre de travailleurs affectés à la production sur le nombre total d'employés. Comment expliquer qu'en France, le poids des salaires des non-ouvriers par rapport à la masse salariale totale est supérieur à celui des non-ouvriers allemands (41 % par rapport à 32 %) ? Pourquoi retrouve-t-on 42 non-ouvriers pour 100 ouvriers dans l'industrie manufacturière française contre seulement 36 en Allemagne ? Le seul facteur technologique est impuissant à rendre compte de ces différences. Les chercheurs soutiennent que les faits d'organisation médiatisent l'influence du facteur technologique et qu'à technologie comparable les deux pays se caractérisent par des modalités organisationnelles différentes.

Cette diversité organisationnelle semble s'expliquer par la nature différente de la qualification ouvrière. La qualification acquise par les ouvriers allemands rend possibles la formation d'équipes de travail et la polyvalence des ouvriers. De plus, la compétence professionnelle reconnue à l'agent de maîtrise allemand explique la valorisation de son statut et fait de lui un chef d'équipe accepté de tous. Au contraire, en France le

---

[1] Voir plus haut le chapitre sur *Technologie et organisation*.

système de classement des travailleurs ne repose pas sur leur qualification professionnelle mais sur les exigences des postes de travail. Ainsi, chaque poste de travail est évalué en fonction d'une grille nationale de classification et le positionnement du poste sur cette échelle détermine à la fois les niveaux de classification et de rémunération. La rigidité administrative de ce système rend impossible toute modification puisqu'un changement à l'un de ses paliers a des effets d'entraînement sur tous les autres. Il constitue donc un obstacle à la polyvalence des travailleurs.

Par ailleurs, la polyvalence est mal perçue chez les ouvriers français parce qu'elle est utilisée comme outil de gestion des absences au travail plutôt que comme élément d'une politique de qualification ouvrière. Le recours à la polyvalence s'accompagne souvent d'effets négatifs pour les travailleurs. Il désolidarise l'ouvrier de son groupe d'appartenance en lui confiant des responsabilités de gestion et crée un premier clivage dans la division du travail entre les tâches manuelles ou d'exécution et les tâches d'encadrement.

Cette division du travail est reproduite en France au niveau de la spécialisation des services techniques de l'entreprise qui apparaissent plus séparés de la production qu'en Allemagne. Il en est de même des services de conception et de contrôle qui en France dominent la production et relèvent d'un directeur technique associé à la direction générale de l'entreprise tandis qu'en Allemagne ces services sont mieux intégrés au secteur productif.

Il résulte de ces différences que l'importance de la hiérarchie est beaucoup plus élevée en France qu'en Allemagne et que le système d'encadrement français se fait sentir plus lourdement. Cela s'explique par la faiblesse de la formation professionnelle des ouvriers français et par la tendance à établir des points de rupture dans la répartition des postes de travail entre les postes qualifiés et non qualifiés. L'encadrement des ouvriers y est donc plus serré : un contremaître pour 16 ouvriers dans l'industrie française contre 25 en Allemagne. L'organisation des services de soutien technique qui regroupe la conception et le contrôle reproduit cette division du travail que les différences salariales renforcent par ailleurs. En somme, l'interaction entre les faits de socialisation, de formation et les faits d'organisation rend davantage compte de la structure hiérarchique et du système d'encadrement que le seul facteur technologique.

Bref, l'analyse comparative des systèmes éducatifs français et allemand révèle des différences notables en matière de formation, de qualification, d'emploi et de rémunération entre les travailleurs des deux pays tandis que l'étude des systèmes organisationnels fait apparaître des disparités relatives à l'organisation, à la division du travail et aux modes d'encadrement. Rapport éducatif et système organisationnel constituent deux éléments du rapport salarial dont l'analyse a souligné l'interdépendance et la capacité à façonner une certaine cohérence micro et macrosociale. Il ne faut pas voir dans ces formes de cohérence sociétale l'obligation d'harmonie sociale ou l'absence de conflits sociaux, car il appartient au système industriel de régulariser ces conflits.

2.4. Le système industriel

Le système industriel est défini par nos auteurs comme le mode de régulation des conflits susceptibles de se manifester à l'occasion de la classification des postes ou des individus, lors de l'établissement des échelles salariales ou au moment de fixer les modalités de la représentation collective des travailleurs. Ces modalités de gestion du travail sont inséparables des caractéristiques propres à chaque système de production, des qualifications professionnelles et des formes particulières de l'organisation du travail des différents pays.

En France, la qualification comme la rémunération sont attachées aux postes de travail et seule l'ancienneté détermine la mobilité des travailleurs. La qualification professionnelle joue pour peu dans ce processus et est souvent offerte par l'entreprise à la suite d'une promotion. Elle vise à faciliter l'adaptation du salarié aux exigences de son nouveau poste de travail et surtout à lui permettre d'acquérir les compétences normatives et sociales attendues de lui. La formation est donnée sur mesure et n'a de valeur qu'au sein de l'entreprise dispensatrice.

La faiblesse du statut professionnel des travailleurs et des cadres de niveau inférieur de l'entreprise française a pour effet de faire remonter les conflits au sommet de la structure hiérarchique. L'entreprise devient ainsi le lieu de l'expression des tensions et le champ de bataille des conflits que la traversent.

Contrairement au caractère centralisé et conflictuel de l'entreprise française où la logique administrative domine le système de production, l'entreprise allemande apparaît plus hétérogène et décentralisée dans son fonctionnement. Si la rémunération est globalement fixée par les conventions collectives négociées au plan sectoriel ou national, sa détermination au plan local accorde aux contremaîtres et aux chefs d'atelier une autonomie appréciable. Ici, la règle de la qualification professionnelle remplace celle de l'ancienneté et détermine les processus de mobilité. La gestion des conflits quotidiens est assurée au niveau des ateliers où le respect des statuts l'emporte sur l'ancienneté. Il y a donc dans l'entreprise allemande une plus grande intégration des gestions technique sociale, laquelle est renforcée par la priorité accordée à la logique de la production sur la logique administrative. Cette priorité repose sur la force et la légitimité des statuts professionnels des ouvriers et des contremaîtres et sur leur identification au monde professionnel de l'industrie allemande. Dans un tel univers industriel, la coopération semble plus naturelle et la collaboration peut se développer sans susciter de désapprobation. La cogestion des entreprises cesse d'être un objectif éloigné et peut faire ses premiers pas avec l'assentiment d'un syndicalisme plus pragmatique qu'idéologique.

2.5. Cohérences sociétales et spécificités nationales

Les entreprises françaises et allemandes sont donc animées de logiques différentes : administrative en France, professionnelle en Allemagne. L'articulation de leurs rapports éducatif, organisationnel et industriel prend des formes différentes et les interactions entre ces rapports définissent des espaces professionnels et des champs d'action collective propres à chaque pays. La relation salariale, si universelle dans son étendue prend donc des formes particulières selon les systèmes de cohérences sociétales. L'entreprise n'est pas le réceptacle passif de rapports sociaux définis à l'extérieur de son espace social mais est l'acteur de sa propre dynamique et le producteur de ses propres règles. Comme construit social, l'entreprise se positionne à la croisée des processus de socialisation et de formation des travailleurs, de la division du travail et des mécanismes de régulation des conflits. Son action sur l'articulation des composantes du rapport salarial en fait un acteur social unique. Il n'y a donc pas lieu, aux dires des auteurs, de chercher dans les particularités des cultures nationales les déterminants des structures organisationnelles de l'entreprise et de l'action de ses acteurs. Par ailleurs, la technologie, même si elle influence la division du travail et l'organisation de l'entreprise, ne suffit pas à rendre compte des modalités de la première ni des structures organisationnelles de la seconde.

3. L'analyse actionnaliste de l'entreprise

3.1. Présentation de la recherche[1]

Plusieurs analyses présentées dans cet ouvrage démontrent l'emprise de la société sur l'entreprise : soit que les marchés ou l'environnement (Lawrence et Lorsch) déterminent ses structures organisationnelles, que la technologie influence son organisation du travail (Woodward) ou que sa dynamique interne soit redevable au poids de la tradition (d'Iribarne). Moins fréquentes, en effet, sont les hypothèses qui, contrairement aux analyses précédentes, affirment que l'entreprise est génératrice d'une action structurante sur la société. Même si l'entreprise est insérée dans des rapports sociaux, ceux-ci ne forment pas un système fermé sur lui-même et à l'abri de toutes interventions. Pour Trinh, les rapports sociaux constituent un champ d'intervention ouvert à l'action de l'entreprise. Elle nous invite à voir comment l'entreprise en tant qu'acteur social aborde les rapports sociaux comme champ possible d'intervention sociopolitique et comment elle s'y prend pour en influencer l'orientation.

En s'inspirant de modèles conceptuels empruntés à Touraine, elle s'oppose à la thèse culturaliste et pousse plus loin les propositions de l'équipe du LEST sur l'entreprise « socialisée ». Jamais, affirme-t-elle, des éléments culturels n'ont suffi à expliquer une situation sociale quelconque. Au contraire, toute situation résulte d'une action portée par un projet et s'explique par son insertion dans un ensemble de rapports sociaux. Si les dirigeants des entreprises japonaises réfèrent à la tradition ou à des valeurs sûres, c'est pour se les approprier, les remodeler et s'en servir pour justifier un projet et mobiliser des ressources. L'entreprise n'est pas un simple système social figé dans le temps, encore moins une organisation obéissant à des règles classiques de

---
[1] S. Trinh, *Il n'y a pas de modèle japonais*, Paris, Éditions Odile Jacob, 1992.

fonctionnement. Elle est d'abord projet et elle offre aux individus un formidable moyen de se réaliser. Par la mobilisation des ressources et des individus que la réalisation de ses projets exige, l'entreprise est aussi acteur social et politique. Elle influence le devenir social en même temps qu'elle donne sens à l'action humaine et contribue à la réactualisation des valeurs nationales. Elle est, pour reprendre l'expression de Touraine, un acteur culturel par le projet qui l'anime, la mobilisation qu'elle entretient et par la production de sens que l'orientation de son action alimente.

Pour vérifier cette hypothèse, Trinh a constitué un panel d'une vingtaine de grandes entreprises japonaises oeuvrant dans les principaux secteurs industriels. En centrant son intérêt sur la grande entreprise et le premier marché de l'emploi, l'auteur choisit un terrain de recherche qui ne prétend pas à l'exhaustivité mais qui présente l'avantage de mettre en relief la capacité d'action des grandes entreprises et leur pouvoir d'impulser le changement social.

Plusieurs centaines d'entrevues ont été menées dont 60 % auprès de dirigeants et de cadres supérieurs. Les autres entrevues ont été effectuées auprès d'entreprises sous-traitantes et concurrentes, de salariés et de représentants syndicaux, de fonctionnaires, d'experts et de militants concernés par l'un ou l'autre projet de développement mis de l'avant par les entreprises visées. Une riche documentation a également été consultée.

3.2. L'entreprise active

Le modèle théorique d'entreprise que l'auteur propose comporte trois dimensions. La première est constituée du système des rapports sociaux qui se tissent autour de l'entreprise et de l'ensemble des ressources financières, techniques et humaines nécessaires à son fonctionnement. C'est ce que Trinh appelle le champ d'intervention sociopolitique qui s'offre à l'action de l'entreprise. Les représentations collectives forment la deuxième dimension du modèle d'analyse. Elles définissent les orientations générales de l'action de l'entreprise que des objectifs plus opérationnels préciseront dans un plan d'action. Elles ont pour fonction de baliser ce qui est acceptable, légitime ou toléré dans l'exercice de la gestion des ressources mises à la disposition des entreprises. Enfin, les modes d'intervention de l'entreprise constituent la troisième dimension du modèle. Ils couvrent les domaines de l'élaboration des stratégies et des formes de mobilisation des ressources que l'entreprise souhaite réaliser.

Au niveau microsociologique, l'action de l'entreprise suppose trois conditions. Il faut d'abord la présence d'acteurs sociaux porteurs de changement et prêts à intervenir dans un sens ou l'autre et, en deuxième lieu, un discours crédible justifiant à la fois les objectifs à atteindre et les stratégies à emprunter. Enfin, le maintien d'un certain niveau de mobilisation qui résulte d'une identification à l'entreprise et d'une adhésion à ses valeurs est nécessaire à l'actualisation du projet d'entreprise. Selon l'auteur, cette mobilisation caractérise l'entreprise japonaise et est prioritaire par rapport à son organisation, à la rationalité de ses arrangements organisationnels et à son fonctionnement interne. C'est pourquoi l'entreprise est définie d'abord comme acteur avant de l'être comme organisation. Elle est projet avant d'être structure.

Or, cette capacité de mobilisation n'est pas donnée, elle s'acquiert, se développe, se construit, notamment par l'implication de chacun et par l'engagement de tous envers l'entreprise. Cette implication et l'esprit patriotique qui anime toutes les catégories sociales fondent ce que l'auteur appelle la citoyenneté d'entreprise. Celle-ci repose non seulement sur des traditions transmises ou des valeurs partagées, mais également sur un effort constant et volontaire de travail sur soi. Ce travail réflexif des individus et de l'entreprise est un puissant outil d'intégration sociale et ravive la conscience de participer à un projet collectif.

Au niveau macrosociologique, la nouvelle élite à vocation dominante doit proposer à la nation encore marquée par les affres de la guerre un projet de société mobilisateur. S'inscrivant dans une perspective de redéploiement des ressources nationales et prenant appui sur le sentiment patriotique toujours vivace, les propositions de développement des entreprises dirigeantes trouvent dans la société civile et politique un écho favorable. À la morosité de la population, attribuable à la défaite nationale de 1945, succèdent un sentiment de responsabilité et une volonté de contribuer à l'édification d'une société nouvelle.

Ainsi, l'entreprise japonaise est définie comme un acteur actif aux plans économique et culturel. Les rapports sociaux qui l'entourent sont perçus non comme des contraintes à son action, mais comme un champ d'intervention à travers lequel le projet de développement qu'elle propose peut se déployer. Capable de saisir les opportunités qui s'offrent à elle et de s'approprier les valeurs qui fondent son action, l'entreprise japonaise est acteur culturel par l'orientation qu'elle donne à son action et le sens que ses membres y trouvent.

Conclusion

La recherche d'Iribarne veut dépasser les fausses oppositions facilement entretenues entre la modernité et la tradition, entre le rationnel et le non rationnel. Pour lui, l'un prend appui sur l'autre. Structure organisationnelle et procédures sont impuissantes si la tradition n'invite pas à les respecter. Ce sont les traditions nationales des Pays-Bas qui légitiment leur système de concertation et leur permet d'être efficace. Il nous invite à constater que, contrairement à la prétention à l'universalité des principes de gestion du management, leur application dans des contextes nationaux différents tolère aisément une diversité de formes. L'exemple de l'usine française illustre bien que l'exercice de l'autorité s'accommode de modalités diverses. Finalement, est-il raisonnable de penser que l'on puisse gouverner des sociétés et gérer des individus sans considérer l'héritage culturel qu'ils apportent au travail ? Au-delà des contraintes du marché et de la concurrence, d'Iribarne invite les entreprises, surtout les firmes internationales, à prendre en compte les caractéristiques culturelles et nationales des sociétés au sein desquelles elles opèrent.

Mais, les questions que l'auteur lui-même soulève dans la préface de son ouvrage (édition de 1993) restent entières. Comment, par exemple, retrouver le fil d'Ariane entre les cultures ancestrales, les institutions nationales, l'histoire avec ses soubresauts et les stratégies des acteurs dans les entreprises d'aujourd'hui ? Il apparaît étonnant de le voir remonter allègrement les siècles jusqu'à Montesquieu pour identifier certains traits culturels invariants susceptibles d'expliquer les comportements actuels des Français au travail sans en démontrer la persistance à travers la nuit des temps[1].

En s'inspirant de l'actionnalisme de Touraine, Trinh présente l'antithèse de cette première position. Sans tourner le dos à la tradition, l'entreprise que cette chercheuse décrit a apprivoisé les valeurs sûres du passé pour les réactualiser en fonction de ses stratégies de développement. L'entreprise ne subit pas le poids de la tradition mais l'utilise comme levier de son propre développement. L'entreprise active de Trinh est acteur social en même temps qu'agent de changement dans une société qu'elle contribue à façonner à son image. On retrouve ici les traits de la grande entreprise japonaise qui laisse dans l'ombre tout l'univers du marché secondaire de l'emploi et de

---

[1] D. Segrestin, « Présentation de La logique de l'honneur. Gestion des entreprises et traditions nationales », *Revue française de sociologie*, XXXI, 1990.

la petite et moyenne entreprise. « Il n'y a pas de modèle japonais », affirme à juste titre Trinh mais simplement une lutte des grands acteurs économiques pour gagner sur les marchés les espaces nécessaires à leur croissance. Ce faisant, les dirigeants contribuent au développement de leur société désireuse de retrouver la fierté nationale qu'elle a perdue en 1945.

L'entreprise active n'est pas exclue du modèle que nous proposent les chercheurs du LEST et son champ d'action semble même mieux établi au carrefour des systèmes éducatif, organisationnel et industriel. Les relations entre ces sous-systèmes, que les auteurs appellent rapports, prennent toute leur consistance dans les comportements des individus qui les expriment. Si la culture intervient dans leur analyse, c'est parce qu'elle est médiatisée à travers les institutions qu'elle imprègne qui, à leur tour, participent à la définition du rapport salarial. L'entreprise « socialisée » qu'ils nous présentent n'est pas sans voix dans le champ des rapports sociaux et elle est en mesure de gérer avec efficacité ses rapports avec l'extérieur en même temps qu'elle est influencée par les systèmes qui l'entourent. C'est l'articulation particulière de ces sous-systèmes qui façonnent ce que les auteurs appellent les « cohérences sociétales » qui caractérisent le rapport salarial de chaque société. Il n'y a donc pas lieu de chercher dans les caractéristiques culturelles ou les traditions nationales les fondements cachés ou passés des structures organisationnelles actuelles, du fonctionnement des entreprises et de l'identité collective de ses acteurs.

Mais peut-on opposer à ce point les cohérences sociétales tout en les présentant comme étant à la fois immanentes et explicatives de l'action des acteurs ? Les cohérences sociétales sont des « construits hypothétiques » qui relèvent davantage de l'interprétation a posteriori que de l'explication scientifiquement établie, soutient Benoit-Guilbot[1]. Elles reposent sur l'existence de faisceaux convergents d'indices spécifiques à chaque formation sociale dont la généralisation demeure problématique. Enfin, le contexte de mondialisation des échanges et la création d'institutions politiques communes n'ont-ils pas pour effet de réduire les spécificités nationales et de remettre en cause les cohérences sociétales[2] ?

---

[1] O. Benoit-Guilbot, « Quelques réflexions sur l'analyse sociétale : l'exemple des régulations des marchés du travail en France et en Grande-Bretagne », *Sociologie du travail*, 1989-2, pp. 217-225.

[2] Voir les réponses de M. Maurice, « Les paradoxes de l'analyse sociétale », dans Maurice, Sorge, Sellier, Nohara, Verdier, *L'analyse sociétale revisitée*, op. cit, 98/8, Sept. 1998.

TROISIÈME PARTIE
L'ORGANISATION DU TRAVAIL

I
Les attitudes ouvrières

Introduction

Le travail n'est pas seulement le moyen de gagner sa vie ou l'occasion d'être socialement utile. Le milieu de travail est le principal lieu de rencontre de l'individu avec les systèmes techniques de production, les modes organisationnels et les orientations générales de la société. En effet, les systèmes techniques ne peuvent être compréhensibles sans référence à la société qui les conçoit et aux rapports sociaux qui les encadrent. Si les modes de production présentent des contraintes qui s'imposent aux travailleurs, les impératifs économiques des entreprises déterminent la finalité de l'effort productif.

L'importance de l'étude des attitudes ouvrières vient du fait qu'elles s'interposent entre les travailleurs et les systèmes de production et qu'elles contribuent à définir le sens qu'ils donnent à leurs expériences de travail. Parce qu'elles influencent la compréhension que les individus ont de leur situation et déterminent l'orientation de leur engagement, elles constituent un facteur prédictif des comportements.

Touraine rappelle que les études sur les attitudes ouvrières ont emprunté trois voies[1]. Une première perspective, inspirée de la psychologie sociale, est centrée sur l'étude de la satisfaction au travail en fonction de la personnalité des travailleurs et de leurs expériences professionnelles. La satisfaction est définie par la relation entre les tensions créées par les besoins des individus et les moyens utilisés pour y répondre. Il s'agit donc d'une équation établie entre les attentes et les expériences vécues en milieu de travail. D'un point de vue psychosociologique, l'absence de correspondance entre les deux éléments de l'équation constitue une source d'aliénation, thème qui sera traité dans les paragraphes suivants.

La deuxième perspective d'analyse aborde l'étude des attitudes au travail sous l'angle de l'adaptation des individus au système social que constitue l'entreprise. Dans un système social plus ou moins cohérent, les rôles des différents partenaires se complètent dans une relative harmonie et les contributions de chacun s'échangent contre des rétributions souhaitées justes ou proportionnelles à l'effort fourni. L'entreprise apparaît comme une institution au sein de laquelle l'adaptation des moyens aux buts poursuivis s'harmonise aux valeurs et aux normes de l'entreprise. Cette perspective caractérise l'approche fonctionnaliste du monde du travail où l'intégration des individus est fonction du type de relations sociales et du modèle d'autorité qui règne au sein de l'entreprise.

La perspective que privilégie Touraine recourt au concept de conscience ouvrière. Celle-ci ne renvoie, ni à un phénomène de perception de la réalité, ni à un sentiment d'appartenance sociale ou d'hostilité à l'égard d'un autre groupe, mais à l'identification d'un conflit que les acteurs concernés rationalisent dans une explication sociale et historique. La conscience ouvrière n'est donc pas une réalité

---

[1] A. Touraine, *La conscience ouvrière*, Paris, Éditions du Seuil, 1966.

tangible mais constitue un principe d'analyse, affirme Touraine. Elle ne peut se situer, ni au plan de la satisfaction, ni à celui de l'adaptation des individus au système social, et son analyse doit partir du sujet historique. La conscience ouvrière réfère donc à la problématique de l'action sociale dans sa dimension historique puisqu'elle anime les producteurs en tant qu'acteurs sociaux orientés selon les normes du travail et les règles de régulation des conflits. Les enjeux de ces conflits sont le contrôle des instruments de production et le partage des produits du travail. La formation d'un mouvement social susceptible de faire éclater les contradictions de l'organisation du travail et les antagonismes sociaux qu'elle recèle dépend du groupe porteur de la conscience de classe. C'est pourquoi son identification est importante.

En somme, tout en considérant l'évolution du travail et ses différents modes de production, les attitudes ouvrières peuvent donc être analysées sous trois angles qui recoupent autant d'approches différentes. L'approche psychosociale issue du courant humaniste de l'École des relations humaines pose l'analyse en termes de satisfaction et rejoint curieusement certaines analyses néo-marxistes de l'aliénation au travail. L'adaptation au travail et la formation d'une conception instrumentale du travail relèvent de l'analyse fonctionnaliste tandis que l'approche actionnaliste de Touraine aborde les attitudes ouvrières en termes de conscience de classe et de conflits sociaux.

1. **L'analyse psychosociologique de l'aliénation au travail**

La littérature marxiste a abondamment alimenté le débat sur l'aliénation au travail en affirmant que celle-ci est inhérente au fondement même de la société capitaliste. Une résurgence de cette position apparaît au cours des années 60 tant aux États-Unis qu'en Europe sous la thèse de l'aliénation généralisée des travailleurs dans une société de consommation de masse. La sociologie du travail, influencée à ses débuts par les courants marxiste et humaniste qui légitimaient l'étude du travail, a été interpellée très tôt par ce thème.

Ce sont les sociologues et les psychosociologues américains qui, les premiers, ont ouvert les voies à l'analyse de ce phénomène. Blauner, par exemple, aborde l'étude des attitudes ouvrières par le biais de l'aliénation au travail[1]. Mais, pour lui, ce sentiment n'est pas relié intrinsèquement au mode de production capitaliste comme le soutiennent les marxistes mais découle plus précisément de certaines caractéristiques de l'entreprise dont la taille et le caractère bureaucratique de sa gestion.

L'hypothèse de Blauner affirme que l'aliénation au travail dépend de quatre grands facteurs : le niveau technologique des processus de production, l'ampleur de la division du travail, l'organisation sociale de l'entreprise mesurée par son degré de bureaucratisation et le secteur économique, celui-ci étant considéré aux plans de la concurrence du marché et de la concentration industrielle. Les données obtenues démontrent l'importance des deux premiers facteurs au détriment des deux derniers.

Le concept d'aliénation que Blauner utilise comporte quatre dimensions : le sentiment d'impuissance ou la perte de pouvoir, le manque de signification du travail, l'impossibilité pour les individus de se réaliser et l'isolement social. La perte de pouvoir est définie par une fragmentation de l'individu en un agent productif d'une part et en un chaînon anonyme du processus de travail d'autre part. Elle se traduit par un sentiment d'impuissance à l'égard du système productif. L'absence de signification du travail résulte de sa division en de multiples opérations dont la réalisation de chacune présente peu d'intérêt. Le travailleur ne peut saisir la portée de son

---

[1] R. Blauner, *Alienation and Freedom, The Manual Worker in Industry*, Chicago, University of Chicago Press, 1964.

action et l'organisation du travail le prive d'une vision d'ensemble du processus productif. Elle se traduit par une implication minimale au travail qui découle de la perception que les travailleurs ont de la faible adéquation entre les efforts fournis et les buts poursuivis. L'impossibilité de se réaliser au travail incite l'individu à rechercher des gratifications dans des aspects périphériques à la tâche, comme le salaire par exemple. Enfin, l'opposition entre les valeurs et les règles de conduite au travail et celles de la vie communautaire empêche l'intégration des individus et favorise leur isolement social.

En somme, l'aliénation au travail est vécue comme une fragmentation de l'expérience du travail qui empêche les travailleurs de saisir le sens véritable de leurs efforts, de se sentir socialement intégrés à leur communauté professionnelle et d'avoir le sentiment d'exercer un contrôle réel sur leur activité. C'est en quelque sorte la plénitude de l'expérience du travail qui disparaît au profit d'une activité morcelée, vide de sens et difficile à vivre pleinement. Le tableau 1 présente le cadre d'analyse de cette étude.

Tableau 1
Schéma d'analyse : travail et aliénation

Variables indépendantes	Variables dépendantes
Niveaux technologiques et contrôle sur l'exécution de la tâche	Perte de pouvoir : fragmentation de l'individu en sujet/objet
▪ Vitesse et pression ▪ Quantité et qualité ▪ Liberté d'action ▪ Choix des outils	Non-signification du travail : fragmentation du processus de travail
Division du travail : tâche parcellaire et standardisée	Non-implication : fragmentation buts/moyens Perte d'intérêt pour le travail
Taille de l'entreprise (bureaucratie)	Isolement : fragmentation individu/société

Pour tenir compte des trois phases de l'évolution du travail (artisanale, industrielle et automatisée), Blauner cible quatre industries. La première phase du travail est représentée par l'industrie de l'imprimerie dont les faibles niveaux de mécanisation et de standardisation des opérations nécessitent encore l'intervention d'une main-d'œuvre qualifiée aux habiletés professionnelles reconnues. Ensuite, les industries du textile et de l'automobile retiennent son choix avec leurs niveaux plus élevés de mécanisation. Le recours à la chaîne de montage qui commande un travail standardisé et mécanisé dans le cas de l'automobile et un travail de surveillance de machine dans le cas du textile sont caractéristiques de la deuxième phase de l'évolution du travail. L'industrie de la chimie représente la forme automatisée du travail.

Blauner met donc en relation les principales dimensions de l'aliénation vécue par les travailleurs de ces quatre industries avec les caractéristiques des postes de travail qu'ils occupent. Les niveaux de mécanisation et les modalités d'exécution des tâches prévues par la division du travail sont les principales variables déterminantes de l'aliénation au travail. Les autres variables mentionnées précédemment (structure économique et organisation sociale) ne sont pas prises en compte. La répartition des résultats obtenus sur chacune des quatre dimensions de l'aliénation se présente sous la forme d'une courbe en U inversée. Les secteurs de l'automobile et du textile occupent le sommet de la courbe et présentent les plus hauts niveaux d'aliénation tandis que les secteurs de l'imprimerie et de la chimie enregistrent des niveaux d'aliénation plus faibles. Le point commun à ces deux derniers secteurs est l'appartenance des travailleurs à des corps de métiers capables d'exercer un certain contrôle sur le processus de travail.

On peut donc résumer de la façon suivante les principaux résultats de l'étude de Blauner. Dans le secteur de l'*imprimerie* où le niveau technologique de processus de travail laisse encore aux ouvriers une certaine marge de manoeuvre, le niveau d'aliénation est relativement faible. L'emprise du métier sur le processus de travail assure aux travailleurs une part de contrôle sur son exécution. La valorisation du métier et l'exercice d'une certaine autonomie ouvrière facilitent l'intégration des travailleurs au collectif ouvrier et réduisent l'effet d'aliénation. Dans le secteur *textile*, les travailleurs subissent de fortes pressions au travail et se plaignent des cadences élevées et du faible contrôle qu'ils ont sur le processus de travail. Le manque d'autonomie et une attitude de soumission au travail renforcés par une pratique paternaliste de gestion entraînent des comportements de retrait des travailleurs et une valorisation de la vie communautaire. Les travailleurs de l'*automobile* représentent le prototype de l'ouvrier aliéné. Parce qu'ils n'exercent aucun contrôle sur le travail et obéissent aux cadences de la chaîne de montage, ils sont réduits à l'exécution d'opérations parcellaires et monotones. De plus, la taille de l'entreprise et sa gestion bureaucratique accentuent le sentiment d'impuissance de ces travailleurs. Par contre, les caractéristiques de leur tâche les amènent à valoriser la discipline et le militantisme dans l'action syndicale. Enfin, les travailleurs du *pétrole* sont plus satisfaits de leur situation parce qu'ils bénéficient d'une plus grande autonomie dans l'exécution de leur travail. La nécessaire collaboration des métiers de ce secteur favorise un rapprochement entre les différentes catégories professionnelles et une meilleure intégration sociale qui évite l'isolement.

La production de masse en grande série présente donc pour les travailleurs des risques plus élevés d'aliénation au travail. L'appartenance aux métiers, traditionnels dans le secteur de l'imprimerie et qualifiés dans l'industrie automatisée, a pour effet d'atténuer ce sentiment. Blauner constate donc une certaine hétérogénéité de la classe ouvrière au sein de laquelle il convient de différencier trois types de travailleurs : l'ouvrier de métier traditionnel, l'ouvrier peu qualifié de la production en série et l'ouvrier plus qualifié de l'industrie automatisée. Ces trois sous-groupes sont inégalement affectés par le phénomène de l'aliénation au travail.

Malgré l'apparence d'une recherche empirique, il faut rappeler que l'analyse de Blauner porte sur des données secondes qui proviennent d'un sondage antérieur effectué en 1947 auprès de 3,000 travailleurs de seize industries différentes. Il ne s'agit donc pas d'une analyse sociologique au sens strict du terme où les quatre grands facteurs supposés de l'aliénation auraient fait l'objet d'hypothèses explicites et d'une vérification rigoureuse.

De plus, l'utilisation qu'il fait du concept d'aliénation relève davantage de la psychologie sociale que de la sociologie. En effet, son analyse porte essentiellement sur les perceptions individuelles des expériences de travail et non sur les processus sociaux qui les engendrent[1]. On peut se demander si l'aliénation n'est pas un terme différent pour désigner l'absence de satisfaction en ce qu'elle suppose une différence entre les attentes des individus et leur réalisation, celle-ci étant rendue difficile par la mécanisation des tâches et le fonctionnement bureaucratique de l'entreprise[2].

1. **La conception instrumentale du travail comme mécanisme de congruence psychosociale : une analyse fonctionnaliste et interactionniste**

Sous le titre de *L'ouvrier de l'abondance*, un groupe de chercheurs anglais présente une étude magistrale des comportements et des attitudes de la nouvelle classe ouvrière

---

[1] J. Israël, *L'aliénation : de Marx à la sociologie contemporaine*, Paris, Éditions Anthropos, 1972.
[2] Pour une critique du concept d'aliénation, voir M. Seeman, D. Vidal, M. Amiot, A. Touraine, « De l'utilité sociologique de la notion d'aliénation », *Sociologie du travail*, 2-67, p. 180-208.

anglaise[1]. Leurs travaux se situent dans le cadre des débats des années 60-70 relativement aux nouvelles orientations sociopolitiques de la classe ouvrière issues des grandes transformations techniques et économiques de l'après-guerre. Les analystes de droite et de gauche défendaient des positions diamétralement opposées sur l'avenir de la classe ouvrière et sur sa capacité à intervenir comme acteur autonome sur la scène politique. Certains soutenaient le déclin de la classe ouvrière, son embourgeoisement et la montée des classes moyennes moins contestataires, plus intégrées à la société et à l'entreprise, privilégiant la mobilité individuelle et l'accès à une plus grande consommation. Bref, la thèse de l'embourgeoisement de la classe ouvrière trouvait plus d'un défenseur chez les plus grands sociologues américains et européens. D'autres, au contraire, dénonçaient l'aliénation accrue de la classe ouvrière qui s'étendait de la sphère de la production à celle de la consommation et de la vie privée. Aliénés dans la vie quotidienne hors travail parce qu'aliénés au travail, il revenait aux ouvriers de la nouvelle société capitaliste de définir un projet social porteur et de mettre fin à la contradiction entre une société de plus en plus riche économiquement mais de plus en plus aliénante socialement.

La dimension fonctionnaliste de la perspective d'analyse retenue par l'équipe de recherche veut que les impératifs techniques et les différents modes de production constituent la base à partir de laquelle les travailleurs élaborent leurs propres orientations au travail tout en étant influencés par les conditions socioculturelles qui les entourent. Mais il ne peut y avoir de relations directes entre l'expérience concrète du travail et les attitudes des travailleurs, comme le rappelle la théorie interactionniste. Les attitudes ouvrières découlent de la signification que les travailleurs donnent à leur expérience, signification elle-même conditionnée par le contexte culturel.

---

[1] J. H. Goldthorpe, D. Lockwood, F. Bechhofer, J. Platt, *L'ouvrier de l'abondance*, Paris, Éditions du Seuil, 1972.

Par exemple, si les ouvriers ne manifestent pas une trop grande insatisfaction à l'égard de leur travail c'est parce que cette dernière est compensée par une rémunération qui en atténue les effets. L'augmentation des salaires permet une consommation accrue qui, à son tour, est vécue comme une source de satisfaction par les ouvriers.

2.1. Le modèle d'analyse et l'échantillon

Comme l'un des objectifs de la recherche est de vérifier la thèse de l'embourgeoisement des ouvriers, les chercheurs ont construit un échantillon de la classe ouvrière anglaise légèrement différent de sa composition réelle. Ils ont privilégié des catégories de travailleurs susceptibles de s'embourgeoiser c'est-à-dire des ouvriers qui gagnent de bons salaires et qui connaissent déjà les bénéfices de la mobilité sociale. Ils vivent dans de petites villes dont l'expansion économique favorise les contacts inter-classes. L'échantillon est représentatif des trois types de production, à savoir la production en petite et grande série et la production à la chaîne. Les secteurs retenus sont la métallurgie (l'entreprise Skefko), la chimie (l'entreprise Laporte) et l'automobile (l'entreprise Vauxhall). La répartition professionnelle des 229 travailleurs de l'échantillon regroupe les catégories suivantes : 56 ouvriers qualifiés, 23 régleurs, 23 opérateurs, 41 ajusteurs et 86 assembleurs.

En partant des composantes techniques et organisationnelles des différents modes de production et des conditions socioculturelles qui y prévalent, les chercheurs ont défini trois types d'orientation normative qui déterminent les attitudes et les comportements des ouvriers au travail et hors travail. L'*orientation solidaire* correspond aux comportements « classiques » de l'ouvrier traditionnel dont la vie entière s'organise autour de l'exercice de son métier et de son attachement communautaire. L'*orientation bureaucratique* caractérise l'univers du col blanc en phase de promotion sociale et dont la vie est centrée sur son bien-être individuel et familial.

L'*orientation instrumentale* définit le nouvel « ouvrier de l'abondance » qui délaisse certains comportements de l'ouvrier traditionnel pour épouser les valeurs montantes des classes moyennes.

La recherche aborde les aspects suivants de la vie au travail : la signification du travail, les relations avec les collègues et l'entreprise et les attitudes des ouvriers à l'égard de leur syndicat et de ses liens avec le parti travailliste. L'analyse des attitudes hors travail porte sur la conscience que les travailleurs ont de former une classe distincte, de leurs ambitions professionnelles et sociales et de leur niveau d'aliénation. L'interprétation des résultats amène les chercheurs à rejeter autant la théorie de l'embourgeoisement de la classe ouvrière que la thèse de son aliénation généralisée. La figure 1 présente le schéma d'analyse de cette recherche.

Figure 1
Schéma d'analyse

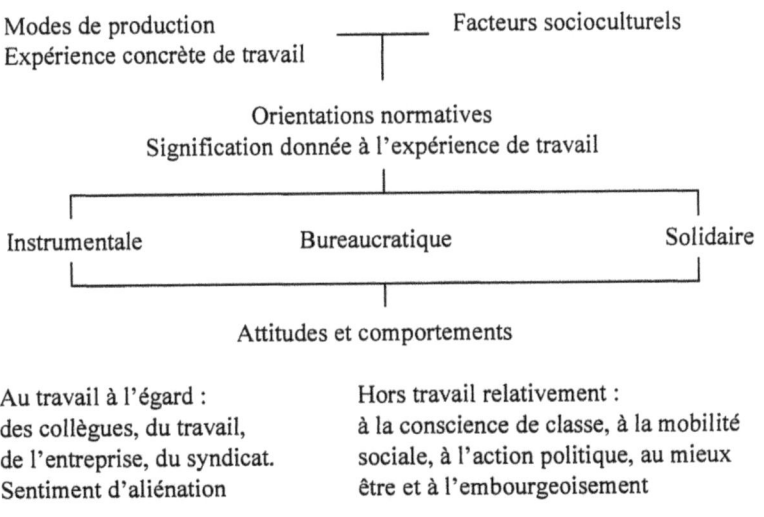

2.2. Attitudes au travail

Malgré le fait que les travailleurs échantillonnés bénéficient de conditions de travail favorables, cela ne les empêche pas de se plaignent des principaux maux du travail industriel. En effet, 41 % considèrent que leur travail est monotone, 70 % pensent à autre chose pendant l'exécution de leur tâche tandis que 31 % se plaignent des cadences trop élevées. Même les ouvriers les plus qualifiés affirment, dans une proportion de 55 %, que leur travail ne soutient pas leur intérêt.

Même s'ils affirment très majoritairement privilégier les facteurs intrinsèques de satisfaction au travail (compétence requise, autonomie, diversité des tâches), les chercheurs notent que ce sont les facteurs extrinsèques (salaire dans 35 % des cas et sécurité d'emploi pour 20 % d'entre eux) qui attachent le plus les travailleurs à leur emploi. Mais, il ne faut pas conclure de ces données que les ouvriers s'attachent à l'entreprise par dépit ou par manque de solution de rechange. Au contraire, d'autres résultats témoignent que 20 % des ajusteurs et 40 % des assembleurs ont exercé dans le passé des métiers manuels plus qualifiés que ceux occupés au moment de l'enquête. Il semble donc que ces travailleurs aient choisi consciemment de quitter des emplois offrant plus de satisfaction intrinsèque pour des emplois mieux rémunérés. Ils ont donc opté pour ce que les spécialistes appellent les aspects *instrumentaux du travail* au détriment de ses *aspects expressifs*.

Ces choix semblent déterminés par une volonté de consommation. Celle-ci serait, selon les chercheurs, la motivation des travailleurs à accepter un travail plus aliénant. On ne peut donc affirmer que l'aliénation hors travail découle de l'exercice d'un travail aliénant comme certaines analyses marxistes le soutiennent. Les résultats de la recherche du groupe anglais confirment plutôt l'étude de Seeman qui démontre que l'aliénation au travail n'entraîne pas automatiquement une aliénation hors travail, notamment dans les sphères de la vie sociale et politique[1].

Conformément à cette *attitude instrumentale* à l'égard du travail, les ouvriers de l'abondance ne cherchent pas particulièrement à développer des liens d'amitié avec leurs collègues de travail. Plusieurs d'entre eux manifestent un faible degré d'engagement affectif à l'égard de leurs compagnons tant à l'intérieur qu'à l'extérieur de l'entreprise. Même lorsque les circonstances le permettent, les relations entre les travailleurs ne dépassent pas l'entente cordiale. Bref, la communauté de vie traditionnelle des anciens ouvriers de métier s'effrite chez les ouvriers de l'abondance.

Cette orientation normative influence également leur conception du syndicalisme. Ils souhaitent limiter l'action syndicale aux revendications économiques au détriment d'éventuelles demandes gestionnaires : 52 % affirment que les syndicats devraient s'occuper des salaires et des conditions de travail contre 40 % qui souhaitent une action syndicale visant à obtenir une plus grande participation à la gestion de l'entreprise. Ces données infirment la thèse de Mallet sur l'avènement d'un syndicalisme d'entreprise de type révolutionnaire au sein de la nouvelle classe ouvrière[2]. Elles annoncent, au contraire, l'émergence probable d'un corporatisme ouvrier.

D'autres résultats amènent l'équipe de recherche à s'opposer aux thèses déterministes voulant que les attitudes ouvrières à l'égard de l'entreprise et de la direction soient principalement conditionnées par des facteurs techniques et sociaux. Woodward avait déjà noté que les relations de travail difficiles dans certains secteurs industriels s'expliquaient par

---

[1] M. Seeman, « Les conséquences de l'aliénation dans le travail », Sociologie du travail, 2-67, p. 113-133.
[2] S. Mallet, *La nouvelle classe ouvrière*, Paris, Éditions du Seuil, 1970.

les conditions du travail à la chaîne. Or, selon les chercheurs anglais, la majorité des travailleurs étudiés ont une conception relativement harmonieuse de leur entreprise. Cette conception repose sur la conscience d'une nécessaire interdépendance entre leur apport productif et celui de la direction dans la bonne marche de l'entreprise. Même leur opinion négative sur la tâche qu'ils exécutent n'influence pas leur jugement sur la direction de l'entreprise. Ils peuvent trouver leur travail monotone et sans intérêt, sans se dire opposer à la direction. Il s'agirait, selon les chercheurs, de l'effet d'un compromis librement consenti par des acteurs qui sont conscients que la satisfaction de leurs besoins passe par le développement de leur entreprise. Mais, on ne saurait conclure de cette analyse à une forme quelconque d'intégration des travailleurs à l'entreprise et encore moins à l'existence d'un engagement affectif à son égard. Il s'agit plutôt d'une relation qui se déploie dans une relative indifférence et qui veut préserver une distance protectrice.

En somme, un modèle explicatif relativement cohérent se dégage de cette recherche où l'orientation normative des travailleurs à l'égard du travail est reproduite également aux autres paliers du monde du travail. Les relations avec les confrères de travail, le syndicat et la direction semblent obéir à la même orientation.

2.3. Conscience de classe et embourgeoisement

Dans une étude complémentaire, Goldthorpe précise la perception que ces travailleurs ont des classes sociales, de leur position relative au sein de la structure sociale et de la forme particulière que revêt leur conscience de classe[1]. Théoriquement, la conscience de classe repose sur les éléments suivants : le partage d'une situation commune, la perception d'une opposition d'intérêts entre les classes et la croyance que

---

[1] J. H. Goldthorpe, « L'image des classes chez les travailleurs manuels aisés », *Revue française de Sociologie*, XI, 1970, p. 311-338.

cette opposition caractérise l'ensemble de la société et constitue le ferment d'une nouvelle organisation sociale. La réalité observée s'éloigne passablement de cette conception théorique et apporte beaucoup de nuance aux relations qu'elle postule.

Les deux tiers des travailleurs reconnaissent appartenir à la classe ouvrière. Cette appartenance n'est pas définie en termes de pouvoir, de prestige ou par référence à une position occupée dans le système de production. Elle s'exprime plutôt en termes économiques de revenus et de pouvoir d'achat. L'image utilisée pour l'illustrer est celle d'un positionnement sur une échelle économique sur laquelle ils se situent à mi-chemin entre les classes supérieures et inférieures.

La solidarité collective est faiblement ressentie, voire absente, et ils sont peu nombreux à percevoir le caractère conflictuel des rapports sociaux. Leurs propos révèlent plutôt une conception assez modérée des classes sociales qui apparaissent comme une donnée inéluctable de la vie en société, comme un fait quasi naturel avec lequel il faut apprendre à vivre. Même si 65 % d'entre eux constatent une amélioration de leur situation économique, ils demeurent réalistes en affirmant que la mobilité individuelle est quasi impossible et que les gains obtenus sont attribuables au progrès de l'ensemble de la société. Cela les différencie de l'optimisme des cols blancs pour qui la mobilité ascendante est inhérente à leur projet de carrière. En somme, une nouvelle forme de conscience sociale émerge au sein de laquelle les inégalités se posent principalement en termes quantitatifs et où la solidarité de classe s'estompe au profit de la recherche d'un mieux-être personnel et familial sans fausse illusion sur les possibilités d'une mobilité sociale individuelle.

La thèse de l'embourgeoisement de la classe ouvrière doit aussi être nuancée. Cette thèse affirme l'intégration progressive de la classe ouvrière aux nouvelles classes moyennes qui se manifesterait par une consommation accrue, un esprit moins communautaire, une adhésion plus grande à l'individualisme et par un repli sur la vie privée et familiale. Sans nier ces évidences, les auteurs anglais rejettent cette thèse et décèlent plutôt une certaine convergence socioculturelle entre les cols blancs et les cols bleus. Celle-ci se traduit par l'abandon progressif de l'individualisme et de la promotion personnelle chez les premiers et par l'adoption d'un nouveau mode de vie moins communautaire chez les seconds. Enfin, les chercheurs rejettent l'idée d'un nouveau conservatisme au sein de la classe ouvrière. Ils soutiennent plutôt que les formes syndicale et politique de l'action ouvrière se maintiendront à l'avenir mais sans que celles-ci prennent l'allure d'un mouvement de classe. L'action ouvrière adoptera à son tour une orientation instrumentale.

2.4. Commentaires

En délaissant les études psychosociales de la satisfaction au travail et en prenant une distance critique à l'égard des conditionnements sociotechniques des comportements, l'étude de l'équipe de Goldthorpe ouvre de nouvelles perspectives à l'analyse sociologique des attitudes ouvrières. Elle enrichit également leur compréhension en privilégiant les orientations normatives en tant que facteurs explicatifs comme le suggère la théorie fonctionnaliste. Enfin, en insistant sur la signification que les acteurs donnent à leurs expériences de travail, elle tient compte également des enseignements des approches interactionnistes.

Mais deux lacunes doivent être soulignées. La première a trait aux déterminants de ces orientations normatives, question constamment posée aux analyses fonctionnalistes des comportements. De plus, les déterminants liés aux différents aspects du travail sont assez peu pris en considération. De fait, la recherche semble procéder d'une enquête sur la satisfaction des travailleurs à l'égard de certaines composantes de leur situation de travail comme en témoignent les variables analysées. Enfin, saisir les attitudes ouvrières par le seul biais des attentes individuelles peut conduire à des conclusions qui ne tiennent pas compte de la complexité de la situation. Cela pose le problème de la relation entre l'analyse des attitudes ouvrières définies individuellement et l'action collective des travailleurs que l'approche fonctionnaliste a de la difficulté à articuler[1].

L'analyse des attitudes ouvrières sous l'angle des orientations normatives de l'action sociale est reprise par Touraine. On peut considérer que la conscience ouvrière est à l'actionnalisme ce que les orientations normatives sont au fonctionnalisme. Mais, là s'arrête la comparaison puisque la conscience ouvrière prend son sens dans le cadre théorique qui est le sien et renvoie aux acteurs sociaux en tant qu'agents historiques. Ces agents sont porteurs de projets de changement, voire de rupture, et sont en mesure d'influencer le cours des événements. À ce titre, ils influencent l'orientation générale de la société et contribuent à la définition de ses modèles d'action. L'actionnalisme résout ainsi une des grandes difficultés du fonctionnalisme.

2. **La conscience de classe comme facteur de mobilisation historique : une analyse actionnaliste**

Comprendre les attitudes ouvrières, pour Touraine, oblige à cerner les visions qu'ont les travailleurs de la réalité sociale et du monde du travail. Or, ces visions s'organisent autour d'un axe, d'une orientation normative, qu'il appelle la conscience ouvrière. Contrairement aux théoriciens marxistes, il ne croit pas que la conscience ouvrière puisse venir de l'extérieur de la vie de travail et qu'elle soit apportée aux travailleurs par une organisation, une élite ou un parti politique.

---

[1] Pour une critique plus complète, voir M. Maurice et M. Arliand, « Une critique de la thèse de l'embourgeoisement de la nouvelle classe ouvrière : The Affluent Worker», *Sociologie du travail*, 1-1970, p. 74-86.

Elle n'est pas non plus la simple perception d'une situation professionnelle ou économique mais le sens donné à cette situation par les acteurs sociaux inscrits dans un système d'action sociale. Elle est tributaire des expériences professionnelles des ouvriers, du milieu social auquel ils appartiennent et de l'évolution du travail. Inscrite au coeur du quotidien ouvrier, la conscience ouvrière structure les attitudes, inspire les revendications et suscite l'action sociale pour y donner satisfaction. Chaque catégorie de travailleurs est donc animée d'une forme particulière de la conscience ouvrière. L'ambition de Touraine est d'identifier à quel moment la conscience de classe se forme et à quelle catégorie de travailleurs elle se rattache. La caractéristique de la conscience de classe est de proposer un projet de société ou un nouveau principe organisateur de la vie sociale qui mettrait fin aux antagonismes de classes.

Touraine soutient que la conscience de classe apparaît à un moment particulier de l'évolution du travail, à savoir au point de rencontre du métier ouvrier et de l'organisation industrielle c'est-à-dire au moment de l'apparition du système technique de production dans la grande industrie. La conscience de classe prend alors une forme constructive, appréhende la réalité sociale dans sa totalité et permet à l'action sociale de passer à une phase offensive. Elle se manifeste donc au moment où l'ouvrier peut encore prendre appui sur son métier et peut contester le pouvoir patronal en invoquant son apport essentiel à la production sociale. Elle se rencontre principalement chez les ouvriers des métaux-équipements. Si le métier se perd, comme chez les ouvriers spécialisés, cette fragile union des principes d'identité, d'opposition et de totalité s'effrite et la conscience de classe devient un simple réflexe d'hostilité à l'égard de l'employeur ou un désir d'améliorer son sort par des revendications salariales au détriment souvent de ses propres conditions de travail. C'est ce que Touraine appelle l'économisme.

3.1. Conscience ouvrière et conscience de classe

La recherche de Touraine repose sur plus de deux mille entrevues de travailleurs appartenant aux sept secteurs industriels suivants : le charbonnage, le bâtiment, la fonderie, les industries des métaux-équipement et des métaux-fabrication, le gaz-électricité et la chimie.

L'analyse des données l'amène à distinguer trois formes de la conscience ouvrière. La *conscience prolétarienne* est une conscience d'opposition et d'exclusion qui repose sur une très faible participation sociale. La société apparaît aux prolétaires comme étant hors de leur contrôle. L'impuissance que cette vision affiche les incite à se refermer sur un « nous communautaire ». En Angleterre, Hoggart a magnifiquement décrit cette communauté isolée[1]. La conscience prolétarienne ne peut donc faire passer l'action à une phase active et positive et la condamne à sa forme défensive. La *conscience de classe* n'est pas une forme pleinement développée de la conscience ouvrière comme le suggèrent les théoriciens marxistes. Elle réfère plutôt au principe de totalité qui unifie les principes d'identité et d'opposition. En même temps qu'elle dénonce le profit et le pouvoir capitaliste sur la base de la participation ouvrière à la société, elle appelle à sa transformation. Enfin, la troisième forme de la conscience ouvrière caractérise les travailleurs des secteurs automatisés dont la qualification professionnelle s'articule à une *conscience d'appartenance industrielle*.

C'est sans doute chez les mineurs que se fait sentir le plus fortement la conscience prolétarienne telle que définie plus haut. Pour ceux-ci, le poids du travail domine leur vie sans être l'occasion d'une affirmation professionnelle à cause des exigences élevées de la tâche et des niveaux de rendement

---

[1] R. Hoggart, *The Uses of Literacy : Changing Patterns in English Mass Culture*, 1957. Traduit en français sous le titre *La culture du pauvre*, Paris, Édition de Minuit, 1970.

imposés. Le métier y est perçu comme une forme de dépendance, de soumission et d'exploitation. La difficulté de vivre une identité professionnelle valorisante entraîne une opposition plus vive à l'égard de la direction et des relations plus conflictuelles avec celle-ci. Parce que limitée par une attitude défensive, cette opposition ne s'exprime pas en termes de classe mais en termes strictement économiques.

Contrairement à celle des mineurs, la conscience des ouvriers du bâtiment procède davantage du principe d'identité que du principe d'opposition. La fierté du métier est chez eux très forte. Ils se considèrent davantage comme producteurs que comme salariés. Par contre, ils sont très sensibles aux aléas du marché et la crainte du chômage est très perceptible. Pour eux, le milieu du travail est moins une organisation qu'un marché ce qui réduit d'autant la possibilité d'y voir se développer une conscience de classe.

Un des apports importants de la recherche de Touraine est de souligner l'économisme des ouvriers spécialisés de la grande entreprise, dont le secteur de l'automobile est l'exemple type. Ayant perdu l'identité associée à la fierté d'un métier traditionnel, ils se sentent étrangers à l'appareil technique qui se dresse devant eux et les commande. Ces travailleurs sont les moins orientés vers l'intérêt intrinsèque du travail et ce sont eux qui valorisent le plus le hors-travail où la consommation occupe une place importante. L'économisme des ouvriers spécialisés, c'est-à-dire la recherche de salaires plus élevés, compense l'insatisfaction qu'ils ressentent à l'égard du travail, de son organisation et de l'entreprise. L'analyse de cette catégorie de travailleurs rejoint celle des chercheurs anglais de « l'ouvrier de l'abondance » et confirme également les résultats de plusieurs autres enquêtes sur les travailleurs à la chaîne.

Les travailleurs des secteurs du gaz-électricité ont apprivoisé les formes modernes de l'industrialisation et les progrès technologiques ne provoquent plus chez eux une attitude de crainte ou d'opposition. Confronté à des systèmes techniques de plus en plus complexes et intégrés, où la production se fait souvent en flux continu, le travail leur apparaît moins comme une tâche isolée et individuelle que comme une activité inscrite dans une organisation technique et sociale. L'identité du métier semble donc céder le terrain à une identification à l'industrie. Ils se considèrent davantage salariés que travailleurs. Cette conscience de l'industrie explique l'importance qu'ils accordent à une certaine qualité des relations sociales au travail. Ils ne s'attendent pas à des relations amicales mais recherchent plutôt des relations simplement correctes dans le respect des positions de chacun. Enfin, leur avenir passe par une amélioration de leur situation professionnelle au sein de leur entreprise.

    Ce sont les ouvriers des métaux-équipements en général et certains travailleurs qualifiés des métaux-fabrication en particulier qui expriment le plus clairement la conscience de classe, selon Touraine. C'est parce qu'ils sont moins astreints à la production en série, qu'ils bénéficient encore d'une certaine autonomie professionnelle et qu'ils perçoivent assez clairement leur rôle dans le système de production que leur identité s'affirme fortement. Ils sont capables de dépasser l'opposition larvée et individuelle pour s'élever collectivement contre l'entreprise. En contestant l'utilisation abusive que fait la classe dirigeante du progrès technique et des capacités productives, ils remettent en cause également l'orientation générale qu'elle veut donner à la société. L'analyse de leurs attitudes démontre donc une vision relativement cohérente. Même si quelques caractéristiques de leur conscience indiquent un certain repli sur soi et une attitude de retrait à l'égard de la société, cette attitude est plus souvent qu'ailleurs décrite en termes de classes et d'opposition.

    Il faut se rappeler que la conscience ouvrière n'est pas une simple transcription ou perception des contraintes du travail dans l'esprit des ouvriers. Ce ne sont pas non plus les moins qualifiés, les moins bien payés, ni ceux qui subissent les plus fortes pressions qui manifestent la conscience la plus forte. Celle-ci est le résultat de la rencontre d'un principe d'identité et d'un principe d'opposition aux conditions sociales de la production. Elle se manifeste également au moment où les travailleurs sont capables de s'élever collectivement contre leur situation et d'affirmer leur droit sur l'utilisation de leur force de travail et des produits qui en découlent. C'est pourquoi seuls les ouvriers des métaux-équipements et des métaux-fabrication sont en mesure de l'exprimer.

3.2. Conscience ouvrière et action collective

À plusieurs reprises, Touraine affirme s'opposer à une conception mécanique de l'action ouvrière qui repose sur une série de liaisons entre plusieurs situations de nature différente que l'on peut schématiser de la manière suivante :

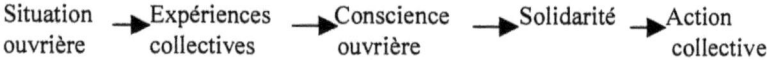

Situation ouvrière → Expériences collectives → Conscience ouvrière → Solidarité → Action collective

Pour Touraine, il n'y a pas de lien direct entre la conscience ouvrière et l'action collective, ni plus précisément entre la conscience de classe, le sentiment de solidarité et l'action collective. À preuve, affirme-t-il, les ouvriers des métaux, qui ont une forte conscience de classe, expriment un faible sentiment de solidarité, mais manifestent une assez forte tendance à l'action collective. Les travailleurs du gaz-électricité présentent une configuration différente. Se caractérisant par une plus faible conscience de classe, ils privilégient assez facilement l'action collective dans laquelle ils se sentent personnellement impliqués.

Il semble donc que la défense des intérêts ouvriers par l'action collective s'affirme davantage chez les catégories de travailleurs dont la situation de travail les éloigne le plus de l'ancienne communauté ouvrière. Parce que l'entrée des travailleurs dans les systèmes de production en série et à flux continu rend plus apparents les rapports sociaux capitalistes, la conscience ouvrière se caractérise moins par le principe d'identité et davantage par les principes d'opposition et de totalité.

Deux modèles de comportements semblent donc se dessiner. Le premier caractérise les ouvriers du système professionnel de travail pour qui les revendications portent davantage sur les salaires et les conditions de travail dans le but d'améliorer leur niveau de vie. Ici s'impose un sentiment d'appartenance fort et l'action syndicale reçoit un appui modéré. L'action collective des ouvriers exprime davantage un sentiment de rupture entre le travail ouvrier et la société plutôt qu'un geste stratégique, planifié en appui à des revendications clairement définies.

Le deuxième modèle d'action collective caractérise les travailleurs du gaz-électricité-pétrole qui ont une vision plus large des rapports sociaux et qui définissent leurs revendications en se comparant aux autres groupes sociaux. Ils pensent davantage en termes d'échelle sociale et ont une conception plus instrumentale de l'action syndicale. Travaillant ordinairement dans de grandes entreprises qui oeuvrent dans des secteurs en expansion, leurs revendications peuvent plus facilement trouver un écho favorable. La défense de leurs intérêts s'inscrit dans un système de participation conflictuelle où leurs revendications peuvent plus facilement être satisfaites sans que le système socio-économique soit menacé de rupture. Enfin, dans ce modèle, la grève est conçue comme une action concertée et planifiée en fonction d'objectifs à atteindre. Certains auteurs ont parlé de « grèves scientifiques » en référence à ce type d'action syndicale.

Au niveau de l'action politique, chaque modèle présente une conception différente de l'État. Dans le premier modèle, il est perçu comme quelque chose d'extérieur au monde ouvrier, comme un univers hostile aux travailleurs. Dans le deuxième modèle, il apparaît comme un lieu de gestion des problèmes sociaux, donc comme un champ d'influence où les pressions des travailleurs peuvent légitimement se faire sentir.

Conclusion

Parce qu'elles médiatisent les rapports des individus aux systèmes de production, les attitudes ouvrières offrent une voie privilégiée à l'étude des comportements ouvriers au travail. *Les problèmes humains du machinisme industriel*[1], pour reprendre un titre fondateur de la sociologie du travail, ont vite fait de centrer l'attention des chercheurs sur leur dimension psychosociale qui trouve un fondement dans les différents modes d'organisation du travail. Les analyses des attitudes ouvrières de Blauner, Touraine et de l'équipe de Goldthorpe en révèlent les dimensions contrastées : aliénation chez Blauner, adaptation instrumentale chez l'équipe de chercheurs anglais et conscience fière chez Touraine. Ces trois angles d'analyse trouvent leur justification dans le choix des approches théoriques retenues et soulignent en même temps la nature différenciée des enjeux en cause.

---

[1] G. Friedmann, *Les problèmes humains du machinisme industriel*, Paris, Gallimard, 1946.

TROISIÈME PARTIE
L'ORGANISATION DU TRAVAIL

II
Normes de production et résistance ouvrière

Introduction

La résistance ouvrière à la mécanisation et plus tard à l'organisation tayloriste du travail a été un thème récurrent de la sociologie du travail qui prend ses racines dans les travaux de Marx et de Weber. Plus près de nous, les pratiques de restriction volontaire de la production ont suscité de multiples recherches et occasionné bien des maux de tête aux gestionnaires soucieux d'efficacité et de rendement. La sociologie du travail a vite fait de souligner l'ambiguïté de ces pratiques restrictives et les contradictions qu'elles recèlent. En effet, les premières enquêtes de terrain n'ont pas eu de difficulté à démontrer que le freinage ouvrier s'accompagne aussi d'efforts productifs importants pour sortir en quantité et en qualité la production attendue même au prix d'une augmentation des cadences. Ces pratiques de régulation productive supposent une certaine autonomie des ouvriers et un minimum de contrôle sur le processus de travail. Tel Janus, l'autonomie prend deux visages en apparence contradictoires : restriction de la production et augmentation des cadences. Dans un cas comme dans l'autre se cachent une entente tacite sur une norme implicite de production et un code de conduite qui fixent les balises de l'échange entre le travail et sa rémunération. Reste à comprendre comment s'établissent ces normes de production, par quels mécanismes elles échappent aux efforts de rationalisation du travail et comment elles réussissent à s'imposer à l'encontre des règles prescrites.

L'histoire de la sociologie du travail, de ses pionniers aux chercheurs actuels, nous fournit quelques réponses. Les observations de Mayo à l'usine Hawthorne l'amènent à considérer les pratiques de restriction de rendement comme des manifestations irrationnelles de l'organisation informelle. Ces comportements reposent selon lui sur une incompréhension de la part des ouvriers des intentions de la direction et de la logique économique de l'entreprise. Prisonniers de la logique des sentiments, les ouvriers ne peuvent se doter d'un code social logique et s'enferment dans une attitude d'hostilité ou d'indifférence. Leur sentiment de frustration génère un code social régressif dont la limitation de la production est à la fois l'effet et le symptôme[1].

Roy, fort des résultats d'une enquête effectuée par observation participante selon une approche interactionniste, critique les positions de Mayo sur deux points. Il est faux de prétendre que les ouvriers sont dépourvus de rationalité et que leur résistance se manifeste uniquement de façon négative par des pratiques de restriction de la production. Dans l'atelier où il travaille, les opérateurs parlent en « calculateurs rusés » et le dollar pavoise au-dessus des machines, affirme-t-il. Il démontre également qu'il est impossible de sortir la production attendue sans enfreindre les règles établies par la direction. Cette impossibilité entraîne toute une série de comportements illicites et de pratiques de contournement des règles sous l'œil plus ou moins bienveillant des chefs d'atelier.

Trente ans après Roy, Burawoy retourne à la même usine et inverse la question initialement posée par Roy. Il se demande pourquoi les ouvriers travaillent aussi dur et

---

[1] E. Mayo, *Human Problem of an Industrial Civilization*, New York, Macmillan Co, 1938.

contribuent ainsi à leur propre exploitation. La marge d'autonomie laissée aux travailleurs, en permettant les jeux d'interaction si intelligemment décrits par Roy, favorise l'efficacité productive et rend tolérables les conditions de travail engendrées par la mécanisation de la production et la division du travail. Mais, quittant les sentiers microsociologiques de l'analyse interactionniste de Roy, Burawoy explique d'un point de vue marxiste le consentement ouvrier à leur propre exploitation. Ce consentement est attribuable à la structure du marché interne du travail qui favorise la mobilité des travailleurs et à l'institutionnalisation des rapports de force par l'établissement de nouvelles règles de négociation et de représentation ouvrière. Ainsi, la résistance ouvrière dans l'atelier s'atténue et les conflits remontent aux tables de négociation.

À partir de la théorie de la régulation sociale, Chabaud et de Terssac procèdent à une analyse des pratiques restrictives d'un groupe de clavistes d'un grand journal régional français. Ces clavistes régularisent le rythme de leur travail afin de sortir le journal à temps mais sans jamais dépasser la norme qu'elles se fixent. Régulation autonome rime ici avec efficacité productive.

Dans une perspective plus psychosociologique qui prend en compte la formation des groupes d'acteurs et la constitution de leur identité professionnelle, Bernoux situe ces pratiques régulatrices dans un contexte plus large d'appropriation du travail. Délaissant le débat sur la rationalité des comportements ouvriers, il s'interroge sur la signification que les travailleurs attribuent à leurs comportements et tente de saisir de l'intérieur la logique qui les anime. Il dévoile ainsi des pratiques qui semblent contraires à celles qui sont normalement associées au freinage mais qui relèvent d'une même résistance ouvrière à l'organisation du travail et à sa rationalisation excessive.

Ce chapitre présente les travaux interactionnistes de Roy, l'analyse marxiste de Burawoy et la recherche de Chabaud et de Terssac qui s'inspire de la théorie de la régulation sociale. L'étude de Bernoux sur l'affirmation de l'identité des acteurs face aux contraintes techniques le complète.

1. Freinage, efficacité, arrangements et salaire aux pièces : une étude interactionniste

Élève de Hughes dans ce qui est convenu d'appeler la « Seconde école de Chicago », Roy obtient son doctorat en 1952 à la suite d'une étude par observation participante sur la restriction volontaire de la production dans une usine de la métallurgie. Cette thèse non publiée fit l'objet de trois articles au début des années 50. Il faudra attendre l'année 2006 pour lire ces articles en langue française[1].

Dans *Efficiency and the Fix*[2], Roy présente sommairement son cadre d'analyse interactionniste et affirme porter son regard sur la structure des relations informelles entre les groupes et les individus qui influencent les comportements des ouvriers. Il se propose d'étudier autant les relations latérales entre les groupes que les relations verticales entre les travailleurs et l'encadrement. Il refuse également d'isoler les groupes étudiés des structures plus larges dans lesquelles ils sont insérés.

On a déjà noté que Mayo associe les pratiques de freinage des ouvriers à la logique des sentiments des groupes informels. Ces pratiques restrictives témoignent de l'emprise d'un code social régressif qui cantonne les travailleurs dans une

---

[1] D. Roy, *Un sociologue à l'usine*, Paris, La Découverte, Coll. Classiques Repères, 2006.
[2] D. Roy, "Efficiency and the Fix : Informal Intergroup Relations in a Piecework Machine Shop", *American Journal of Sociology*, 40-3, 1954. Version française dans D. Roy, *Un sociologue à l'usine*, op. cit, 2006.

attitude de méfiance et d'hostilité stérile. Les travaux de Roy démontrent, au contraire, que l'attitude des ouvriers reflète une rationalité économique de haut niveau et que leurs comportements ne sont pas exempts d'efficacité. En effet, leurs pratiques restrictives et la guerre qu'ils livrent aux règles ont aussi pour objectif de sortir la production à temps. En somme, la rationalité pourrait bien être du côté des ouvriers. Plutôt que d'opposer des rationalités vaguement définies, Roy suggère plutôt de considérer que raison et sentiment sont des aspects de tout comportement humain et, qu'en contexte de production, les interactions engendrent des idées et des sentiments dans toutes les catégories d'employés.

1.1. Deux formes de freinage : les quotas et le tir au flanc

De fait, Roy tente de répondre à une question toute simple en apparence : pourquoi, dans un système de rémunération aux pièces, les ouvriers n'augmentent-ils pas leur rendement quand ils sont assignés à des tâches faciles qui leur permettent de dépasser aisément les quotas fixés et d'augmenter leur prime ?

C'est en analysant la répartition de ses heures travaillées que la réponse lui est venue. Il constate que cette répartition présente une structure bimodale plutôt qu'une répartition normale en forme de cloche. Une moitié des heures travaillées rapportent plus que le tarif de base de 0.85 dollar tandis que l'autre moitié se situe en dessous[1]. Mais dans chacune de ces deux parties, la répartition des heures travaillées montre une forte concentration dans certains niveaux de rémunération. Les trois quarts des heures payées au-dessus du tarif se situent dans l'intervalle de 1.25 à 1.34 dollar tandis que 43 % des heures travaillées en dessous du tarif se situent dans l'intervalle de 0.35 à 0.54 dollar. Or, cette distribution bimodale semble être la règle dans son atelier. Celle-ci ne peut s'expliquer que par

---

[1] Le tarif de base était assuré indépendamment des niveaux de production atteints.

l'existence de deux types de tâche : l'un, pour lequel il est facile d'atteindre et de dépasser le tarif de base, l'autre pour lequel atteindre le tarif présente un défi difficile à relever. Il désigne par les expressions « boulots juteux » et « boulots pourris » ces deux types de tâche.

Cette répartition des heures travaillées le conduit à identifier deux formes différentes de restriction de la production. La concentration dans l'intervalle de 1.25 à 1.34 dollar des trois quarts de ses bonnes heures de travail et le peu d'heures payées dans les autres intervalles lui indiquent la présence d'un quota à ne pas dépasser. À l'inverse, dans les « travaux pourris », la proportion des heures travaillées dans l'intervalle de 0.35 à 0.54 dollar révèle une deuxième forme de freinage qu'il appelle le « tir au flanc » qui consiste à s'abstenir de tout effort quand il semble trop difficile d'atteindre le tarif de base. S'il n'est pas possible d'atteindre une prime de 0.15 dollar par heure travaillée, l'effort ne vaut pas la peine et le rendement chute très en deçà du tarif de base. Quota à respecter et tir au flanc constituent donc deux pratiques restrictives qui ne sont pas exemptes de rationalité.

1.2.   La satisfaction liée à l'atteinte des quotas

Dans un autre article, Roy explique la réussite des systèmes de rémunération aux pièces et s'interroge sur les motifs non économiques qui poussent les travailleurs à atteindre des quotas de production qui exigent un effort soutenu[1]. Son expérience personnelle démontre que l'augmentation des cadences du travail constitue un excellent analgésique à la monotonie et que, contrairement à ce que l'on pourrait croire intuitivement, elle a pour effet de réduire la fatigue que le travail au ralenti fait davantage ressentir. Par ailleurs, l'atteinte des quotas prouve aux autres ouvriers la capacité de la nouvelle

---

[1] D. Roy, "Satisfaction and Social Reward in Quota Achievement : An Analysis of Piecework Incentive", *American Sociological Review*, 18-4, 1953. Version française dans D. Roy, *Un sociologue à l'usine*, op. cit, 2006.

recrue et témoigne de ses habiletés professionnelles et de sa maîtrise des trucs du métier. Elle contribue également à l'affirmation du groupe et démontre sa capacité productive à l'encontre des prétentions du bureau des méthodes. Enfin, elle oppose favorablement la rationalité empirique des travailleurs aux calculs dits scientifiques du management.

Une autre satisfaction liée à l'atteinte des quotas réside dans la mise en branle d'un ensemble de comportements dérogatoires aux règles savamment établies par la direction. Dans *Efficiency and the Fix*, Roy explique que selon les types de tâche, les travailleurs peuvent avoir intérêt à augmenter le rythme afin de prendre de l'avance sur d'autres travaux à venir. Pour ce faire, la collaboration de tout un réseau de complices est nécessaire. L'ouvrier désireux de gagner du temps doit pouvoir accéder aux matériaux et outils nécessaires à sa prochaine tâche. Il doit également prévoir l'aide du régleur et obtenir la collaboration du contrôleur de la qualité en plus de la complicité des pointeuses qui enregistrent les temps de travail. Cette organisation parallèle et illicite du travail se développe à l'insu de la direction mais souvent avec la complicité tacite de l'encadrement de premier niveau. Sortir la production à temps, atteindre les quotas mais sans jamais les dépasser et augmenter sa rémunération dans les limites raisonnables d'une journée correcte de travail constituent tout un art et nécessitent une logistique qui fait de l'ouvrier un artisan rationnel et efficace de la production.

Si la rationalité consiste à planifier et à mettre en œuvre une série d'opérations qui prend en compte la nature réelle des interactions au travail et des relations entre les divers groupes d'ouvriers, force est de constater avec Roy que les opérateurs avec lesquels il a travaillé sont des maîtres de la logique et de l'efficacité contrairement à ce que Mayo et son équipe soutenaient.

La recherche que Roy a menée par observation participante et avec très peu de moyens a suscité un consensus et une appréciation qui ne se sont jamais démentis. À l'aube de la phase moderne de l'industrialisation, il a été le premier à mesurer l'ampleur des pratiques restrictives de la production tout en dévoilant la face cachée de la résistance ouvrière capable de se muter en organisation efficace de la production. La méthode d'analyse interactionniste l'a habilement outillé à découvrir le jeu des interactions à l'œuvre derrière les comportements restrictifs des ouvriers et à saisir le sens qu'il convient de leur attribuer.

2. Trente ans plus tard à la même usine : une analyse marxiste du freinage

C'est par un étrange hasard de circonstances qu'un autre sociologue de la même université que celle fréquentée par Roy a effectué, trente ans plus tard, dans la même entreprise, une recherche utilisant la même méthode d'observation[1]. L'objectif de Burawoy est à la fois d'illustrer et de raffiner la capacité de la théorie marxiste à saisir les modalités contemporaines de l'organisation du travail et les particularités des comportements ouvriers dans le contexte du capitalisme monopolistique. Il tente d'enrichir la théorie marxiste qui insiste sur les mécanismes de coercition et d'affirmation du pouvoir patronal en recherchant les causes de ce qui lui paraît être une soumission librement consentie à l'exploitation. Ce faisant, il remet en cause plusieurs préceptes de la sociologie du travail et nuance l'analyse marxiste de l'exploitation.

Les pratiques restrictives et les manœuvres de contournement des règles constituent pour Roy une remise en cause de l'organisation du travail et une contestation des règles

---

[1] M. Burawoy, *Manufacturing Consent : Changes in the Labor Process under Monopoly Capitalism*, Chicago, The University of Chicago Press, 1979.

établies. Pour Burawoy, elles se déroulent plutôt sous le signe de l'aliénation et ont pour effet d'occulter les conflits. Comme à l'époque de Roy, l'affirmation des individus et leur reconnaissance par leurs pairs passent par le respect des normes implicites de production. Leur application constitue aussi une échappatoire à l'ennui et à la monotonie du travail comme elle fournit une solution ponctuelle à la fatigue qu'un travail trop répétitif engendre. Mais, le défi de la production que les ouvriers relèvent ne vise évidemment pas à accroître les profits de l'entreprise. Il exprime plutôt leur volonté de maîtriser leurs conditions de travail et d'affirmer leur identité professionnelle dans un univers industriel qui a tendance à les nier.

En contrepartie, ces jeux d'interactions ont aussi pour effet de déplacer les lieux d'affrontement et de transformer l'ancienne hostilité ouvrière à l'égard de la direction en une nouvelle forme de consentement des ouvriers à leur subordination. En effet, en comparant la situation qu'il a vécue à celle qu'a connue Roy, Burawoy note une diminution de la coopération latérale entre les groupes d'ouvriers et une plus grande compétition entre les travailleurs. La solidarité, toujours présente, s'émousse à l'avantage d'une collaboration accrue avec la direction.

Ses observations le conduisent à identifier trois causes de l'adoucissement des relations de travail et de la réduction des conflits dans l'atelier : la création d'un marché interne du travail, l'institutionnalisation des relations de travail au sein de l'entreprise et l'avènement du capitalisme monopolistique.

Le développement d'un marché interne du travail, en augmentant la mobilité des travailleurs, réduit les tensions avec les agents de maîtrise et atténue les attitudes négatives des ouvriers à l'égard de l'entreprise et de ses objectifs. Mais, la convoitise des meilleurs postes suscite une concurrence entre les ouvriers et affaiblit le consensus relatif au respect des normes de production. On voit plus souvent qu'avant des ouvriers dépasser les normes pour ensuite être changés de postes tandis que d'autres se livrent à des tactiques déloyales dans l'espoir de se faire valoir. Burawoy considère que la coopération entre les travailleurs était meilleure du temps de Roy. En somme, le marché interne du travail affaiblit la cohésion du groupe, réduit la cohérence de son action et contribue à maintenir le consensus nécessaire à l'atteinte des objectifs de l'entreprise.

Le deuxième facteur de l'acceptation par les travailleurs de leur soumission réside dans l'institutionnalisation des relations de travail au niveau de l'entreprise. La constitution de ce que Burawoy appelle un « État interne », soit l'établissement de procédures de négociation et de règlement des conflits, a pour effet de civiliser les rapports de force et de déplacer les conflits de l'atelier vers des lieux plus neutres de discussion. Ce transfert de dynamique correspond à ce que Burawoy appelle le passage d'une forme despotique de contrôle à un contrôle de type hégémonique. La participation limitée des ouvriers à la négociation et à la résolution des conflits et la mise en place de mécanismes de représentation laissent intacts les rapports de production capitaliste et privent les travailleurs de l'initiative des moyens de pression. D'où le scepticisme des ouvriers à l'égard de ce nouveau jeu qui, en plus, prétend fixer les nouvelles règles auxquelles ils devront se soumettre.

De l'époque de Roy à celle de Burawoy, le capitalisme est passé d'une forme concurrentielle à une forme monopolistique. Dans une dynamique de concurrence, l'entreprise exerce une pression à la baisse sur les salaires et tente d'augmenter la productivité du travail en l'intensifiant. La rémunération aux pièces en constitue un moyen. Dans une situation monopolistique où le marché est relativement maîtrisé, l'entreprise tente d'augmenter ses profits par une spécialisation de ses produits. L'introduction de nouvelles technologies et l'automatisation entraînent une hausse des investissements dans le « travail mort », pour reprendre une expression de Marx. Le « travail vivant » étant moins important, l'efficacité et le rendement sont plutôt recherchés par la collaboration que par la coercition. Les impératifs de la production imposent aux acteurs la recherche d'une meilleure collaboration et l'établissement de relations de travail plus consensuelles. La négociation devient la voie privilégiée pour résoudre les problèmes et harmoniser les relations de travail. L'ordre capitaliste n'est plus contesté dans ses fondements et la négociation remplace les affrontements directs entre les groupes. Les conflits passent de l'atelier à la table de négociation.

Tableau 1
Coercition et consentement ouvrier

Capitalisme	Concurrentiel	Monopolistique
Contrôle	Despotique	Hégémonique
Mode de rémunération	Salaires aux pièces	Salaires aux pièces
Relations de travail	Coercition Conflit direction-ouvriers	Consentement favorisé par : - marché interne du travail - institutionnalisation des relations de travail Collaboration ouvrière-patronale
Jeux des interactions et pratiques restrictives	Collaboration latérale Défi de la production : - indice d'aptitude - affirmation de soi et du groupe ouvrier Quotas de production Tir au flanc	Compétition entre les travailleurs Défi de la production : - indice d'aptitude - affirmation de soi et du groupe ouvrier Quotas de production Tir au flanc

Burawoy conclut que l'analyse marxiste classique a tort d'insister sur la seule coercition au travail. Le pouvoir patronal analysé par Braverman n'est pas la seule cause de la subordination des travailleurs au processus de travail[1]. Les modifications du contexte socio-économique et les transformations de l'organisation du travail débouchent sur de nouveaux rapports sociaux. L'intérêt bien compris des protagonistes favorise le consensus dans les relations de travail et incite à une collaboration négociée entre les acteurs. Le tableau 1 illustre l'analyse de Burawoy du consentement ouvrier.

3. Freinage, normes officielles et régulation effective

Dans certains secteurs relativement modernes de production, le travail est assorti de normes d'efficacité et de règles qui définissent les conditions de sa réalisation. Les spécialistes différencient les règles explicites qui définissent la tâche prescrite des règles informelles ou implicites qui prévoient la tâche attendue, soit celle qui sera réellement effectuée. Il ne s'agit pas ici d'opposer les règles formelles aux règles informelles au sens de l'École des relations humaines mais de distinguer les prescriptions explicitement définies des obligations implicitement retenues. Ces dernières ne sont pas toujours établies a priori, mais la réalisation de la tâche exige qu'elles soient remplies. Plusieurs tâches comportent des aléas, c'est-à-dire des événements non prévus, qui interviennent à intervalles irréguliers, et avec lesquels les opérateurs doivent composer. C'est souvent le cas dans des secteurs automatisés où les opérateurs doivent anticiper les dysfonctionnements afin d'apporter les correctifs appropriés avant qu'ils entraînent des défauts de fabrication. L'analyse de ces aléas techniques et de ces dysfonctionnements organisationnels constitue une bonne entrée à l'étude des obligations implicites auxquelles se soumettent plusieurs catégories de personnel.

En s'inspirant de la théorie de la régulation sociale, Chabaud et de Terssac postulent que les travailleurs ne sont pas

---

[1] H. Braverman, *Travail et capitalisme monopoliste*, Paris, Maspero, 1976.

totalement assujettis aux prescriptions explicites et que l'aménagement d'une marge de manœuvre leur permet précisément de respecter leurs obligations professionnelles et de répondre aux exigences de leur tâche. La recherche de l'efficacité cesse donc d'être une prérogative des directions et passe du côté des travailleurs. Contrairement aux enseignements de l'École classique et de l'École des relations humaines, la rationalité économique et la maîtrise de l'efficacité deviennent des attributs des travailleurs.

Dans des systèmes de production où les tâches sont répétitives, le respect des obligations implicites se traduit par des variations de performance qui ont pour but d'atteindre les objectifs fixés. Les deux chercheurs appellent régulations ces variations de performance. Elles n'ont pas pour objectif de contester l'organisation du travail mais, au contraire, d'en assurer l'efficacité, même si elles sont clandestines. C'est la face cachée et inversée du freinage puisqu'elles permettent de réaliser la production attendue. En fait, la restriction volontaire de la production se situe en amont de ces variations de performance, soit dans la détermination de la norme implicite de rendement et de son respect. La figure 1 illustre ces distinctions.

Figure 1
Prescriptions, normes et régulations de la tâche

Tâche prescrite → Tâche attendue → Régulations ou
Norme explicite   Norme implicite   variations des performanes

La recherche de Chabaud et de Terssac a été effectuée dans une entreprise française qui occupe le quatrième rang de la presse quotidienne régionale avec un tirage de 300,000 exemplaires[1]. Elle emploie près de 1,200 travailleurs dont 513

---

[1] C. Chabaud, G. de Terssac, « Du marbre à l'écran : rigidité des prescriptions et régulations de l'allure de travail », *Sociologie du travail*, 3-87, p. 305-321. Cette analyse est reprise dans G. de Terssac, *Autonomie dans*

sont assignés à l'information et 675 à l'impression. La production du journal repose sur un enchaînement rigoureux de différentes étapes (rédaction, composition, impression, expédition) qui obéissent à des contraintes très strictes de temps. Passée l'heure de la butée, le journal n'a plus de valeur.

La recherche porte plus précisément sur l'analyse du travail des clavistes, majoritairement des femmes, qui sont responsables de la saisie des données par ordinateur. Elles sont astreintes à des normes quantitatives de performance établies au moment de l'enquête à 10,656 frappes à l'heure. Cette norme de référence est calculée sur la base de bonnes copies dont les arrivées sont régulières et s'applique autant le jour que le soir. Elle est appelée « saisie au kilomètre » et contraste avec la « saisie en conscience » à laquelle l'entreprise recourt quand les copies sont anormales et irrégulières. Les clavistes opérant en « saisie en conscience » ne sont pas tenues au respect de la norme et peuvent en principe gérer le rythme de leur travail.

Les données recueillies sont constituées des relevés de production de chacune des vingt-huit clavistes et des bordereaux sur lesquels sont consignées la nature et la durée des arrêts de travail. Ces arrêts sont attribuables à l'absence de copies à traiter ou à des pannes d'équipements que les auteurs appellent respectivement arrêts organisationnels et arrêts techniques. Ces informations ont été complétées par des entrevues menées auprès des clavistes et des agents de maîtrise.

Les premiers résultats démontrent que dans 56 % des cas le travail ne se déroule pas dans les conditions de stabilité prévues, c'est-à-dire en « saisie au kilomètre » sans arrêt technique ou organisationnel. Voilà une première entorse à la règle. Le deuxième résultat témoigne de l'existence d'une

---

le travail, Paris, P.U.F., Sociologie d'aujourd'hui, 1992. On la retrouve également dans G. de Terssac, *Le Travail : une aventure collective. Recueil de textes*, Toulouse, Octarès Éditions, 2002.

norme implicite de 20 % inférieure à la performance requise officiellement. Cette réduction de performance est plus marquée en soirée (-24 %) que le jour (-18 %) et est particulièrement bien respectée par les clavistes qui opèrent selon le mode de « saisie en conscience » pour lequel il n'y a pas de rythme de travail préétabli.

L'obligation de résultat (la sortie impérieuse du journal) contraint les clavistes à rattraper les retards de production dus aux arrêts organisationnels et techniques en recourant à des procédés de régulation du rythme de travail. Cette stratégie se traduit par des augmentations de cadence de travail lors d'incidents techniques. Une comparaison des niveaux de performance des clavistes démontre que les niveaux maximums sont atteints lors de périodes de travail au cours desquelles des incidents ont été rapportés. À l'inverse, les niveaux les plus faibles de performance sont enregistrés lors des périodes de travail sans incident, tant le jour que le soir. Par ailleurs, les modalités de récupération des retards ne dépassent jamais le niveau fixé par la règle implicite.

Les modalités de régulation de l'allure de travail ont donc pour résultat d'assurer la sortie du journal à temps. Le respect de la norme implicite par les clavistes témoigne de leur conscience professionnelle et de la rationalité de leurs comportements et assure le bon déroulement des opérations tout en contestant la règle explicite et la définition officielle des tâches.

4. **L'appropriation du travail comme pratique de résistance ouvrière**

Les interprétations précédentes des pratiques de restriction volontaire de la production et des efforts déployés par les ouvriers dans le but de contrôler minimalement l'exécution de leur travail et de s'assurer de revenus stables insistent sur la rationalité économique de leurs comportements.

Pratique de contestation ou volonté de régulation autonome de la production, le freinage n'est pas seulement une pratique défensive de résistance ouvrière mais peut constituer aussi une condition de réalisation des tâches puisque la détermination d'une norme implicite de production n'exclut pas la recherche de l'efficacité productive.

Bernoux situe ces pratiques de régulation dans un contexte plus large de réappropriation du travail par les ouvriers[1]. Son analyse en distingue quatre formes : le découpage du temps de travail, l'occupation d'un espace de travail individualisé, l'appropriation technique ou le contrôle des instruments de travail et l'appropriation de la gestion technique par la recherche d'une utilisation plus efficiente des équipements. Il ne s'agit pas de restriction volontaire au sens strict, quoique certains comportements de réappropriation du travail présentent des similitudes avec les pratiques de freinage. Dans un cas comme dans l'autre, il y a du côté ouvrier une action volontaire, imprévisible, individuelle ou collective, allant à l'encontre des règles établies et qui manifeste une volonté d'affirmation professionnelle et de contrôle sur certains éléments de l'organisation du travail. Mais à la différence des pratiques de freinage, les comportements d'appropriation du travail ne visent pas à diminuer ou à ralentir la production. Ils ne poursuivent pas non plus d'objectifs économiques même s'ils constituent une forme de contestation de l'organisation du travail. Il faut plutôt en chercher les causes dans l'affirmation des identités professionnelles et de leur reconnaissance. L'approche de l'auteur réfère davantage à la signification des comportements et au déploiement des logiques d'acteur qu'à celle de l'efficacité et des stratégies.

Son analyse se fonde principalement sur le traitement d'informations obtenues par différentes techniques d'enquête

---

[1] P. Bernoux, « La résistance ouvrière à la rationalisation : la réappropriation du travail », *Sociologie du travail*, 1- 79, p 76-90.

auprès d'ouvriers peu qualifiés, mais dont l'ancienneté les amène à aspirer à une mobilité professionnelle semblable à celle des ouvriers qualifiés.

4.1. Les formes d'appropriation

Le découpage du temps de travail consiste à faire fi de l'organisation des postes de travail et du temps alloué à l'exécution des opérations prévues. Par exemple, sur une ligne d'usinage, les ouvriers augmentent les cadences de travail en début de journée pour ralentir à un rythme normal vers le milieu de la journée. Les quotas étant atteints, le dernier tiers de la journée est considéré comme du temps de récupération. Sur une autre chaîne de montage où les postes sont disposés à intervalles réguliers et sur lesquels les ouvriers doivent travailler séparément, ceux-ci s'organisent pour « remonter » la chaîne et travailler en groupe. Ils augmentent aussi la cadence afin de s'aménager des pauses plus longues que celles prévues au règlement.

Cette appropriation du temps s'accompagne souvent d'une appropriation d'un espace de travail. Celle-ci prend deux formes. D'abord, celle de l'aménagement individualisé du poste de travail où l'ouvrier « cache » quelques outils ou matériel de sa conception. Cet espace est délimité par une frontière invisible mais bien réelle que l'on est tenu de respecter. L'autre forme d'appropriation de l'espace réside dans le droit implicite d'être affecté à telle ou telle machine c'est-à-dire de se faire reconnaître le privilège d'échapper à une distribution aléatoire des postes. Il s'agit d'une appropriation de certaines machines par un groupe de travailleurs avec la complicité tacite du chef d'atelier. Cette pratique conteste les critères de la répartition des tâches, limite le pouvoir d'affectation du chef d'atelier et affirme la volonté du groupe en même temps que son identité.

L'appropriation technique se situe dans le prolongement de cette affirmation. Elle consiste à désobéir à certains modes opératoires fixés par la hiérarchie et à contourner les règles. Par exemple, les ouvriers procèdent à des réglages sur les machines qui sont ordinairement réservés aux régleurs ou en modifient les mécanismes afin de gagner du temps et faciliter leur travail.

L'appropriation de la gestion technique consiste en une critique de l'organisation du travail et souligne la sous-utilisation ou le mauvais usage des machines. Elle déplore les goulots d'étranglement de la production, dénonce les défauts de fabrication et anticipe les bris mécaniques susceptibles de ralentir la production. Cette réappropriation du travail concerne principalement les ouvriers les plus expérimentés chez qui la fierté du travail bien fait est encore vivace. Elle suppose également l'intériorisation d'une certaine norme d'efficacité productive.

4.2. Les logiques d'appropriation

Ces formes d'appropriation ne sont pas justifiées par des motifs utilitaires ou stratégiques comme dans le cas du freinage. Par contre, elles permettent aux individus et aux groupes de se définir socialement les uns par rapport aux autres. Elles traduisent une quête d'identité sociale et s'emploient à donner un sens au travail, tout en se déployant dans quatre directions : par rapport aux objets, au groupe, au salarié comme producteur et au pouvoir.

Le comportement de l'ouvrier à l'égard de sa machine manifeste sa volonté d'en connaître le fonctionnement et de la « mettre à sa main » afin de la maîtriser. L'auteur soutient que la l'identité professionnelle de l'ouvrier se construit dans ce rapport de possession à la machine.

Les pratiques d'appropriation décrites plus haut révèlent et manifestent à la fois la personnalité du groupe et indiquent aux autres la fierté de ses membres. Elles donnent corps au groupe et affirment son existence au-delà des contraintes techniques et du pouvoir de la direction qui a trop facilement tendance à nier sa contribution. Dans cette perspective, l'affirmation identitaire précède les jeux de pouvoir que décrit l'analyse stratégique.

Les efforts d'appropriation de la gestion technique reposent sur la motivation des ouvriers et traduisent leur volonté d'améliorer l'efficience des équipements et par conséquent leur efficacité productive. Ils placent les ouvriers au premier plan de la production et rappellent qu'ils se définissent d'abord comme des producteurs avant d'être des salariés à la solde d'intérêts particuliers.

Ces mêmes efforts d'appropriation de la gestion technique s'opposent également aux tentatives de rationaliser le travail dont les tenant nient aux employés toute autorité en la matière. Ils ont pour objectif de légitimer la contribution des travailleurs et leur pouvoir sur la production au-delà des contraintes que leur impose la définition officielle des tâches et des règles.

Plusieurs des comportements ouvriers analysés par Bernoux semblent s'opposer aux pratiques de freinage qui ont fait l'objet des recherches précédentes. « Remonter » la chaîne de montage en augmentant les cadences, accroître le rythme de travail en matinée pour libérer du temps en fin de journée, peuvent apparaître comme des pratiques contraires à celles du freinage. Mais, dans un cas comme dans l'autre, il s'agit de manifestations d'une même résistance ouvrière à l'organisation du travail et à sa rationalisation excessive. Si les motifs diffèrent, utilitaires et stratégiques dans les pratiques de freinage et identitaires dans les comportements d'appropriation du travail, ils procèdent du même désir d'affirmation professionnelle. Ils manifestent la même volonté d'exercer un contrôle sur l'exécution du travail dans un système productif qui refuse de reconnaître aux ouvriers leur contribution pourtant essentielle.

Conclusion

La restriction volontaire de la production a constitué un des thèmes fondateurs de la sociologie du travail. Étudiée dans un premier temps sous l'angle des attitudes ouvrières, elle a été abordée par la suite à la lueur de différents éclairages théoriques. La théorie de la régulation sociale avec son concept de régulation autonome s'y prêtait tout naturellement. Les nouvelles théories de l'acteur et les apports des recherches sur l'identité professionnelle ont fourni aussi des perspectives d'analyse intéressantes.

TROISIÈME PARTIE
L'ORGANISATION DU TRAVAIL

III
La restructuration contrôlée des tâches

Introduction

    Les fonctions complémentaires à celle de l'exécution du travail sont au cœur des préoccupations de tous les salariés et ont suscité plusieurs propositions d'aménagement de la part des entreprises. En filigrane à la notion de division du travail évoquée ici et à ses diverses modalités de réorganisation se situe la problématique de la restructuration contrôlée des tâches.

    Elle regroupe les premières expériences de démocratie industrielle et d'humanisation du travail en Europe du Nord et le mouvement de la restructuration des tâches ailleurs en Europe et en Amérique. L'approche plus récente du management participatif et les groupes d'expression initiés par la législation française trouvent aussi leur place dans ce vaste mouvement de réforme pour la participation des travailleurs. Ces derniers efforts de démocratisation succèdent aux différentes expérimentations de la « Qualité de vie au travail » qui ont eu cours durant les années 70.

    Les spécialistes distinguent quatre formes d'organisation du travail dans ce vaste mouvement de la restructuration contrôlée des tâches. La *rotation des postes* consiste à déplacer un travailleur d'un poste à l'autre tandis que l'*élargissement* regroupe des opérations antérieurement séparées par l'application stricte du taylorisme afin de recomposer une tâche plus complète. L'élargissement des tâches compresse la division horizontale du travail tandis que l'*enrichissement* des tâches réduit la division verticale du travail. L'enrichissement des tâches ajoute aux opérations d'exécution des activités qui relèvent ordinairement des services d'entretien et de contrôle. La formation d'*équipes de travail semi-autonomes* modifie la division verticale du travail par le transfert de responsabilités organisationnelles en plus de certains éléments de gestion en matière de rémunération, de promotion et de formation.

Les nouvelles formes d'organisation du travail favorisent donc une implication ouvrière accrue à l'un ou l'autre des plans suivants : conception, planification ou préparation du travail, exécution de la tâche et contrôle des résultats. De plus, certaines législations nationales prévoient un droit d'expression des salariés sur le fonctionnement général de l'entreprise. Ces changements organisationnels sont ordinairement proposés par le management qui y voit une façon d'améliorer la productivité du travail et un moyen de réduire l'absentéisme et la rotation du personnel. Ils visent en général à susciter une plus grande motivation au travail et reposent sur le leadership des directions.

Deux approches théoriques ont conceptualisé ces formes d'organisation du travail : l'approche sociotechnique et celle du Survey Research Center of Michigan[1]. La pratique américaine s'appuie sur les théories de la motivation et plus particulièrement celle des deux facteurs de Herzberg. L'engouement suscité par ces théories repose sur deux prétentions. La première affirme avoir surmonté les contradictions entre les besoins psychologiques des individus et leur volonté d'effectuer un travail à la fois intéressant et

---

[1] Pour une présentation de ces deux approches, voir le chapitre sur la psychologie organisationnelle et l'approche sociotechnique.

valorisant. La deuxième repose sur l'équation que ces théories établissent entre la restructuration des tâches, la satisfaction au travail et la performance des employés. L'approche sociotechnique, d'abord expérimentée dans l'industrie du charbonnage anglais, est à la base des premières expériences de réorganisation du travail en Norvège. Le mouvement pour l'amélioration des conditions de travail des années 60-80 doit beaucoup à ces travaux. Parce qu'il a su créer, dans certains pays, un consensus entre les organisations syndicales et patronales et recevoir en plus l'appui des gouvernements, ce mouvement a mené d'importantes réformes en matière de réorganisation du travail. Certaines de ses expériences ont mis en place des instances de concertation et de représentation ouvrière et ont favorisé l'établissement de mécanismes institutionnels de participation.

Ces deux écoles proposent également différentes méthodes d'implantation des nouvelles formes d'organisation du travail. Celle suggérée par l'approche sociotechnique comporte trois phases. La première étape consiste à constater les différences entre les extrants et les standards de qualité, de quantité et de coûts préalablement fixés. L'analyse des écarts sert à fixer les objectifs à atteindre qui déterminent ensuite les propositions de réorganisation du travail. L'élaboration d'un « design sociotechnique » est l'occasion de préciser les moyens, les modalités et les mécanismes nécessaires à la réalisation de la réforme proposée. Sans tourner le dos aux aspects psychologiques du travail, l'approche sociotechnique privilégie la prise en compte des contraintes techniques, des caractéristiques de l'environnement et des capacités d'adaptation des systèmes sociaux. Elle est résolument systémique dans son approche et vise à articuler les composantes sociales et techniques des unités de travail. L'école psychosociale met évidemment l'accent sur le facteur humain et s'inspire notamment des travaux de Herzberg et de Likert. Ce dernier rappelle la nécessité de considérer les quatre éléments suivants avant d'entreprendre une restructuration des tâches : l'organisation humaine du travail, le leadership des dirigeants, la personnalité des individus et les structures du travail. La technologie n'occupe pas une place centrale dans cette approche. Ses propositions de changement organisationnel découlent ordinairement d'un sondage effectué auprès des employés et des cadres concernés afin d'identifier leurs opinions et sentiments. L'approche sociotechnique privilégie plutôt une observation directe des lieux de travail que complètent quelques entrevues de personnes clés de l'organisation. Mais, les deux écoles s'inscrivent dans une même perspective de changement organisationnel contrôlé afin de ne pas déstabiliser le système social de l'entreprise. Le tableau 1 schématise ces deux approches.

Tableau 1
Comparaison des approches sociotechnique et psychosociale de la restructuration des tâches

Restructuration des tâches	Approche psychosociale	Approche sociotechnique
Perspective	Changement organisationnel contrôlé	Démocratisation des structures du travail
Initiateur	Direction	Direction appuyée d'experts extérieurs
Démarche	Réforme imposée Participation provoquée*	Démarche consensuelle (employé, direction, syndicat)
Analyse du travail	Questionnaire et interview	Interview et analyse des postes et unités de travail à l'aide de grille d'observation
Forme principale de restructuration des	Élargissement et enrichissement des tâches	Équipes de travail semi-autonomes
Personnes visées	Individus	Groupes de travail

* Expression empruntée à D. Martin, *Démocratie industrielle*, Paris, PUF, 1994.

Les résultats attendus des nouvelles formes d'organisation du travail sont variables et à la mesure des zones de liberté acquises par les travailleurs et des modifications apportées aux divisions verticale et horizontale du travail. Du côté des travailleurs, une plus grande cohésion peut s'affirmer et ils sont en mesure de régulariser plus facilement leurs comportements et de développer une attitude plus ouverte à l'égard de l'encadrement et de la direction. La satisfaction ressentie au travail peut s'en trouver améliorée et contribuer à un meilleur climat de travail. Le fait de participer aux décisions est susceptible de réduire l'impression d'impuissance et de favoriser l'émergence d'un sentiment d'appartenance à l'entreprise. De son côté, l'entreprise par les connaissances qu'elle acquiert auprès des ouvriers peut régulariser plus facilement sa production, ce qui lui permet de réaliser des économies en matière de gestion des stocks. Elle peut aussi espérer une productivité améliorée, un moindre taux d'absentéisme au travail et une réduction de la rotation du personnel.

Plusieurs ont vu dans ces expérimentations une étape vers la démocratisation et la professionnalisation du travail. D'autres, plus critiques et peut-être plus objectifs, ont décelé dans ces tentatives contrôlées de réorganisation du travail les formes modernes d'un néo-taylorisme et la mise en place de mécanismes plus subtils de contrôle du travail.

Compte tenu des intérêts qu'elles mettent en cause et des enjeux qu'elles soulèvent, elles ont fait l'objet de nombreuses recherches et d'interprétations multiples. Si certaines études présentent des bilans sommaires dressés en termes d'avantages et d'inconvénients, d'autres soulignent les ambiguïtés qu'elles recèlent. Des comportements inattendus sont alors dévoilés qui entrent quelquefois en contradiction avec leurs prétentions.

C'est le message que nous livrent les recherches présentées ici. En plus de tracer un bilan des acquis, les deux premières recherches s'inspirent d'approches différentes : psychosociale dans le cas de l'analyse du travail de bureau à la

Régie des Rentes du Québec, sociotechnique dans le cas de l'étude consacrée au travail des ouvriers de l'usine de Kalmar. Enfin, l'étude de la réforme du travail dans le milieu administratif français est menée dans le cadre de l'analyse stratégique tandis que l'approche marxiste guide la dernière recherche portant sur les pratiques patronales de la restructuration des tâches.

1. L'enrichissement des tâches selon une approche psychosociale

L'expérience d'enrichissement des tâches à la Régie des Rentes du Québec découle d'une vaste étude menée en 1972 auprès du personnel de bureau du gouvernement du Québec affecté à des tâches de perforation[1]. Avant de lancer l'opération de restructuration des tâches, une analyse du travail de perforation a été effectuée sur la base de données recueillies par interviews auprès de la moitié des gestionnaires concernés et de 20 % des perforatrices. Même si la situation de travail ne présentait pas de difficultés majeures, l'analyse révèle tout de même les problèmes inhérents à ce type d'emploi. Le caractère monotone et répétitif du travail de perforation, les exigences de qualité et de rapidité d'exécution fixées par la direction et les pressions des responsables pour un rendement élevé constituent les principales contraintes aux dires des employées. Il est alors demandé à deux chefs d'équipe d'établir une liste d'éléments susceptibles d'enrichir le travail de perforation. On convient d'introduire consécutivement huit éléments. À chaque fois, une évaluation est faite par le chef d'équipe afin de consolider les acquis de la tâche enrichie auprès des employés.

---

[1] La Régie des Rentes du Québec est responsable de la cueillette des cotisations et du versement des prestations de retraite des travailleurs québécois. L'analyse présentée ici emprunte à l'étude de R. Langlois et M. Trudel, *Projet pilote d'enrichissement du travail des employées de la perforation à la RRQ*, Québec, 1974.

La principale difficulté rencontrée est celle de la prise en charge par les perforatrices de la préparation des cartes modèles et des cartes programmes qui, avant l'expérimentation, relevait de la responsabilité des chefs d'équipe. Cette opération oblige à rencontrer les usagers afin d'obtenir les précisions nécessaires à la préparation des cartes et à les transmettre aux autres opératrices. Cette opération est l'élément principal de l'enrichissement du travail.

L'évaluation de l'expérience fait apparaître une légère diminution du taux d'absentéisme et une réduction appréciable du taux de rotation du personnel. La qualité du travail s'est améliorée si on se fie aux rapports des autres services de l'établissement. Les opératrices se déclarent satisfaites de leur nouvelle tâche et en particulier de leur nouvelle responsabilité relative à la préparation des cartes. L'accroissement de leur efficacité a entraîné la mutation des deux anciens chefs d'équipe. De plus, elles ont l'impression d'être mieux considérées par leurs supérieurs et de former une meilleure équipe de travail. En somme, responsabilité et autonomie vont de pair avec fierté et efficacité. Par contre, le maintien de leur rémunération au niveau antérieur à l'expérimentation ne correspond plus aux exigences de leur nouvelle tâche, soutiennent les opératrices.

2. **La restructuration sociotechnique des tâches à l'usine Kalmar de Volvo**

L'approche sociotechnique se différencie de l'École des relations humaines qui propose presque inconditionnellement l'introduction de nouvelles formes d'organisation du travail afin d'humaniser le travail et de rendre aux travailleurs leur dignité au détriment d'un contrôle externe. L'approche sociotechnique a ceci de particulier qu'elle prend en compte à la fois les déterminants technologiques et environnementaux dans ces propositions de réorganisation du travail tout en misant sur les capacités objectives du système social à s'ajuster aux nouvelles contraintes du travail et aux impératifs de l'entreprise. Cette approche ne soutient pas que l'autonomie des groupes est une condition gagnante dans toutes les conditions de production.

Soucieuse de contrer les effets négatifs du taylorisme et de rendre plus attirants les emplois industriels, la Norvège a invité le Tavistock Institute, concepteur de l'approche sociotechnique, à l'aider lors de ses premières expérimentations en matière de réorganisation du travail. Elle voulait démocratiser les lieux de travail par une restructuration des tâches et par une participation accrue des travailleurs à la gestion des ateliers. Ce mouvement de démocratie industrielle suscitera d'autres expériences similaires en Amérique du Nord et en Europe, dont celle du producteur Volvo.

Au début des années 70, les structures organisationnelles de Volvo sont encore largement fordistes et l'organisation du travail y est extrêmement rationalisée. L'exécution des tâches s'effectue le long d'une chaîne de montage sur laquelle les ouvriers exécutent des opérations morcelées selon une cadence capable d'assurer une production de masse. Or, Volvo est confronté à un fort taux d'absentéisme et éprouve de grandes difficultés de recrutement. Près de la moitié des ouvriers travaillant sur les chaînes de montage de ses usines de Goteborg est d'origine étrangère. C'est alors que la direction opte pour une réorganisation du travail qui, sans nuire à l'efficacité productive et la rentabilité de l'entreprise, doit assurer aux travailleurs une plus grande autonomie au sein d'équipes de travail responsables. Ainsi naît l'usine Kalmar qui acquiert rapidement une renommée internationale par le caractère novateur de son organisation du travail.

En fait, Volvo brise la sacro-sainte chaîne de montage au profit d'un système flexible qui repose sur des chariots filoguidés[1]. Ce système permet de fragmenter le flux de production dont chaque segment est assumé par une équipe de travail. La deuxième innovation de ce système réside dans la possibilité de contrôler et de guider la progression des chariots. Le système peut être actionné par un ordinateur qui en assure la progression automatique ou manuellement et de façon semi-automatique par l'ouvrier lui-même. Enfin, l'ordre de montage des véhicules peut être modifié sans perturber l'ensemble du processus à cause de sa grande flexibilité. La production est assurée par 25 équipes de 15 à 20 ouvriers. Chaque équipe a son entrée et ses installations bien identifiées et bénéficie d'une certaine autonomie dans l'organisation de son travail. Les ouvriers peuvent allonger leurs cycles de production de 4 à 30 minutes selon les postes, ce qui a pour effet de diversifier les tâches et de réduire la monotonie liée à un travail répétitif.

Il y a deux façons d'organiser le travail en équipe. Selon la première appelée *montage à postes séquentiels*, le chariot se déplace en cours de production. Les opérations s'effectuent à des postes de travail différents que le chariot parcourt successivement. À chaque poste, deux ou trois ouvriers exécutent les tâches prévues selon un cycle opératoire d'environ cinq minutes. Mais la grande innovation du système est de permettre aux travailleurs de suivre le chariot lors de son parcours et de réaliser l'ensemble des opérations confiées à l'équipe. Le cycle opératoire atteint alors de 20 à 30 minutes. La majorité des équipes travaille de cette façon. La deuxième façon d'exécuter le travail en équipe est appelée *montage à postes fixes* parce que le chariot s'immobilise en cours d'intervention. Deux ou trois ouvriers travaillent à chaque poste pour un cycle opératoire complet de 20 à 30 minutes pour l'ensemble de l'équipe.

---

[1] P. Dundelach, N. Mortensen, « Danemark, Norvège, Suède », dans *Les nouvelles formes d'organisation du travail*, Genève, Bureau international du Travail, 1979.

Selon une enquête effectuée en 1975, les trois quarts des ouvriers ont mentionné qu'une rotation des tâches était établie au sein des équipes afin d'assurer un partage équitable des opérations les plus difficiles. De plus, un ouvrier de l'équipe est désigné « instructeur » après accord entre la direction et le syndicat. Son rôle est d'assurer l'intégration des nouveaux venus au sein de l'équipe et de servir d'intermédiaire entre celle-ci et la direction. C'est à lui que sont transmises les informations sur la qualité de la production, le nombre d'erreurs, etc.

Parce qu'ils sont plus autonomes et qu'ils sont en mesure de fixer eux-mêmes la cadence de la production, les ouvriers se disent globalement satisfaits de la nouvelle organisation du travail. Cette satisfaction se traduit par une diminution de l'absentéisme et de la rotation du personnel. Le niveau de productivité atteint lors des premières années d'expérimentation est comparable à celui d'une équipe de travail ordinaire et la polyvalence des travailleurs a pour effet de réduire le personnel d'encadrement. La flexibilité du système de chariots permet également plus de souplesse dans l'exécution des tâches et réduit les coûts associés aux changements organisationnels provoqués par l'introduction de nouveaux modèles. Seule ombre à ce bilan positif, l'augmentation d'environ 10 % des coûts d'installation du nouveau système productif.

Comme chacun le sait, l'usine Kalmar a été fermée en 1992 lors d'une profonde réorganisation de l'entreprise aux prises avec un marché plus compétitif et au moment où elle négociait une fusion avec Renault. L'usine de Uddevalla qui avait poussé plus loin encore les efforts de restructuration des tâches a subi le même sort pour ouvrir de nouveau ses portes quelques années plus tard.

3. La restructuration des tâches en milieu administratif : une analyse stratégique

Dans un numéro spécial de la Revue française de sociologie, le Centre de sociologie des organisations dirigé par Crozier et Friedberg propose trois études sur les nouvelles formes d'organisation du travail, dont celle de Legendre qui traite de l'enrichissement des tâches en milieu administratif[1]. Son analyse se fonde sur une série d'études empiriques menées par entretiens et questionnaires auprès d'employés de différents établissements administratifs parisiens, autant des secteurs publics que privés, sur une période de cinq ans. Le cadre d'analyse retenu ici est évidemment celui de l'analyse stratégique.

L'amélioration des conditions de travail en milieu administratif, par les changements qu'elle introduit et les nouvelles incertitudes qu'elle crée, offre une belle occasion de saisir sur le vif les rapports de force qui ordinairement couvent sous le voile de la routine. L'étude des nouvelles formes d'organisation du travail constitue donc une entrée privilégiée à l'analyse des relations de pouvoir au sein des organisations et de la formation des zones d'incertitude à partir desquelles les acteurs déploient leurs stratégies. L'analyse de ces stratégies et de l'action des acteurs, plutôt que la simple description en termes de bilan, permet de constater des phénomènes inattendus et d'observer les contradictions de ces nouveaux modèles d'organisation. Pour bien saisir ce glissement des dysfonctions organisationnelles, un retour sur les principales caractéristiques des systèmes antérieurs est nécessaire.

3.1. Les systèmes traditionnels d'organisation

Les établissements étudiés présentent les traits habituels des organisations bureaucratiques : une forte structure

---

[1] M. Legendre, « La restructuration des tâches en milieu administratif un essai à transformer », Revue française de sociologie, XX, 1979, p. 576-589.

hiérarchique doublée d'une division horizontale du travail, des possibilités de formation en cours d'emploi réduites et des relations de travail essentiellement instrumentales. Au plan vertical, les frontières de l'autorité et des compétences sont marquées par la hiérarchie des postes auxquels on accède par ancienneté ou selon une évaluation plus ou moins subjective des supérieurs. Horizontalement, la division des tâches se caractérise par un cloisonnement des champs de spécialisation qui, en cantonnant les employés dans des zones étroites, réduit d'autant les possibilités de communication. L'effet combiné de cet arrangement organisationnel est de rendre quasi impossible la collaboration entre les employés et de maintenir chacun à sa place dans une relative sécurité.

Ce mode d'organisation induit chez les employés des comportements qui, par un effet de renforcement, donnent à l'ensemble organisationnel une plus grande cohérence et une stabilité accrue. Ainsi, la stratification verticale, en dépit des dénigrements dont elle est fréquemment l'objet, constitue un support aux volontés de promotion d'autant plus que les règles d'avancement sont clairement énoncées et qu'elles apparaissent légitimes. Chaque palier hiérarchique est donc protégé par une frontière acceptée de tous et son accès est balisé par des règles convenues. La compétition s'en trouve réduite et la structure hiérarchique aménage un « confort psychologique » sécurisant. Il en est de même pour le cloisonnement horizontal qui a pour effet de maintenir chacun à sa place et d'éviter les débordements de frontières tout en assurant un modus vivendi tolérable au plus grand nombre d'employés.

Les stratégies observées sont marquées par une absence de collaboration entre les employés, chacun défendant son champ d'intervention, et par une coopération réduite avec la hiérarchie qui se maintient à l'abri de toute ingérence malvenue. Les promotions reposent principalement sur l'ancienneté mais sans exclure toute forme de discrimination dont les cas connus alimentent un climat de méfiance et de suspicion chez les employés. Une volonté trop ouvertement affirmée d'avancement professionnel rapide est perçue comme une stratégie offensive dangereuse pour son défenseur et intolérable pour le milieu. La carrière professionnelle doit donc suivre les voies dictées par les normes et échappe en quelque sorte à la volonté des individus.

3.2. Perception du travail et avancement professionnel dans les nouvelles formes d'organisation du travail

Les expériences de restructurations des tâches ont entraîné trois conséquences communes au sein des établissements étudiés : un affaissement de la pyramide hiérarchique, une diminution de la taille des unités de travail et une polyvalence accrue des employés. Ces conséquences semblent logiquement reliées entre elles : une augmentation de la polyvalence étant susceptible de réduire l'encadrement par exemple. Par ailleurs, la caractéristique de ces expériences réside dans le fait que d'anciennes structures et règles organisationnelles sont maintenues et qu'elles ont pour effet, non seulement de cantonner les nouvelles formes d'organisation du travail dans des frontières trop étroites, mais également d'induire de nouveaux dysfonctionnements par les ambiguïtés qu'elles entretiennent.

L'affaissement de la pyramide hiérarchique a pour effet de changer la dynamique des promotions. En réduisant le nombre de cadres de niveau intermédiaire et en augmentant celui de premier niveau, des voies différenciées s'ouvrent aux espoirs de mobilité. La polyvalence, en augmentant l'intérêt pour le travail, remet en cause l'ordre des critères d'évaluation en matière de promotion. De fait, l'ancienneté perd de son importance au profit de la compétence. Or, les anciens mécanismes de promotion sont maintenus et heurtent les ambitions des employés les plus motivés. L'ancienneté et le favoritisme représentent des obstacles à l'application des nouvelles règles du jeu. De plus, la réduction de la ligne hiérarchique pose un problème de transfert des cadres qui n'ont pas su s'adapter aux nouvelles exigences de leur poste alors que le besoin d'un meilleur encadrement technique se fait sentir.

Cette nouvelle demande est due à la plus grande importance accordée au travail par les employés. En effet, une plus grande liberté de manœuvre et des responsabilités accrues suscitent chez les employés de nouvelles attitudes à l'égard du travail. La passivité et le manque d'intérêt que la routine et la spécialisation étroite des tâches engendraient dans les anciennes structures organisationnelles sont ébranlés. Du coup, des attitudes plus offensives émergent et des incursions dans les champs de spécialisation voisins apparaissent, malgré les risques de compétition qu'une telle action représente.

En contrepartie, cette attitude offensive au travail traduit une individualisation de l'action des employés au détriment de la cohésion des équipes de travail. Contrairement à ce qui était théoriquement attendu, le travail en équipe a pour effet d'accroître la tendance à se débrouiller seul. Cette tendance peut traduire deux stratégies différentes : soit une stratégie défensive visant à protéger son territoire contre une intervention extérieure ou à ne pas laisser voir un manque de compétence dans un nouveau jeu plus ouvert à la compétition, soit une stratégie plus offensive qui vise, au contraire de la première, à prouver sa compétence professionnelle « en terrain ouvert » en profitant des occasions qui se présentent de la faire valoir. Dans un cas comme dans l'autre, la nécessaire collaboration entre les employés est compromise.

Il n'est donc pas étonnant de constater la polarisation des attitudes des employés à l'égard de cette restructuration des tâches. Les moins sûrs d'eux-mêmes, appuyés ouvertement ou tacitement par une fraction de l'encadrement à l'avenir incertain, luttent pour la préservation de leurs acquis et réduisent les chances de réussite des réformes en cours. Un autre groupe d'employés, misant sur leur compétence et espérant ouvrir de nouvelles voies à leur désir de promotion, jouent la carte de la compétition au risque d'en subir personnellement les conséquences et de compromettre la cohésion des équipes de travail. Leur position minoritaire les amène à tenir « un pari perdu d'avance », selon Legendre.

En somme, l'analyse des jeux stratégiques des acteurs dévoile des comportements inattendus et met à jour de nouvelles zones d'incertitude que la restructuration des tâches induit. Contrairement aux prétentions des tenants des nouvelles formes d'organisation du travail, l'introduction de la polyvalence n'engendre pas automatiquement une meilleure collaboration entre les employés et entre ceux-ci et l'encadrement immédiat. Au contraire, elle développe des comportements individualistes inattendus et des attitudes offensives qui compromettent la cohésion des équipes et risquent d'isoler les employés les plus intéressés par la restructuration des tâches. L'avancement professionnel demeure toujours problématique à cause du maintien des anciennes règles privilégiant l'ancienneté au détriment de la compétence. Cette incohérence est attribuable à l'application partielle de la restructuration des tâches. En conséquence, la diffusion des nouvelles formes d'organisation du travail, à cause des contradictions qu'elles recèlent et des nouvelles dynamiques sociales qu'elles provoquent, ne semble pas acquise selon le chercheur.

4. Une analyse marxiste des pratiques patronales de restructuration des tâches

Dans un article de la revue Sociologie du travail, Kelly livre une analyse marxiste des pratiques patronales de restructuration des tâches[1]. Celles-ci ne peuvent pas s'expliquer uniquement par des considérations humanistes mais seulement

---

[1] J. Kelly, « Pratiques patronales de restructuration des tâches : procès de travail, marchés de l'emploi et débouchés commerciaux », *Sociologie du travail*, 1-84, p. 26-47.

en considérant l'ensemble des phases de la production du capital, soient les cycles de la production et de la circulation des marchandises. Il faut donc selon Kelly considérer la totalité du circuit du capital comme base d'analyse des changements de la division du travail et souligner les contradictions qui s'y manifestent.

Chaque phase du circuit du capital est susceptible de présenter des tensions qui influencent sa vitesse de rotation. Elles se manifestent, par exemple, par des changements dans les conditions des marchés et dans l'évolution des emplois. Ainsi, une réduction du chômage ou au contraire une hausse de l'offre de travail influence les stratégies d'investissements des entreprises en équipements dans le premier cas ou en main-d'œuvre dans le second cas. Ces mouvements structurels sont susceptibles d'entraîner des déplacements dans l'allocation des ressources au sein des entreprises et d'influencer en conséquence l'organisation du travail.

4.1. Désarticulation des phases de la circulation du capital et les nouvelles formes d'organisation du travail

Kelly soutient que ce sont les différents degrés de « désarticulation » de chacune des phases du circuit du capital (achat de main-d'œuvre, extraction de la plus-value au cours du procès de travail et réalisation de la plus-value sur le marché) qui rendent compte des stratégies des entreprises et qui expliquent pourquoi certaines d'entre elles délaissent le modèle taylorien pour expérimenter de nouvelles formes d'organisation du travail. Ces stratégies sont variables et se déploient dans des contextes économiques, sociaux et nationaux différents.

La formation d'équipes de travail flexibles en Norvège au début des années 60 n'a pas connu la diffusion attendue malgré l'appui de l'État et des organisations patronales et syndicales. Selon Kelly, l'explication de cet échec relatif réside dans la diversité des objectifs poursuivis et des attentes soulevées. Pour le patronat, il s'agissait d'accroître la productivité du travail dans des industries exportatrices tout en accentuant son contrôle sur le processus de travail afin de réduire l'absentéisme et la rotation du personnel. Les syndicats y voyaient plutôt un élément d'une stratégie plus vaste de démocratie industrielle et de transition vers un socialisme de cogestion. En conséquence, l'implantation d'équipes flexibles reflétait un compromis momentané entre le capital et le travail et poursuivait des objectifs à la fois complémentaires et opposés sans que les acteurs sachent à l'avance laquelle des deux stratégies prévaudrait.

Les changements dans l'organisation du travail introduits au cours des années 60-70 en Grande-Bretagne l'ont été à la suite d'accords de productivité négociés afin de contourner les politiques du gouvernement qui visaient à lier les hausses salariales aux gains de productivité. Dans l'industrie chimique, par exemple, la formation d'équipes d'ouvriers qualifiés et polyvalents permettait de réduire les coûts de la main-d'œuvre et d'améliorer la position concurrentielle des entreprises. En période de récession, elle a permis aux entreprises d'accroître leur contrôle sur l'offre et le processus de travail.

Aux États-Unis, les percées en matière d'enrichissement du travail prennent leur source, selon Kelly, dans le mouvement antisyndical qui se développe à partir des années 70. En misant sur l'amélioration des conditions de travail et en offrant des tâches plus significatives, les entreprises souhaitaient accroître la satisfaction au travail, régulariser les mouvements de la main-d'œuvre et affaiblir les organisations syndicales.

4.2. Nouvelles formes d'organisation du travail et contrôle du travail

Le mouvement pour la restructuration des tâches n'a pas pour Kelly de signification politique précise. Ce mouvement n'est pas, non plus, a priori néo-taylorien et ne vise pas nécessairement le renforcement du pouvoir patronal. La mise en œuvre des nouvelles formes d'organisation du travail et le sens qu'il faut lui accorder dépendent des contextes socio-économiques et des conditions particulières de leur mise en place. Leur signification politique relève donc de l'analyse des rapports de force qui président à leur implantation et de la capacité des acteurs à maintenir une mobilisation à la hauteur de leurs objectifs. Son étude de la participation ouvrière dans l'industrie des produits électriques démontre une augmentation du contrôle ouvrier et patronal sur le procès de travail. Les ouvriers contrôlent davantage le rythme de la production et le déroulement de leur temps de travail. Mais leurs activités, à la suite de l'individualisation des tâches, deviennent plus visibles aux yeux de la direction qui est donc en mesure de mieux en contrôler l'exécution. De plus, la réduction de l'absentéisme et de la rotation du personnel améliore la fluidité de la production. Il s'agit donc ici d'une formule gagnante pour tous mais dont les termes à la base de la comparaison sont trop dissemblables pour être l'objet d'une quelconque mesure.

Bref, les nouvelles formes d'organisation du travail ne présentent pas de signification politique a priori et il ne faut pas limiter leur analyse à la seule variable du contrôle sur le procès de travail comme un certain courant marxiste a tendance à le faire. De même, la recherche sur les nouvelles formes d'organisation du travail a intérêt à ne pas prendre uniquement en considération l'opposition entre le capital et le travail au niveau du procès de travail mais à élargir son champ d'analyse à toutes les phases du mouvement du capital comme Marx lui-même l'a fait dans son étude de la division du travail.

Conclusion

Comme son nom l'indique, le mouvement pour l'amélioration et la réorganisation du travail visait à résoudre un certain nombre de problèmes apparus à la fin des années 60 et au début des années 70 relativement aux mauvaises conditions de travail, particulièrement dans les secteurs industriels. Avec des vitesses de réaction variables, la France ayant été assez lente à réagir, on en vient, à force de contestation ouvrière larvée ou ouverte, à identifier la division du travail comme la source principale de l'insatisfaction. Le mouvement de contestation prenant de l'ampleur et débordant à l'occasion les appareils syndicaux, les gouvernements ont encouragé avec plus ou moins de vigueur ce mouvement de réforme. À cause de l'attitude prudente et craintive des centrales syndicales, c'est souvent avec l'appui d'experts extérieurs à l'entreprise que les nouvelles formes d'organisation du travail ont été implantées.

L'évaluation de ces expériences présente un bilan globalement positif pour les travailleurs même si les limites imposées aux nouvelles formes d'organisation du travail ont empêché un approfondissement des acquis. Les entreprises aussi y ont trouvé leur compte aux plans d'une gestion du travail facilitée, d'une plus grande stabilité de la main-d'œuvre et d'une meilleure régulation des flux productifs.

Or, après une vingtaine d'années d'expérimentation tant en Europe qu'en Amérique du Nord, force est de constater que le mouvement s'est rapidement essoufflé pour presque s'arrêter de lui-même. Quelles sont donc les causes de cette mort prématurée que les résultats positifs des expérimentations n'annonçaient guère ? Avant toute chose, il convient de constater que l'enjeu central des nouvelles formes d'organisation du travail se situe essentiellement au plan de la division horizontale du travail, laissant intact, dans la grande majorité des cas, le partage des fonctions verticales du travail, pourtant les plus riches et les plus susceptibles d'accroître la satisfaction des travailleurs selon les préceptes des théories de la motivation. Même ceux qui abordèrent ces réformes au plan politique ont difficilement réussi à articuler leurs actions locales pour la restructuration des tâches à leur ambition plus large d'une réforme généralisée de l'entreprise.

Piotet, analysant les principales causes de l'échec des nouvelles formes d'organisation du travail, reprend les arguments de Midler qui soutient que les méthodes traditionnelles de gestion s'accommodent mal de ces nouveaux arrangements[1]. Elle rappelle en particulier les réticences des services des méthodes obligés de partager leur expertise ou d'ajuster leurs façons de faire pour prendre en considération des variables qui jusque-là leur étaient étrangères. Aux dires de ces spécialistes, les nouvelles formes d'organisation du travail et en particulier les équipes de travail semi-autonomes constituent « des culs-de-sac de productivité » par le regroupement des opérations et de certaines fonctions qu'elles demandent. Elles rendent impossibles les progrès technologiques qui exigent au contraire la plus grande décomposition du processus de travail afin d'identifier les opérations les plus faciles à automatiser.

Même dans les cas de changements mineurs, comme la rotation des postes, les apprentissages requis de la part des travailleurs représentent un coût qui apparaît aux entreprises supérieur aux bénéfices escomptés. Au niveau de l'entretien ou de la préparation des équipements, il est fréquent de voir les régleurs ou les ajusteurs rechigner à l'idée de partager leur savoir avec des ouvriers qu'ils considèrent comme incompétents. Il est connu par ailleurs que les grands perdants de la restructuration des tâches sont les supérieurs immédiats qui sont souvent orientés vers des postes fonctionnels sans autorité véritable ou à la légitimité douteuse.

Enfin, Piotet reprend une analyse de Sainsaulieu sur les cultures en milieu de travail qui, en soudant les individus les uns aux autres, développent des mentalités particulières, définissent des règles internes de comportements et prévoient

---

[1] F. Piotet, « L'amélioration des conditions de travail entre échec et institutionnalisation », *Revue française de sociologie*, XXIX, 1988, p. 19-33.

des sanctions en cas de dérogation. Or, la restructuration des tâches vient bouleverser ses éléments invisibles du travail en créant des espaces culturels potentiellement anomiques.

Ce tour d'horizon, même partiel, des causes de l'échec des nouvelles formes d'organisation du travail constitue un appel à l'ordre des bonnes intentions en matière de restructuration des tâches. Dans un contexte de contrôle organisationnel, une attitude volontariste ne peut seule venir à bout des contingences qui pèsent sur l'organisation du travail et de l'entreprise.

TROISIÈME PARTIE
L'ORGANISATION DU TRAVAIL

IV
L'automatisation et la qualification du travail

Introduction

La qualification du travail a constitué un des thèmes fondateurs de la sociologie du travail dont l'analyse a animé la discipline tout au long de son évolution. C'est dire la quantité d'écrits, de recherches et de débats qu'elle a suscités. Son importance est considérable puisqu'elle se situe au carrefour de la transformation des processus de production et des formes d'organisation du travail. Elle est donc au coeur de la sociologie du travail et constitue un aspect important de la sociologie de l'entreprise.

La question longtemps débattue a été celle de la tendance à long terme de l'évolution de la qualification du travail associée aux transformations technologiques des processus de production. Des études historiques et sociologiques ont vite fait de montrer la complexité de cette relation. À titre d'exemples, l'analyse du passage de la manufacture à la grande industrie de Marx, les études sur la pénétration du taylorisme au début du XXe siècle et les recherches sur les effets des nouvelles technologies montrent la nature complexe de ce lien. Un rappel de la notion de qualification et de certains de ses aspects s'impose avant de présenter les différentes thèses qui ont polarisé les chercheurs.

Même si elle est concomitante à la fondation de la sociologie du travail, la notion de la qualification est une des plus ambiguës et controversées de la discipline[1]. Elle s'est constamment heurtée à deux difficultés. Premièrement, la qualification est-elle un attribut de l'individu ou une caractéristique du poste de travail ? Deuxièmement, comment saisir les transformations qu'elle a connues et en mesurer objectivement l'évolution ?

Au plan du sujet ou de l'objet porteur de la qualification, deux tendances se cristallisent dès la fondation de la sociologie du travail notamment en France autour de Friedmann et Naville. Naville estime que la qualification est à rattacher aux individus. Ce n'est pas le travail qui est qualifié mais celui qui l'exécute. L'indice de qualification est alors mesurable par le temps de formation qui lui a été consacré et il rend possible le classement des individus sur une échelle de compétences. Mais parce que le temps de formation n'est pas toujours facile à déterminer et qu'il ne comporte pas une unité de mesure stable et comparable dans le temps, Friedmann et Reynaud soutiennent qu'il faut détacher la qualification de l'individu pour l'appréhender à partir du poste de travail. En conséquence, on ne doit pas parler du classement des travailleurs mais de celui des postes. Procéder autrement, c'est quitter l'atelier et l'entreprise pour faire une autre sociologie que celle du travail, pensent-ils.

Afin de mieux s'orienter, il est suggéré ici de centrer l'attention sur deux aspects particuliers de cette problématique. Le premier est la référence au temps. En effet, il importe de situer les recherches présentées dans le cours de l'évolution technique des processus productifs. Les experts différencient deux phases dans la progression de l'automatisation dont la dernière aurait propulsé la société vers une ère post-industrielle. Cette deuxième phase de l'automatisation se

---

[1] M. Stroobants, *Sociologie du travail*, Paris, Nathan, Coll. 128, 1993. Le paragraphe suivant reprend en partie l'argumentation de l'auteur.

caractérise par l'introduction d'un nouveau dispositif de contrôle et de commande assisté par ordinateur qui remplace l'ancien système de régulation automatique (première phase) dont les informations et les commandes étaient disposées sur un « tableau droit » dans une salle de contrôle. Le nouveau dispositif entraîne d'importantes modifications dans les opérations de mesure, de commande, de régulation et de contrôle et nécessite de nouvelles procédures de travail. Celles-ci s'avèrent complexes et variées et mettent en jeu des processus mentaux qui supposent une compétence élargie des opérateurs. Une partie de l'opposition entre les thèses de la déqualification et de la requalification du travail est attribuable à ces modifications technologiques.

Le deuxième aspect important réside dans le partage des tâches qui s'établit entre les différentes catégories d'emplois liées à la fabrication. Plus spécifiquement, on portera attention à la division du travail entre les fonctions de conception et d'exécution ou entre les fonctions de programmation des machines et leur opération. On surveillera également l'attribution des tâches d'entretien et de contrôle des équipements productifs. La question centrale est toujours de savoir à quels groupes de travailleurs, de techniciens, d'ingénieurs ou de cadres profitent les réorganisations du travail. Les rationalisations des processus de production évoluent-elles vers une plus grande division du travail ou tentent-elles d'atténuer les écarts entraînés par l'implantation du taylorisme ? Les réponses apportées à ces questions polarisent les chercheurs autour de quatre grandes thèses dont les trois dernières seront présentées dans ce chapitre.

Les études sur les nouvelles industries de procès en émergence durant les années 50-60 démontrent que le passage de la production en série à la production à flux continu requiert un élargissement des qualifications des opérateurs. Touraine et Mallet en France, Blauner aux États-Unis et Woodward en Angleterre partagent cette vision optimiste de l'effet des nouveaux systèmes de production automatisés sur la qualification du travail.

À la suite de la crise du travail des années 60 et du début des années 70, l'étude marxiste de Braverman ébranle ce consensus. Centrant son attention sur les effets induits par la chaîne de montage dans différents secteurs économiques et sur les conséquences de la division du travail, Braverman conclut à une déqualification du travail tant chez les cols blancs que chez les cols bleus. L'originalité de sa contribution consiste à considérer le facteur technologique en tant que variable intermédiaire dans la chaîne causale de la déqualification du travail. Les rapports sociaux de production au sein des entreprises et la volonté des directions de prendre le contrôle sur l'organisation du travail deviennent alors les facteurs déterminants. Plusieurs autres recherches effectuées en France et aux États-Unis confirmeront ce point de vue.

Les années 80 annoncent un retournement complet de l'analyse. Reprenant une première recherche menée durant les années 70 qui concluait à une déqualification du travail, Kern et Schumann constatent dix ans plus tard un renversement de la tendance observée. Cette relecture de type phénoménologique relance la recherche scientifique dans de nouvelles directions et l'opérateur à la blouse blanche devient le représentant de la « nouvelle classe ouvrière » et le symbole d'une nouvelle industrie en émergence.

D'autres recherches effectuées dans le secteur de la fabrication mécanique constatent que l'introduction des machines-outils à commande numérique (MOCN) permet une diversité des modes d'organisation du travail. La technologie si souvent évoquée pour expliquer l'organisation et la qualification du travail n'exerce plus une influence aussi déterminante. Une recherche inspirée de l'analyse sociétale situe le débat sur la qualification du travail dans un cadre plus large en prenant en compte les rapports sociaux à l'œuvre au sein des entreprises et l'action des institutions sociales qui interviennent dans la formation de la main-d'œuvre. Le rapport salarial ainsi constitué devient alors l'objet premier de l'analyse.

1. Une analyse marxiste : la déqualification du travail

Après une vision quelque peu optimiste des effets des progrès technologiques sur l'organisation du travail, des études menées au cours des années 70 font apparaître des aspects moins positifs. Elles soulignent en particulier la déqualification du travail que les nouvelles technologies engendrent. La thèse des « dégâts du progrès » défendue en France par une importante centrale syndicale[1] trouve une confirmation scientifique dans les travaux de Braverman aux États-Unis[2] et de Freyssenet en France[3]. Ces recherches constatent le processus de déqualification à l'œuvre et concluent au maintien, voire à l'élargissement, de la séparation entre les fonctions manuelle et intellectuelle du travail dans les nouveaux systèmes productifs.

L'étude de Braverman s'appuie sur une recherche antérieure de Bright dont il élargit le champ d'analyse et à laquelle il apporte une interprétation marxiste. Sa présentation des résultats relance le débat sur le pouvoir organisationnel des dirigeants et sur la nature oppressive des systèmes de production dont les mécanismes assurent la subordination des travailleurs. Insérer le facteur technologique au sein des rapports sociaux capitalistes revient à le priver de son halo libérateur pour le plonger au cœur des ambitions humaines et de la quête d'une productivité accrue au prix d'une déshumanisation du travail.

---

[1] CFDT, *Les dégâts du progrès*, Paris, Éditions du Seuil, Coll. Points, 1977.
[2] Harry Braverman, *Travail et capitalisme monopoliste*, op. cit, 1976.
[3] M. Freyssenet, *La division capitaliste du travail*, Paris, Savelli, 1977.

1.1. L'analyse de Bright

En 1958, Bright publie une étude sur l'automatisation et le management dans laquelle il présente une analyse détaillée de treize systèmes de production parmi les plus modernes de l'époque[1]. Pour chacun de ces systèmes, il a identifié les compétences requises de la part des travailleurs et a mesuré les effets du facteur technologique sur le contenu des tâches.

Pour tenir compte de la variété des situations, il a conçu une classification des types de mécanisation en dix-sept niveaux en passant du plus simple au plus complexe. Ces niveaux de mécanisation se différencient par la source d'énergie utilisée, la sorte de réponse qu'ils exigent ou qu'ils émettent eux-mêmes et par le type de contrôle qui régularise ses processus. Le type de contrôle des niveaux inférieurs de mécanisation réside dans la capacité des travailleurs à utiliser correctement les outils et les machines qui leur sont confiés tandis que dans les niveaux supérieurs de mécanisation, le contrôle devient un attribut du système technique de production et se situe hors du champ d'intervention des travailleurs. Le contrôle direct des moyens de production par les travailleurs dans les niveaux inférieurs de mécanisation devient extérieur aux individus dans les niveaux supérieurs de mécanisation. Par ailleurs, la qualification des travailleurs est mesurée en fonction de leur contribution au processus de production. L'effort physique et intellectuel, les compétences utilisées, l'expérience requise, le sens des responsabilités et la capacité de décision sont les principales caractéristiques de cette contribution.

Contrairement aux idées ordinairement admises à l'époque, Bright conclut à une déqualification du travail provoquée par la progression technologique des facteurs de production. Ainsi, pour les niveaux de mécanisation inférieurs à 4, il note une augmentation de la qualification du travail

---

[1] James R. Bright, *Automation and Management*, Boston, Harvard School of Business Administration, 1958.

puisque les ouvriers contrôlent eux-mêmes le processus de production. Pour les niveaux 5 à 8, où le contrôle, quoique d'origine mécanique, dépend toujours de l'ouvrier, Bright enregistre une diminution générale des qualifications malgré le fait que certaines formes de contribution des travailleurs augmentent. La plupart des formes de contribution diminuent également pour les niveaux 9 à 11 de mécanisation où la machine possède ses propres mécanismes automatiques de contrôle. Enfin, dans les six niveaux supérieurs de mécanisation, il observe une diminution importante de la contribution des travailleurs. Son analyse démontre donc que la relation entre la mécanisation et la qualification du travail est décroissante.

1.2. L'interprétation de Braverman : polarisation des emplois et déqualification du travail

Prenant appui sur l'étude de Bright, Braverman en élargit le champ d'investigation pour prendre en compte le secteur des services. Retenons, à titre d'exemple, son analyse des secteurs de la fabrication mécanique, de l'industrie chimique et de celui du personnel d'entretien dans certaines entreprises de pointe.

Il importe de préciser que les données du secteur de la fabrication mécanique analysées par Braverman portent sur la première génération de machines-outils à commande numérique. Celles-ci sont munies d'un dispositif de lecture de bandes perforées qui commande leurs mouvements tout en permettant de réaliser des opérations dans un espace à trois dimensions. L'introduction de cette technologie a pour effet, selon Braverman, de déqualifier l'ancien mécanicien qualifié et de le transformer en un simple opérateur. Son ancienne formation technique et les habiletés de métier développées au fil des ans ne sont plus nécessaires. Par contre, un nouvel acteur apparaît en la personne du programmeur qui traduit en langage numérique les plans de l'ingénieur de production. Il lui appartient de fixer les détails de l'exécution des opérations, de choisir l'angle et la profondeur des coupes à effectuer, de déterminer les instruments les plus appropriés et de fixer les cadences d'exécution. On assiste donc à un glissement de la qualification du travail de l'ancien mécanicien qualifié au programmeur et, par voie de conséquence, à une perte de contrôle du travail par les producteurs directs. Il s'agit en fait d'une démonstration de la thèse de la polarisation de la qualification du travail que Kern et Schumann en Allemagne et Freyssenet en France confirmeront.

Braverman conteste le point de vue de certains observateurs qui soutiennent que les nouveaux systèmes de production à flux continu comme ceux que l'on retrouve dans l'industrie chimique assurent minimalement le maintien de la qualification des travailleurs ou obligent à leur professionnalisation. Au contraire, il affirme que l'automatisation rencontrée dans ce type d'industrie se caractérise par un contrôle de l'organisation du travail par les ingénieurs qui centralisent toutes les connaissances du processus de production. Les travailleurs directs perdent le contrôle de leur travail et leurs anciennes qualifications se déprécient graduellement.

Il constate aussi ce même double mouvement de qualification-déqualification au sein des industries de pointe. D'une part, il note une augmentation des qualifications des équipes responsables de l'entretien des installations et d'autre part, il enregistre une déqualification des opérateurs qui les activent. Cette déqualification est attribuable à la compression des chaînes de montage par l'élimination de certaines machines et par l'introduction de mécanismes automatiques de prévention des problèmes et de contrôle de la production. À la suite de Bright, il conclut à une tendance générale à la déqualification pour cette catégorie de travailleurs en dépit du fait que certains d'entre eux profitent de la modernisation des entreprises.

Mais aux dires de Braverman, ce n'est que par la prise en compte du caractère capitaliste de la production que l'on peut comprendre l'usage qui est fait des nouvelles technologies en milieu de travail. Les facteurs techniques de production prennent tout leur sens et ne deviennent une réalité objective qu'en s'inscrivant au sein de rapports sociaux de production qui encadrent et déterminent leur utilisation. Ils n'ont de finalité que celle que les acteurs leur dictent et d'objectifs que ceux qui leur sont fixés. L'automatisation offre donc à la direction des entreprises la possibilité de réaliser par des moyens mécaniques ce qu'elle tentait d'obtenir auparavant par des voies organisationnelles et disciplinaires (le taylorisme). Le transfert des qualifications et du contrôle du travail au système technique de production et à ses concepteurs accentue la division entre le travail manuel et le travail intellectuel. Ce nouveau partage des fonctions et du contrôle complète la subordination des travailleurs au processus de production qui peut maintenant s'imposer devant eux comme un fait technique neutre et naturel.

1.3. Critique

Gill critique la thèse qui attribue aux dirigeants la volonté de déqualifier le travail pour mieux le contrôler[1]. L'analyse de Braverman repose, selon lui, sur une série de postulats qui ne sont pas toujours démontrés, dont celui du déterminisme technologique qui est fortement contesté aujourd'hui. Deuxièmement, l'étude de Braverman suppose l'application généralisée du taylorisme dans tous les secteurs de l'économie capitaliste[2]. Or, cette généralisation de la One best way n'a jamais été établie scientifiquement. Plusieurs études démontrent que le taylorisme a surtout pénétré les industries faiblement syndiquées et à main-d'oeuvre sous-qualifiée. Il

---

[1] C. Gill, « Nouvelle technologie, déqualification et stratégies de l'entreprise. Le débat en Grande-Bretagne », *Sociologie du travail*, 4-84, p. 558-563.
[2] N'est-ce pas en URSS que le taylorisme a été appliqué avec la plus grande détermination ?

aurait davantage servi, dans ce type d'industrie, à discipliner les travailleurs qu'à les déqualifier. Son usage a été assez limité dans des secteurs, dont le bâtiment, qui opèrent selon un mode artisanal. Sans nier les conséquences du taylorisme sur la planification du travail, la gestion des ateliers et la supervision des tâches, il est parfois difficile de lui imputer, dans tous les cas, une déqualification du travail résultant automatiquement de son application.

À son tour, Adler dénonce le postulat implicite de l'omniscience et de l'omnipotence des dirigeants d'entreprise à la base de la thèse de la déqualification du travail[1]. Malgré sa résonance marxiste, l'approche de Braverman fait étonnamment abstraction de la capacité des ouvriers et de leurs organisations syndicales de contrer ou de limiter le contrôle patronal sur le processus de travail. Enfin, les analyses de la prise de décision dans les entreprises démontrent qu'elle ne repose jamais sur un seul critère mais qu'elle prend en compte un ensemble d'éléments, dont l'état des marchés, le niveau d'avancement des technologies, les contraintes de l'environnement, les objectifs des politiques publiques, et... les qualifications de la main-d'œuvre!

2. La professionnalisation du travail ouvrier : une analyse phénoménologique

2.1. Présentation de la recherche

Dans un ouvrage antérieur à celui présenté ici, Kern et Schumann avaient soutenu, sur la base d'une recherche empirique effectuée entre 1965 et 1967 dans huit secteurs industriels différents, la thèse de la polarisation des emplois[2]. C'est dans un contexte socio-économique renouvelé qu'ils

---

[1] P. S. Adler, « Automation et qualifications. Nouvelles orientations », *Sociologie du travail*, 3-87, p. 289-303.
[2] H. Kern, M, Schumann, *Travail industriel et conscience des travailleurs*, Francfort, 1970.

reprennent vingt ans plus tard leur recherche pour constater les nouvelles tendances de la rationalisation du travail dans les secteurs de l'industrie automobile, de la chimie et de la fabrication mécanique[1]. Ce que les chercheurs appellent la « néo-industrialisation » consiste en l'avènement d'une nouvelle génération de machines qui conduit les directions à revoir les modes d'organisation du travail. En effet, l'automatisation et la compression du personnel ne permettent plus d'atteindre l'optimum économique à coup sûr et la qualification et la maîtrise professionnelle ne constituent plus des obstacles à la production mais représentent au contraire des potentialités productives à maximiser.

La recherche de Kern et Schumann renoue au plan méthodologique avec la grande tradition de la sociologie compréhensive allemande. Leur intention est double. D'abord, échapper aux systématisations trop simplistes qui occultent la dynamique des acteurs et les possibilités d'accommodation au sein des entreprises. Sans remettre en cause l'antagonisme existant entre le capital et le travail et l'empreinte qu'il impose à la rationalisation, les auteurs souhaitent dépasser les transpositions schématiques de ce rapport de force pour saisir les « lignes de différenciation et les possibilités d'arrangements » qui restent possibles. Deuxièmement, ils veulent identifier le fil des motifs d'actions des principaux acteurs de la rationalisation pour en saisir les orientations. Enfin, ils souhaitent entrevoir les voies qu'emprunteront à l'avenir l'évolution technologique et les formes sociales de la modernisation des entreprises. La présentation qui est faite ici de cette recherche se limite à l'exposé des résultats directement liés à l'hypothèse centrale avancée par les auteurs. Sont donc

---

[1] H. Kern, M. Schumann, *La fin de la division du travail ? La rationalisation dans la production industrielle*, Paris, Fondation de la Maison des sciences de l'homme, 1989. Pour une présentation succincte de cette recherche par les auteurs eux-mêmes, lire « Vers une professionnalisation du travail industriel », *Sociologie du travail*, 4-84, p. 398-406.

sacrifiés certains éléments associés à la démarche compréhensive adoptée par les chercheurs.

2.2. L'industrie automobile allemande des années 80

L'organisation de la production automobile en vigueur au moment de l'enquête se divise en six sous-secteurs que complètent les fonctions indirectes de maintenance et de contrôle de la qualité. Ces sous-secteurs sont la fabrication mécanique, le montage des organes, le pressage, la fabrication brute des carrosseries, la peinture et le montage final.

Du côté de la production, les ouvriers spécialisés représentent environ les deux tiers du total des travailleurs et les ouvriers semi-qualifiés et qualifiés forment l'autre tiers. Les premiers exécutent encore au moment de l'enquête des opérations à cycle court, fragmentaires et pauvres en contenu de travail. Les ouvriers semi-qualifiés occupent des postes de préparateurs et de conducteurs de machines dans les secteurs de la fabrication mécanique et du pressage ainsi que des postes de finisseurs et de retoucheurs du secteur du montage final. Les ouvriers professionnels regroupent les mécaniciens et les électriciens affectés aux tâches de maintenance et les fraiseurs, tourneurs, ajusteurs-mécaniciens responsables de l'outillage. Leur qualification les autorise à exécuter des tâches complexes qui sont peu susceptibles d'être standardisées.

L'analyse des niveaux de qualification des postes de travail prévus par la rationalisation confirme la thèse centrale des auteurs qui soutiennent que l'on assiste à une révolution dans l'utilisation de la main-d'oeuvre. Cette rationalisation repose maintenant sur une meilleure utilisation de la capacité de travail des ouvriers et sur une spécialisation accrue du travail indirect. Cette analyse est faite en deux temps. L'attention se porte d'abord sur les postes de production, de maintenance et de contrôle de la qualité qui sont étroitement imbriqués et ensuite sur les secteurs de la fabrication mécanique, du pressage et du montage.

Au niveau de la production, l'analyse s'attarde en premier lieu au secteur de la carrosserie brute. Ici, les tâches sont encore une fois divisées selon les possibilités qu'elles offrent d'être réunies. On applique le principe de l'individualisation des fonctions extrêmes et celui de l'intégration des tâches susceptibles de former un ensemble cohérent. L'automatisation de la première catégorie de tâches simples (mises en place des pièces) présente peu d'avantages économiques par rapport aux coûts de sa modernisation. Elles sont donc laissées aux metteurs en place qui se voient ainsi cantonnés dans des postes dépréciés. Mais un nombre grandissant d'ouvriers de la carrosserie profitent de la restructuration des postes de travail en effectuant une tâche plus riche en contenu et plus intéressante. Les nouvelles technologies mises en œuvre exigent maintenant des travailleurs de la maintenance des compétences accrues en matière de programmation, d'entretien et de réparation des équipements. Le personnel doit maîtriser les commandes électroniques, effectuer la programmation, diagnostiquer rapidement les problèmes et réagir avec célérité. Enfin, les standards en matière de contrôle de la qualité sont plus élevés qu'avant. Aucun défaut de fabrication n'est toléré et la satisfaction du client est un impératif absolu. Les exigences de la tâche s'en trouvent rehaussées d'autant.

Comment la rationalisation influence-t-elle les autres secteurs de la production ? Au niveau de la fabrication mécanique, on assiste à une réduction du travail parcellaire et à un accroissement des tâches de contrôle des appareils. Si en 1960 les auteurs notaient une polarisation du travail dans ce secteur, c'est-à-dire une opposition entre le travail qualifié des contrôleurs des installations automatisées et celui spécialisé des opérateurs de machines partiellement mécanisées, aujourd'hui la tendance est à la disparition du second. Dans le secteur des presses où règne encore une forte proportion de tâches parcellaires, on assiste à quelques efforts d'intégration des opérations qui profitent aux conducteurs de presse et, selon les dires des experts, une tendance éventuelle vers une plus grande flexibilité de la main-d'oeuvre se manifestera. Dans le secteur du montage, l'automatisation est à venir et le travail y est encore répétitif et soumis à des cadences élevées. Mais on constate là aussi des modifications importantes qui visent à améliorer l'intérêt pour ces postes dans l'espoir de stabiliser la main-d'oeuvre. Le tableau 1 schématise ces résultats tout en mentionnant les tendances observées dans cette industrie en matière d'automatisation et de qualification du travail.

Tableau 1
La production automobile : automatisation et qualification

Fonctions et Sous-secteurs	Niveaux d'automation		Tendances relatives à la qualification
	Actuel (1980)	Projeté (1990)	
Maintenance			enrichissement
Production			
Fabrication mécanique	élevé	stable	enrichissement
Presses	moyen	stable	Intégration accrue
Carrosserie brute	élevé	stable	restructuration
Peinture	élevé	en hausse	non-disponible
Montage	faible	en hausse	reste faible
Contrôle de la qualité			exigences accrues

En somme, les chercheurs constatent une professionnalisation du travail dans le secteur de l'automobile. Dans les fonctions indirectes de la maintenance et du contrôle de la qualité, la tendance est à une élévation de la qualification de la main-d'oeuvre. Dans le secteur de la production, on assiste pour la première fois dans l'histoire de cette industrie à une multiplication des projets de restructuration des tâches qui vont dans le sens d'un regroupement de fonctions, d'une professionnalisation du travail et d'une meilleure utilisation des capacités de la main-d'oeuvre. Les auteurs insistent sur le fait que les conditions de la rationalisation offrent la possibilité d'une révision générale des modes de pensée en matière d'organisation du travail et que les processus en cours permettent d'annoncer la professionnalisation du travail de production. Mais les auteurs demeurent prudents et rappellent que plus de cent mille ouvriers de la production restent cantonnés à des postes de travail peu intéressants et qu'en dépit de la forte augmentation du nombre de conducteurs de chaîne, ceux-ci demeureront dans un avenir prévisible une minorité.

2.3. L'industrie de la fabrication de machines-outils

La mission de l'industrie de la fabrication de machines-outils est de fournir aux différents secteurs industriels les machines requises à leur production respective. La caractéristique principale de cette industrie réside dans sa capacité à répondre à un grand nombre d'exigences qui proviennent d'entreprises qui oeuvrent dans des domaines variés. La diversité de cette demande oblige l'industrie à maintenir une forte capacité d'adaptation de ses moyens de production et à assurer à sa main-d'oeuvre l'autonomie nécessaire à la flexibilité de ses opérations. Il s'agit donc d'une industrie à main-d'oeuvre hautement qualifiée au sein de laquelle la part des salaires dans les coûts de production est importante. Au moment de l'enquête, cette industrie présente une productivité assez faible étant encore dépendante du facteur humain protégé par sa qualification.

2.3.1. L'évolution technique du travail d'usinage

Avant les premières phases d'automatisation, la production de machines-outils était assurée par la technique de l'usinage conventionnelle. L'ouvrier professionnel étudiait le dessin de la pièce à confectionner et commandait lui-même, directement, la machine en fonction de ses connaissances, de son expérience et de ses habiletés. La production était unitaire et variable en ce sens que la précision du résultat, la qualité de la pièce comme le temps requis à sa fabrication dépendaient du savoir-faire de l'ouvrier et de ses tours de main.

La machine à commande numérique introduite au début des années 60 traduit en opérations les indications géométriques et techniques qui lui sont fournies sur une bande magnétique ou perforée. Elle présente l'avantage de stabiliser la qualité des pièces produites, d'assurer une fabrication mieux intégrée, de diminuer les rebuts et son temps d'utilisation est amélioré. Grâce à une meilleure organisation du travail et à une production mieux régularisée, cette technologie permet une productivité accrue et des profits à la hausse. Mais les coûts de sa mise en œuvre, les risques de pannes et d'erreurs de programmation qu'elle comporte et la perte de flexibilité organisationnelle qu'elle entraîne rendent son utilisation hasardeuse. De plus, son usage exige un nouveau partage des fonctions de programmation et d'exécution du travail qui est défavorable aux ouvriers[1]. À cause des aléas pressentis et des contraintes qu'elle implique, l'introduction de cette technologie en Allemagne fut si modeste que la proportion d'ouvriers qualifiés dans cette industrie est demeurée stable jusque dans les années 70.

Au milieu de la même décennie, l'avènement d'une nouvelle génération de machines à commande à mémoire (CNC) permet une répartition plus équilibrée des fonctions de programmation entre les ouvriers de la production et les ingénieurs. Cette nouvelle machine est munie d'un microordinateur qui sert de poste de commande et permet

---

[1] Cette polarisation de la qualification du travail diffère peu de celle que constatait Braverman à cette même époque. Il faut donc être prudent quand on tente d'opposer les thèses de la déqualification et de la professionnalisation du travail. Très souvent, elles portent sur des objets différents et réfèrent à des époques qui ne sont pas les mêmes.

d'effectuer les calculs nécessaires à l'exécution des tâches. La confection des programmes et leur stockage, les modifications subséquentes, les tests d'opération peuvent donc être réalisés sur place. Parce que son utilisation ne requiert plus une division des fonctions de programmation et d'exécution, son introduction s'en trouve facilitée d'autant.

En fait, la machine à commande à mémoire permet d'exécuter un plus grand nombre d'opérations sur une même pièce, réduit les problèmes de stockage et de transport des pièces, facilite le réglage des machines et assure une plus grande fiabilité technique. Les temps d'usinage des pièces sont abrégés tandis que sont réduits les taux de rebuts et de retouches. Surtout, pour la première fois dans son histoire, l'industrie de la fabrication de machines-outils accède à une nouvelle technologie qui lui permet de surmonter sa traditionnelle contradiction entre une automatisation de plus en plus recherchée et une nécessaire flexibilité de production répondant aux exigences du marché.

2.3.2. Les modes d'organisation du travail et leurs tendances prévisibles

Trois modes d'allocation de la fonction programmation peuvent être envisagés : elle peut être confiée aux spécialistes, aux ouvriers ou être partagée. Les auteurs avouent qu'au moment de leur enquête, il était impossible d'obtenir des données complètes sur les modalités de sa répartition dans l'ensemble de l'industrie. Ils citent tout de même deux recherches qui indiquent que la fonction programmation est principalement réservée aux spécialistes. Leur propre recherche auprès de deux entreprises révèle toutefois que l'introduction de la machine à commande CNC a provoqué une hausse de la proportion des ouvriers qualifiés grâce à une politique de gestion favorisant leur professionnalisation. Des choix sont donc possibles.

Sur la base de ces observations, les auteurs concluent que l'industrie se trouve à la croisée des chemins. Son dilemme qui oscille entre la préservation de sa flexibilité de fonctionnement et la recherche d'optimisation de ses équipements n'est pas encore résolu. Mais pour la première fois de son histoire, le potentiel de développement est là. En fait, deux thèses s'opposent. La première, que les auteurs qualifient de « technocratique bornée », préconise l'automatisation tous azimuts des opérations d'usinage et la création de systèmes flexibles de fabrication dans une « usine sans homme ». La seconde thèse, que les auteurs soutiennent et qu'ils qualifient « d'empirique et non idéologique », privilégie le facteur humain et favorise le développement des compétences de la main-d'oeuvre. Elle va dans le sens de l'enrichissement du travail et préconise le transfert aux ouvriers de certaines fonctions de la programmation et la responsabilité d'effectuer les tests d'usinage et d'optimisation des programmes.

Contrairement au secteur de l'automobile pour lequel les auteurs concluaient à une requalification des ouvriers de la fabrication, le secteur de la fabrication de machines-outils n'a qu'à préserver la qualification de sa main-d'oeuvre et soutenir son professionnalisme. Par contre, ils prévoient une baisse de 25 % à 30 % du nombre de ses ouvriers.

2.4. L'industrie chimique

L'industrie chimique allemande avait déjà connu de profondes transformations depuis la Première Guerre mondiale grâce à l'utilisation d'une technologie partiellement automatisée. L'industrie fournissait des produits de masse grâce à un processus de transformation chimique et de traitement physique qui se prêtaient bien à des opérations mécanisées et automatisées. Les techniques de mesure et de régulation des flux opératoires stabilisèrent l'industrie jusqu'au milieu des années 60. De fait, tous les paramètres de la fabrication sont mesurés et ajustés automatiquement par des régulateurs pneumatiques. Les étapes de la production chimique sont donc assurées par un système partiellement automatisé. Si le système est dit partiellement automatisé, c'est parce que certaines tâches ou fonctions, en plus de celles requises par la recherche et la programmation, sont encore assurées par le « travail vivant ». Parmi celles-ci, notons la surveillance des fonctions non contrôlées automatiquement et les dispositifs de contrôle eux-mêmes, la surveillance du produit, l'inspection et la réparation des installations, la nécessité de pallier aux irrégularités, etc. Le modèle d'organisation du travail en vigueur jusqu'aux années 70 repose sur une répartition des compétences entre les fonctions de la production et de l'entretien alors que la fonction programmation relève du chef de la fabrication.

Les chercheurs ont observé quelques tentatives de réorganisation allant dans le sens d'une plus grande intégration des tâches, tant au niveau de la maintenance en rapprochant l'entretien technique des opérations de mesure et de régulation, qu'au niveau de la fabrication en jetant des ponts entre les conducteurs d'installation et les contrôleurs sur le terrain. Ces réorganisations semblent conformes à la politique de l'industrie qui vise à réduire les coûts salariaux tout en misant sur une requalification de sa main-d'oeuvre. Mais ces réarrangements organisationnels dispersés ne modifient pas en profondeur l'organisation du travail, d'autant plus qu'ils reposent toujours sur une technologie relativement inchangée.

Pour l'avenir, les auteurs croient que « l'électronisation » plus poussée de certaines opérations de mesure, de régulation et d'intervention n'influencera pas substantiellement les travailleurs de l'industrie. Pour les mécaniciens de la maintenance, cette nouvelle technologie représenterait un nouveau défi à relever qui semble être dans l'ordre des adaptations habituelles pour ce corps d'emplois. Les mécaniciens de mesure et de régulation, dont les qualifications sont plus poussées, la souhaitent car ils y voient l'occasion de démontrer leur compétence et d'affirmer davantage leur autorité professionnelle. Par contre, les électriciens qui refuseraient de s'initier à l'électronique pourraient faire partie des perdants de la modernisation de l'industrie. Du côté des conducteurs d'installation, l'augmentation des exigences professionnelles ne semble pas incompatible avec leur capacité d'adaptation s'ils reçoivent l'appui nécessaire à l'amélioration de leur qualification. Bref, un mélange d'enthousiasme, de consentement tacite et de réserve des différents groupes professionnels de la chimie autorise les chercheurs à affirmer qu'une automatisation plus poussée ne suscitera pas une levée de boucliers.

2.5. Bilan et commentaire

Pour les auteurs, l'impulsion donnée aux mouvements de la restructuration du travail dans les trois secteurs industriels étudiés permet, pour la première fois dans l'ère industrielle, l'émergence de nouveaux modèles d'organisation. Le travail vivant n'est plus perçu comme une entrave à la rationalisation de la production mais représente un gage de réussite pour les entreprises en mesure d'effectuer les investissements humains et technologiques nécessaires. Une nouvelle organisation du travail se met donc en place progressivement qui oblige au renouvellement des politiques en matière de formation et de gestion du personnel.

Les effets de ces nouveaux modèles productifs sur la structure de la main-d'oeuvre et la segmentation des marchés du travail amènent les chercheurs à identifier quatre groupes de travailleurs en fonction des avantages qu'ils retirent ou des inconvénients qu'ils subissent de ces transformations. Le groupe des gagnants de la rationalisation est constitué des ouvriers professionnels de la fabrication et des spécialistes de l'entretien qui sont en mesure de négocier et de consolider leur pouvoir au sein de l'entreprise. Le deuxième groupe de travailleurs subit, plus qu'il n'assume, la rationalisation, et la précarité de sa situation l'incite à une attitude défensive. Mais, ses résistances s'estompent en l'absence de solutions de rechange. Le troisième groupe œuvre dans les secteurs en crise. Les difficultés économiques de ces secteurs et la faible qualification de ces ouvriers les empêchent d'exercer une influence réelle sur les décisions des entreprises concernées. Enfin, les perdants de la rationalisation sont ceux qui craignent de perdre leur emploi et d'être réduits au chômage.

Les auteurs affirment donc que les résultats de cette deuxième recherche n'infirment pas les conclusions auxquelles leur première enquête les avait conduits. Il ne s'agit pas, pour eux, d'une révision de la thèse de la polarisation des emplois qu'ils défendaient au début des années 70 mais d'une réactualisation de celle-ci en soulignant que la segmentation des emplois à laquelle on assiste depuis les années 80 est une variante de la polarisation antérieure. Cette situation est tributaire de l'évolution du travail et des technologies productives dans un contexte capitaliste. C'est pourquoi ils préconisent une politique plus ouverte de modernisation des entreprises fondée sur une qualification accrue de la main-d'oeuvre, une répartition plus équitable du temps de travail et une distribution plus équilibrée des contraintes imposées par l'adaptation aux changements techniques et organisationnels.

Bernoux rappelle que, sans tomber dans les pièges du déterminisme technologique, les auteurs semblent privilégier le facteur technique comme moteur du développement industriel et du progrès social[1]. Non qu'ils ignorent les forces sociales en présence qu'ils évoquent régulièrement d'ailleurs, mais l'impression du « déjà joué » se dégage de cette étude. Pourtant, la méthode d'analyse retenue suggère de cerner de plus près les enjeux en cause et la dynamique des acteurs en présence. Quoi qu'il en soit, cette recherche a reformulé en des termes nouveaux le débat sur la qualification du travail.

---

[1] P. Bernoux, « La fin de la division du travail ? », *Sociologie du travail*, 3-88, p. 479-488.

3. L'analyse sociétale de l'introduction de machines-outils à commande numérique

Un groupe de chercheurs du Laboratoire d'économie et de sociologie du travail a effectué une recherche auprès d'une dizaine d'entreprises françaises du secteur de la fabrication mécanique au moment où elles procédaient à l'installation de nouvelles machines-outils à commande numérique (MOCN)[1]. Leur recherche qui se fonde sur l'analyse sociétale ambitionne d'expliquer le maintien des anciennes structures organisationnelles et la centralisation de la fonction programmation au sein des entreprises françaises en dépit des possibilités organisationnelles que ces nouvelles technologies permettent. C'est par l'analyse du rapport industriel en relation avec les systèmes éducatif et organisationnel qu'il y parvient.

L'introduction et l'utilisation des MOCN nécessitent une adaptation de la part des entreprises et un effort d'apprentissage par les employés au cours desquels les choix effectués entraînent une diversité des modèles organisationnels. Cette diversité organisationnelle se manifeste aux plans de la classification des compétences, de l'étendue des tâches confiées aux opérateurs, de l'attribution de la fonction programmation et de l'importance de la structure hiérarchique. Les deux premières variables servent d'indicateurs de la qualification tandis que les deux dernières mesurent l'état de l'organisation du travail.

L'analyse des structures de classification révèle l'existence de trois types d'entreprise au sein desquelles la division du travail laisse une autonomie plus ou moins grande aux opérateurs. L'introduction de MOCN ne semble pas influencer de façon importante cette répartition. Règle

---

[1] F. Eyraud, M. Maurice, A. d'Iribarne et F. Rychener, « Développement des qualifications et apprentissage par l'entreprise des nouvelles technologies : Le cas des MOCN dans l'industrie mécanique », *Sociologie du travail*, 4-84, p. 482-499.

générale, une hausse des classifications est enregistrée qui s'accompagne d'une forte réduction des ouvriers spécialisés. Les auteurs affirment qu'il y a une certaine reproduction des anciennes structures de classification et qu'à technologie comparable différentes formes de division du travail sont observées.

L'enquête révèle des résultats similaires en ce qui a trait à l'étendue des tâches effectuées par les opérateurs sur MOCN. Ces tâches recouvrent les différentes modalités de fonctionnement et de commande des MOCN. Elles englobent la programmation, les tests à effectuer lors de la mise en opération des programmes, leur correction éventuelle, les opérations de réglage et enfin la conduite de la machine. Il appert que les entreprises adaptent leur nouvelle répartition des tâches sur leur ancienne structure d'allocation. Il ne s'agirait pas d'une simple reproduction d'habitudes de gestion puisque différents choix s'offrent aux entreprises et qu'elles sont proactives. Il s'agit plutôt d'une dynamique particulière qui obéit à certains rapports sociaux.

Les relations hiérarchiques et professionnelles que les opérateurs entretiennent avec les programmeurs et l'encadrement, et l'attribution de la fonction programmation permettent de pondérer la division du travail. Dans 7 cas sur 10, la fonction programmation relève du service des méthodes et les programmeurs exercent en plus une responsabilité d'encadrement sur les ouvriers conformément à l'ancienne division taylorienne du travail. Le passage des anciennes technologies aux nouvelles MOCN a aussi renforcé l'encadrement des régleurs et des chefs d'atelier malgré une diversité de situation. On assiste donc à une certaine reproduction des modes de fonctionnement des entreprises qui contraste avec la situation de leurs homologues allemands et japonais où on observe une plus forte tendance à la requalification des ouvriers et à une organisation du travail plus flexible.

Ces observations amènent les chercheurs à formuler l'hypothèse d'un plus fort contrôle de l'encadrement technique dans l'entreprise française qui ne peut être attribuable au type de technologie puisqu'une variété de situations est relevée. Contrairement à la diversité des situations enregistrées relativement aux structures des classifications ouvrières, la régularité observée dans les tâches d'encadrement des programmeurs, des régleurs et des chefs d'atelier révèle un trait singulier de l'entreprise française. Ici, la gestion du travail l'emporte en pouvoir d'influence sur le facteur technique. Ainsi, devant les possibilités qu'offre l'utilisation de la MOCN, les entreprises françaises ont tendance à reproduire, sinon à renforcer, leur modèle traditionnel d'encadrement. Cela est par ailleurs en situation d'interdépendance avec les caractéristiques du système éducatif et du modèle de relations professionnelles en vigueur en France. Ainsi est établie une certaine cohérence sociétale qui explique les formes particulières que prend l'organisation du travail. Ces formes sont tributaires de la spécificité du rapport salarial français.

Conclusion

La qualification du travail est un thème dominant de la sociologie du travail et de l'entreprise et se situe au coeur des transformations des systèmes productifs et de l'évolution des formes d'organisation du travail. Les vagues d'automatisation à partir des années 60 et leurs effets sur les modes d'organisation du travail et la qualification des emplois ont fait l'objet de multiples recherches dont les orientations se polarisent autour de trois grandes thèses. Toutes prennent acte des transformations en cours. Si la première insiste sur la déqualification du travail que l'introduction des premiers systèmes automatisés entraîne, la seconde l'infirme en constatant une certaine professionnalisation des emplois que la deuxième vague d'automatisation a induite. Enfin, des études sur l'introduction de MOCN dans l'industrie mécanique confirment la thèse de la diversité des formes d'organisation du travail qu'elle rend possible. C'est en considérant l'ensemble des systèmes organisationnel, éducatif et industriel que l'analyse sociétale est en mesure d'expliquer, qu'en France plus qu'ailleurs, l'implantation des nouvelles MOCN s'accompagne d'un maintien, voire du renforcement, des anciennes structures organisationnelles.

TROISIÈME PARTIE :
L'ORGANISATION DU TRAVAIL

V
L'après taylorisme ou la diversité des modèles productifs

Introduction

Les analyses de la division et de la qualification du travail discutées aux chapitres précédents posent implicitement la question du dépassement du taylorisme comme modèle dominant de l'organisation du travail. La production de masse pratiquée par les entreprises depuis l'après-guerre est-elle un modèle dépassé ayant atteint son apogée à l'abri des « Trente Glorieuses » ? Les Japonais ont-ils inventé une autre façon de produire et de gérer les entreprises qui serait la nouvelle « one best way » de cette fin de siècle ? La lean production va-t-elle transformer le monde de l'industrie comme certains spécialistes le soutiennent[1] ?

Les restructurations organisationnelles auxquelles les entreprises se livrent au cours des années 80 entraînent un vif débat sur le sens et la portée à leur accorder qui polarise la communauté scientifique en deux camps opposés : les défenseurs d'un post-taylorisme et ceux qui décèlent derrière les discours participatifs et les efforts de modernisation des

---

[1] J. P. Womack, D. T. Jones, D. Roos, *The Machine that Changed the Wold*, New York, Macmillan, 1990. Traduit en français sous le titre, *Le système qui va changer le monde*, Paris, Dunod, 1992.

entreprises françaises les relents d'un taylorisme remis à la mode du jour.

Les premiers voient dans les changements en cours une véritable révolution qui appelle à la formation de nouvelles communautés de travail[1]. L'entreprise est pour eux le point d'ancrage de nouvelles « professionnalités » qui se développent sur la base de la requalification du travail et de l'appropriation des fonctions de conception et de contrôle des tâches. Lieu d'échanges professionnels et de concertation entre les divers paliers hiérarchiques et fonctionnels, l'entreprise est perçue comme une nouvelle entité sociale, plus ouverte et transparente, dont les canaux de communication offrent aux acteurs sociaux les voies propices au déploiement de leur potentialité professionnelle. En somme, on serait passé de l'entreprise comme lieu d'intérêts divergents et d'affrontements multiples telle qu'elle se présentait durant les années 60-70 à une entreprise qui projette aujourd'hui l'image rassurante d'un lieu de travail convivial au sein duquel la collaboration nécessaire entre les acteurs est assurée par la fluidité des échanges.

À l'opposé, les sceptiques s'imposent un devoir de prudence et attendent la fin des rationalisations en cours pour y voir plus clair[2]. Ils critiquent au passage les déqualifications que ces dernières entraînent souvent et dénoncent l'introduction trop rapide de nouvelles technologies, qui mal contrôlées, rejettent sur les voies du chômage les exclus de la modernisation. Derrière les discours participatifs, ils constatent souvent une concentration accrue des pouvoirs et un appauvrissement des cultures de travail faites de savoir-faire et de savoir-être qui échappaient, il y a peu encore, aux normes du management et aux procédures rigides. On dénonce la

---

[1] D. Segrestien, *Sociologie de l'entreprise*, Paris, Armand Colin, 1992.
[2] D. Linhart, R. Linhart, « L'évolution de l'organisation du travail », dans J. Kergoat, J. Boutet, H. Jacot, D. Linhart, *Le monde du travail*, Paris, La Découverte, Textes à l'appui, 1998.

normalisation des différences sous le couvert de la lutte aux intérêts divergents, la codification des comportements sous l'emprise d'une culture d'entreprise dite partagée et le nivellement des qualifications sous la contrainte des nouvelles technologies. Les plus pessimistes craignent que les stratégies d'externalisation entraînent une polarisation des emplois et une dualisation des sociétés.

Il faut donc attendre la deuxième moitié des années 90 pour que les recherches définissent plus clairement l'ampleur des transformations et établissent leur portée véritable[1]. Aujourd'hui, la communauté scientifique semble se rallier autour de l'idée d'une diversité des modèles productifs. Plusieurs analyses démontrent, en effet, la capacité d'adaptation des entreprises et soulignent la relative plasticité des modèles organisationnels soumis aux contraintes des marchés et aux impératifs financiers des actionnaires. La thèse d'une convergence des changements organisationnels vers un seul modèle productif performant, sorte de nouveau « one best way » des temps contemporains, est donc rejetée par la majorité des observateurs.

Ce chapitre présente quelques recherches qui mesurent l'ampleur des changements organisationnels survenus. Une étude des trajectoires de deux grands producteurs automobiles, menée dans une perspective régulationniste, souligne les transformations des modèles fordiste et toyotiste impulsées par les stratégies de profit des producteurs et déterminées par les contextes nationaux et internationaux dans lesquels ils opèrent. En France, des chercheurs regroupés autour de Sainsaulieu démontrent qu'en partant du modèle tayloriste, les entreprises françaises s'orientent vers une diversité de modèles

---

[1] Pour une présentation de ces débats et de leurs enjeux théoriques et méthodologiques, on lira avec intérêt P. Ughetto, « Tendances contradictoires de l'évolution du travail et renouvellement des analyses : une interprétation à partir des représentations de l'acteur patronal », *Revue de l'IRES*, No 37, 2001.

organisationnels. Cette pluralité se manifeste même au niveau des unités organisationnelles des entreprises aux prises avec des marchés variés et fortement concurrentiels. Plus récemment, une analyse statistique effectuée en 2000 à partir des données de la troisième enquête européenne sur les conditions de travail arrive à un constat similaire. En effet, Lorenz et Valeyre rejettent la thèse de la convergence vers un nouveau modèle organisationnel dominant (la lean production) au sein des quinze pays membres de l'Union européenne et dégagent de l'analyse des données recueillies quatre modèles organisationnels différents.

1. L'évolution des modèles productifs chez Ford et Toyota : une analyse régulationniste

Le GERPISA (Groupe d'études et de recherches permanent sur l'industrie et les salariés de l'automobile) a mené entre 1993 et 1996 une série d'études sur les trajectoires suivies par les principaux producteurs automobiles[1]. L'étude de ces grandes entreprises met en lumière les stratégies de profit qu'elles ont déployées à partir des années 50 et les efforts qu'elles ont consentis afin d'articuler de manière cohérente les différentes composantes des modèles productifs dont elles sont volontairement ou non porteuses. Ce groupe de chercheurs soutient qu'il n'y a pas convergence vers un modèle productif unique. Pour illustrer leur thèse, un bref rappel historique des trajectoires empruntées par quelques grands producteurs automobiles est présenté suivi d'une description plus détaillée des parcours de deux producteurs emblématiques. On retiendra le fait que ces grands modèles industriels révèlent une relative plasticité et une capacité d'adaptation en fonction des stratégies

---

[1] J.-P. Durand, P. Steward, J. J. Castillo (dir.), *L'avenir du travail à la chaîne. Une comparaison internationale dans l'industrie automobile*, Paris, La Découverte, Coll. Recherches, 1998. M. Freyssenet, A. Mair, K. Shimizu, G. Volpato, *Quel modèle productif ? Trajectoires et modèles industriels des constructeurs automobiles mondiaux*, op. cit, 2000.

de croissance des firmes concernées et des contextes nationaux et internationaux dans lesquels elles se développent.

1.1. Bref historique

La période de 1965 à 1973 (année du premier choc pétrolier) se caractérise par l'adoption du modèle sloanien par une série de producteurs. Fiat, Renault et Peugeot en France, Nissan au Japon, Ford et Chrysler aux États-Unis recourent à une stratégie de profit axée sur le volume de la production et la diversité des produits en fonction de marchés fragmentés. Cette stratégie s'explique en partie par une économie de croissance et par une politique de redistribution des revenus en fonction des gains de productivité des entreprises. Freyssenet appelle autocentré ce mode national de croissance.

Durant cette période, Toyota et Honda font bande à part et élaborent de nouveaux modèles industriels. Toyota développe une stratégie de profit axée sur la réduction des coûts à volume constant tandis que Honda mise sur la flexibilité productive et sur le caractère novateur de ses produits. Toyota et Honda opèrent dans un pays où la distribution du revenu national repose sur les avantages d'une exportation performante. Autrement dit, dans ce mode national de croissance, la progression des salaires est tributaire de la compétitivité des entreprises à l'exportation. Cette contrainte externe influe sur la politique salariale des entreprises qui doivent trouver un compromis approprié avec leurs employés. Elles traverseront avec le moins de difficulté la période trouble des années 1974-1985 et généreront les nouveaux modèles productifs de référence tandis que les entreprises ayant adopté le mode de croissance autocentré connaîtront toutes de graves problèmes.

L'apparente convergence vers la production au plus juste de la période 1985-1992 se caractérise en fait par une diversité des stratégies de profit. La stratégie axée sur le volume et la diversité des produits sont privilégiées par GM, Nissan et Fiat tandis que Chrysler semble adopter une stratégie axée sur l'innovation du produit et la flexibilité productive. Renault s'oriente davantage vers une politique de la qualité alors que Peugeot emprunte, tout en l'adaptant à sa façon, la voie japonaise de la réduction des coûts à volume constant. Contrairement à l'image souvent entretenue, c'est durant cette période que le modèle toyotiste atteint ses limites et que Toyota modifie son système productif en introduisant des stocks tampons le long de sa chaîne de montage. De son côté, Ford adopte des éléments du toyotisme.

Ce bref rappel historique souligne la plasticité des modèles industriels qui refusent de se figer dans un moule pour obéir, au contraire, à un ensemble de contraintes et épouser les formes que les stratégies de profit des entreprises leur imposent. L'étude plus détaillée de la trajectoire des deux grands producteurs emblématiques est éclairante à cet égard.

1.2. Les trajectoires de deux producteurs emblématiques

1.2.1. Ford ajuste son modèle

Deuxième plus grand producteur automobile au monde, Ford a été l'initiateur de la production de masse et le propagandiste d'un modèle industriel qui a finalement porté son nom. Pourtant, la conjoncture des années 80 et 90 l'oblige à réajuster son modèle productif et à se rapprocher de la lean production[1].

---

[1] Cette section réfère à l'étude de G. Bordenave, « La globalisation au coeur du changement organisationnel : crise et redressement de Ford Motor Compagny », dans Freyssenet, et coll. *Quel modèle productif ? Trajectoires et modèles industriels des constructeurs automobiles mondiaux*, op. cit, 2000.

Déjà, les chocs pétroliers de 1973 et de 1979, les mesures gouvernementales en matière de protection de l'environnement et de la sécurité routière, la montée des exportations japonaises aux États-Unis et la crise du travail qui sévit en Occident avaient obligé, dès les années 70, les producteurs automobiles à revoir de façon substantielle leur mode de fonctionnement. Cela s'est fait, dans le cas de Ford, par la recherche de nouvelles formes organisationnelles plus performantes et par l'élaboration de procédures plus efficaces de coopération productive entre ses unités organisationnelles. Afin de susciter un esprit d'émulation entre ces dernières et une plus forte concurrence entre ses fournisseurs, Ford recourt à des méthodes comparatives de performance. Ces méthodes maintiennent une pression constante et constituent un aiguillon au dépassement que complète la menace toujours présente de délocalisation, surtout à partir de la signature de l'ALENA et de l'ouverture des frontières à l'échelle mondiale.

Pour atteindre ses objectifs de réduction des coûts de production et d'amélioration de la qualité de ses produits, Ford automatise certains segments de sa production, dont celui de la tôlerie. Il procède également à un enrichissement de certaines tâches en confiant aux opérateurs des responsabilités accrues notamment en matière de maintenance et de contrôle de la qualité. De plus, l'introduction des méthodes japonaises de livraison des stocks en flux tendus a pour effet de réduire substantiellement les coûts de production. Dans les années 80, Ford est le producteur occidental le plus proche de la lean production qui est à la base du modèle toyotiste.

Le contrôle de la qualité est aussi imposé aux fournisseurs par le lancement d'un nouveau label appelé « Quality first » que complétera dans les années 80 la nouvelle distinction « Total Quality Excellence ». En contrepartie du respect de ces distinctions, les fournisseurs sont invités à fabriquer des sous-systèmes complets en échange de contrats stabilisés. Cette nouvelle orientation axée sur le partenariat et la coopération rejoint celle de Toyota et vise à hiérarchiser les fournisseurs en fonction de la qualité de leurs produits et de leur capacité à s'adapter aux changements technologiques. Cela a permis de réduire sensiblement le nombre de fournisseurs et la complexité de l'assemblage puisque la coopération entre la firme et ses fournisseurs s'établit dès la conception des composantes. Ford s'oriente progressivement vers la formation d'un réseau élargi d'entreprises équipementières qui lui assurent l'accès à des compétences différenciées et de plus en plus spécialisées.

Parallèlement à ces modifications techniques et organisationnelles, Ford se laisse tenter par la gestion participative qui vise à réduire le cloisonnement des fonctions administratives et la rigidité de la ligne hiérarchique. Au plan de la gestion des ateliers, elle favorise la formation de « cercles de qualité ». D'application assez inégale à travers les différentes unités de la firme et traitant d'aspects relativement mineurs, ces cercles de qualité marquent pourtant un tournant décisif dans la gestion du personnel chez Ford. Plus tard, la direction poussera plus loin sa volonté de réforme en proposant la formation d'équipes de travail, ce qui favorisera la rotation et la polyvalence des employés[1].

Il ne faut pas conclure que Ford a abandonné entièrement le modèle productif auquel son nom est si puissamment associé au profit du toyotisme. Ford n'a pas importé globalement un modèle étranger à sa culture mais a

---

[1] S. Babson et J.-P. Durand, « Ford-Dearborn : une usine restée fordienne », dans J.-P. Durand et coll, *L'avenir du travail à la chaîne. Une comparaison internationale dans l'industrie automobile*, op. cit, 1998. Les auteurs décrivent les tensions suscitées par l'application de ces nouveaux principes de gestion du travail dans une des plus anciennes usines de Ford menacée de fermeture. Opposition syndicale, craintes des différentes catégories de personnel et résistance des cadres de premier niveau, auront nécessité plusieurs années de négociation avant l'implantation très partielle d'un plan de réorganisation du travail axé sur la formation d'équipes responsables.

sélectionné et adapté à sa réalité organisationnelle et au contexte socio-économique dans lequel il opère des éléments du modèle toyotiste. Sa volonté maintes fois exprimée de construire une voiture mondiale, la standardisation de ses produits, la division et la gestion du travail, sa coordination hiérarchique et le poids des procédures demeurent encore largement fordistes. Ford présente donc un modèle industriel hybride, une sorte de néo-fordisme.

1.2.2. Un nouveau toyotisme chez Toyota

Au moment même où Toyota est perçu en Occident comme l'initiateur du modèle industriel du XXIe siècle, le producteur japonais est aux prises avec une série de difficultés qui l'obligent à modifier son système de production. C'est la thèse que Shimizu défend[1].

En fait, la crise du travail qui sévit au Japon à la fin des années 80 incite Toyota à revoir son modèle productif. La pénurie de main-d'oeuvre dans le secteur automobile, le désistement des jeunes à l'égard d'un travail jugé trop difficile et la rotation du personnel forcent Toyota à reconsidérer son mode de gestion des relations de travail et à réorienter son système de production vers une plus grande humanisation du travail[2]. De fait, il procède à un assouplissement de sa gestion de l'efficience productive et pondère différemment les composantes de la rémunération des salariés tout en améliorant leur formation.

---

[1] K. Shimizu, « Un nouveau toyotisme ? », dans M. Freyssenet, A. Mair, K. Shimizu, G. Volpato, *Quel modèle productif ? Trajectoires et modèles industriels des constructeurs automobiles mondiaux*, op. cit, 2000. Voir aussi H. Nohara, « Toyota réforme le toyotisme », dans J.-P. Durand, P. Steward, J. J. Castillo, *L'avenir du travail à la chaîne. Une comparaison internationale dans l'industrie automobile*, op. cit, 1998.
[2] Comme Volvo l'a fait pour les mêmes raisons quelques années plus tôt en ouvrant son usine à Uddevalla.

Toyota renonce au début des années 90 à sa gestion unilatérale des prix de revient pour accorder plus d'autonomie aux ateliers et favoriser davantage la formation d'équipes de travail. Dans certaines de ses nouvelles usines, il fractionne sa chaîne de montage en segments séparés par des stocks-tampons. Ces segments assurent la production de sous-ensembles ou de fonctions du véhicule et sont produits par des équipes de travail plus autonomes qui assument de plus larges responsabilités.

Un des objectifs de Toyota est de permettre au travail de prendre un sens pour les ouvriers qui l'exécutent. Il croit y arriver en leur offrant une meilleure formation dont une partie essentielle s'acquiert sur le tas, par la pratique de la rotation des postes de travail. Cette pratique s'est ensuite répandue à l'ensemble des ouvriers, ce qui améliore leur polyvalence.

Pour humaniser davantage le travail, Toyota revoit son système de salaire pour prendre en considération les facteurs d'âge, de sexe et de capacité productive dans la détermination des temps de travail standards et pondère différemment la portion de la rémunération liée à la production. Enfin, les tâches les plus pénibles sont éliminées par un effort accru d'automatisation.

Sans renier les principes fondamentaux de son modèle originel, dont le juste à temps et l'autonomisation de la production, Toyota se dirige progressivement vers un nouveau toyotisme caractérisé par un assouplissement de la gestion des prix de revient et par la constitution de nouvelles lignes de montage permettant un travail plus autonome et diversifié. Le nouveau modèle préconise la formation d'équipes plus polyvalentes et l'établissement de relations de travail plus consensuelles. Il propose également une humanisation du travail et en fait même un objectif explicite de l'amélioration continue de son système de production.

1.3. Conclusion

L'étude des trajectoires suivies par les producteurs automobiles illustre leur capacité d'adaptation aux variations conjoncturelles. Elle démontre également que les modèles productifs présentent une certaine plasticité que les entreprises, par leurs stratégies de croissance, utilisent afin d'exploiter au mieux les occasions que les marchés présentent et les potentialités que les contextes sociaux et économiques leur offrent. Cette plasticité des modèles productifs confirme la thèse de la variabilité des modèles défendue par le GERPISA. La convergence vers un modèle unique n'est pas confirmée.

2. Les cinq modes organisationnels de l'entreprise française

Recourant à une approche très différente, un groupe de chercheurs français a tenté de faire le point sur l'évolution récente des formes d'organisation du travail au sein de l'entreprise française[1]. S'inspirant de la théorie de la contingence structurelle et des travaux de Mintzberg sur la dynamique des structures organisationnelles, cette équipe souhaite en vérifier la pertinence quinze ans plus tard[2]. Aux facteurs de contingence externes déjà connus[3], l'équipe de recherche ajoute la prise en compte des identités collectives et des cultures d'entreprise comme facteurs de cohésion ou de rupture. Son approche emprunte à l'analyse stratégique qui souligne l'importance du rôle des acteurs et de leurs stratégies afin de préserver leurs acquis ou d'accroître leurs zones de contrôle.

Cette recherche soutient qu'en partant du modèle taylorien d'organisation du travail, les entreprises ont adopté

---
[1] I. Francfort, F. Osty, R. Sainsaulieu, M. Uhalde, *Les mondes sociaux de l'entreprise, op. cit*, 1995.
[2] H. Mintzberg, *Structures et dyamique des organisations*, op. cit, 1982.
[3] Voir les chapitres 2, 3 et 4 de la deuxième partie de cet ouvrage.

une diversité de modèles organisationnels. Cette variété s'observe au sein même des entreprises, influencées qu'elles sont par des dynamiques organisationnelles multiples. On est donc loin de l'emprise du « modèle hiérarchico-fonctionnel » s'imposant de manière quasi absolue à la totalité des entreprises et à leurs unités organisationnelles. Le désistement noté à l'égard du modèle taylorien, sans être encore largement répandu, n'est pas un mythe, conclut le groupe de chercheurs. De plus, la recherche démontre que l'on assiste à un élargissement des compétences des employés.

L'échantillon des entreprises prend en compte les différents secteurs d'emplois, la taille des entreprises, la variété de leurs unités organisationnelles, leur mode de fonctionnement, et les différentes catégories de personnel. Quatre-vingt-un établissements employant plus de quatre mille salariés regroupés au sein de 262 unités organisationnelles ont été étudiés.

L'unité organisationnelle, non l'entreprise, constitue la base de l'analyse. L'unité organisationnelle est décomposée en quatre dimensions principales. Le système technique est défini par les degrés d'automatisation et de standarisation des produits. L'organisation interne de l'unité regroupe les variables suivantes : la division du travail, la codification des procédures, les modes de contrôle du travail et la planification des opérations. Le contenu du travail est défini par son degré de complexité et la nature ou l'étendue des compétences qu'il requiert. Enfin, les relations entre les unités organisationnelles et les modalités de leur coordination sont prises en compte.

2.1. Les cinq formes d'organisation du travail

L'analyse des données relatives à ces dimensions des unités organisationnelles permet, à partir du modèle classique du type bureaucratico-taylorien, d'identifier quatre autres modes d'organisation. Cette diversification a emprunté principalement trois voies. La première conduit à une organisation professionnelle de process, la seconde mène à une organisation personnalisée fondée sur l'autonomie professionnelle et la troisième donne naissance à l'organisation flexible du travail qui repose sur la formation d'équipes polyvalentes. Enfin, un quatrième mode d'organisation se dessine à la croisée du travail individuel et de la formalisation des procédures de travail.

L'*organisation rationnelle ou tayloriste du travail* caractérise l'entreprise de production de biens standardisés fabriqués en grande série selon les impératifs d'une division stricte des tâches. On la retrouve, pour les deux tiers, dans le secteur industriel et pour le dernier tiers dans les établissements privés ou publics qui administrent de grandes quantités d'informations (assurance, banque, etc.). L'employé y accomplit une tâche dont les processus et les temps d'exécution sont préalablement définis. Il travaille isolément même si ces collègues sont très rapprochés et la coordination des opérations est assurée par la définition de règles claires. L'organisation rationnelle du travail représente 26 % des unités organisationnelles analysées et se rencontre dans 48 % des entreprises sélectionnées.

L'*organisation professionnelle de process* est une forme d'organisation du travail en émergence que l'on retrouve dans 11 % des unités organisationnelles analysées et dans 25 % des entreprises de l'échantillon. Ces entreprises oeuvrent pour la majorité dans des industries de process (chimie, nucléaire, etc.) où le travail consiste essentiellement en deux types de tâches : des opérations de surveillance ou de contrôle et des tâches de maintenance effectuées par des ouvriers qualifiés qui assurent la bonne marche des systèmes de production. Le travail d'ensemble se réalise dans le cadre de procédures extrêmement codifiées et programmées à l'avance. Mais les aléas de la production exigent la formation d'équipes de travail aux compétences multiples et au sein desquelles les échanges sont fréquents et indispensables. Le modèle de la « coopération horizontale » décrit par Zarifian correspond assez bien à ce type d'organisation du travail où les opérateurs démontrent une compétence élargie aux plans relationnel et technique[1].

L'*organisation personnalisée du travail* se différencie de l'organisation rationnelle par l'absence de division stricte des tâches et par l'abandon des procédures rigides d'exécution. L'organisation personnalisée se rencontre fréquemment dans les services privés, notamment commerciaux, et publics. Ici l'employé est relativement indépendant de ses collègues et assume ses responsabilités en misant sur ses compétences faites de savoir-être, d'habiletés relationnelles, d'expériences et de connaissances accumulées au fil des ans. La dimension relationnelle de ce travail est importante puisqu'elle se rencontre dans 80 % des cas recensés. L'organisation personnalisée s'observe dans 19 % des unités organisationnelles réparties au sein de 30 % des établissements étudiés.

L'*organisation flexible* résulte des contraintes du marché et des caractéristiques de la matière traitée qui rendent impossible la prévisibilité des opérations et difficile la formalisation des modes opératoires. Le système de production doit s'ajuster à la demande des clients ou aux aléas des matières à transformer. La production est souvent unitaire ou de petites séries et est effectuée selon des cycles assez courts. Dans le monde industriel, l'organisation flexible se rencontre dans les secteurs de l'agroalimentaire, de la mécanique de précision, de l'extraction minière et dans le traitement de dossiers dans le secteur tertiaire. Ici, la production exige la collaboration de diverses spécialités au sein d'équipes de travail relativement autonomes et responsables. La production est donc personnalisée, mais au contraire de la forme d'organisation précédente, la responsabilité n'est plus individuelle mais

---

[1] P. Zarifian, *Quels nouveaux modèles d'organisation pour l'industrie européenne ? L'émergence de la firme coopératrice*, Paris, L'Harmattan, 1993.

collective. Le transfert de responsabilités aux équipes de travail, la réduction de l'écart entre les fonctions de conception et d'exécution, l'interdépendance horizontale des producteurs exigent des employés compétents et capables de réagir rapidement aux aléas de la production. La planification des opérations devient donc moins contraignante et la codification des procédures s'assouplit en conséquence. L'organisation flexible représente 31 % des unités organisationnelles étudiées et se retrouve dans 56 % des établissements de l'échantillon.

L'*organisation artisanale* regroupe des activités que les auteurs qualifient de « logistiques » en ce sens qu'elles se situent à la périphérie de la production principale des entreprises. Elle suppose des qualifications de type « métier » et se retrouve principalement dans trois domaines d'activités : le bâtiment, la maintenance dans les industries non automatisées et l'entretien dans le secteur des services. Sa principale caractéristique réside dans la combinaison originale d'une main-d'oeuvre compétente et d'une codification assez élaborée des procédures. Seules les conditions particulières dans lesquelles ses activités se déroulent, souvent à l'extérieur de l'entreprise, expliquent l'autonomie dont les employés bénéficient. Parce que ce type d'organisation du travail reste limité à des domaines d'interventions spécifiques et à des catégories restreintes d'employés, les auteurs n'en font pas un mode d'organisation en émergence. Ce type d'organisation du travail rejoint 13 % des unités organisationnelles et touche 26 % des entreprises.

2.2. Deux constatations générales en guise de conclusion

La dérivation des différents modèles organisationnels à partir de l'organisation rationnelle du travail conduit à deux constatations générales. La première constatation concerne la diversité des types d'organisation du travail observée. L'entreprise française délaisse le sacro-saint modèle hiérarchico-fonctionnel pour adopter des modèles propres à chacune de ses unités. Seulement 22 des 81 entreprises de l'échantillon fonctionnent encore selon un modèle unique d'organisation alors que les 59 autres entreprises (73 %) adoptent des modes différenciés. La différenciation organisationnelle, étudiée entre autres par Lawrence et Lorsch[1], n'est donc plus un trait exceptionnel de l'entreprise française mais est devenue une de ses principales caractéristiques. De plus, les types d'organisation du travail qui caractérisent les entreprises françaises, tout en apparaissant comme des formes dérivées du modèle taylorien, marquent résolument une rupture avec celui-ci. Sans être mort, le taylorisme n'est plus le modèle dominant de l'entreprise française.

La deuxième observation est relative au développement d'une compétence élargie chez les employés. L'analyse des trois dimensions de la notion de compétence indique, dans chaque cas, une divergence profonde à l'égard de la conception taylorienne du travail. La première dimension se présente sous la forme d'un investissement cognitif dans la réalisation des tâches. Que la tâche soit effectuée par un individu traitant un dossier particulier ou par une équipe conduisant un système technique sophistiqué, l'intelligence est toujours sollicitée. On rencontre de moins en moins d'individus limités à l'exécution d'une opération simple, répétitive et rapidement apprise contrairement à ce que les chercheurs observaient, il y a quelques décennies à peine. La deuxième dimension de la compétence réside dans l'intégration de la fonction gestionnaire à l'acte directement productif. Il s'agit d'une atténuation de la rupture classique entre les fonctions d'exécution et de gestion au sein du modèle tayloriste. On assiste de plus en plus fréquemment à un transfert de certaines responsabilités de gestion des opérations et de contrôle de la qualité vers les producteurs individuels ou collectifs. La conception traditionnelle de l'entreprise à la Fayol s'émousse lentement. En troisième lieu, l'écart le plus tangible par rapport au modèle

---

[1] Le compte rendu détaillé de leur étude est présenté au chapitre 3 de la deuxième partie de cet ouvrage.

tayloriste réside dans l'acquisition par les individus d'une compétence relationnelle. Celle-ci est rendue nécessaire par l'interdépendance des diverses spécialités réunies autour d'une tâche commune et des exigences que sa réalisation impose. Cette capacité d'ajustement des individus n'est pas seulement individuelle mais foncièrement collective parce qu'elle met en oeuvre quantité de savoir-faire et de savoir-être, d'échanges formels et informels, de communications intersubjectives, d'ententes tacites et d'accords explicites, de négociations de règles et de définitions de procédures implicites ou non. Cette compétence relationnelle anime la vie du collectif de travail quand il existe et donne sens à la recherche d'une certaine maîtrise du travail par les individus ou les groupes.

3. Les nouvelles formes d'organisation du travail en Europe : une analyse statistique

C'est sur la base de la distinction entre le modèle de la lean production cantonnant les ouvriers à des situations d'autonomie limitée et celui s'apparentant au modèle sociotechnique suédois où la décentralisation des structures de l'entreprise laisse plus d'autonomie aux travailleurs que Lorenz et Valeyre positionnent les différentes formes d'organisation du travail des pays membres de l'Union européenne[1]. Ils démontrent que chaque pays se caractérise par une diversité organisationnelle particulière qui est en relation avec ses modes de gestion des ressources humaines et ses caractéristiques économiques et sociales.

Les résultats qu'ils nous livrent se fondent sur une analyse des données de la *Troisième enquête européenne sur les*

---

[1] E. Lorenz, A. Valeyre, *Les formes d'organisation du travail dans les pays de l'Union européenne*, Centre d'études de l'emploi, Document de travail No 32, juin 2004. Voir également Travail et Emploi, No 102, avril-juin 2005 et *Conditions de travail : les enseignements de vingt ans d'enquêtes*, sous la coordination de J. Bué, T. Coutrot, I. Puech, Toulouse, Éditions Octarès 2004.

conditions de travail effectuée par la Fondation européenne pour l'amélioration des conditions de vie et de travail. Environ 1,500 personnes par pays ont répondu à un questionnaire pour un échantillon total de 21,700 individus. Les entretiens réalisés en face à face au domicile des répondants abordaient différents aspects de leur situation de travail. Les résultats présentés ici se limitent aux réponses portant principalement sur l'organisation du travail et accessoirement sur les relations sociales au travail et sur la rémunération. Les entreprises de moins de dix salariés sont exclues de même que celles oeuvrant dans les secteurs non marchands et agricoles. En définitive, l'analyse porte sur 8,081 entretiens de salariés répartis dans quinze pays différents. Les questions posées sur l'organisation du travail ont permis de définir quinze variables portant sur le travail en équipe, les relations verticales et horizontales, la rotation des tâches, l'autonomie au travail, la gestion de la qualité, la monotonie et la répétitivité des tâches, le contenu cognitif du travail et les contraintes relatives au rythme de travail et aux quotas de production.

3.1. Les formes d'organisation du travail dans l'Union européenne

L'analyse factorielle des correspondances multiples de ces différentes variables permet de dégager quatre principaux modes d'organisation du travail à partir des deux dimensions les plus structurantes. La première dimension oppose les variables d'autonomie procédurale et de contenu cognitif du travail aux variables de contraintes liées au rythme de travail. La deuxième dimension se polarise autour de l'importance accordée au travail en équipe, à la rotation des tâches et à la gestion de la qualité. Les quatre principales formes d'organisation du travail sont l'organisation apprenante, le modèle de la lean production, l'organisation taylorienne et l'organisation de structure simple.

L'*organisation apprenante* regroupe 39 % des salariés et s'apparente au modèle sociotechnique suédois ou à ce que

Freyssenet appelle la production réflexive[1]. Elle se caractérise par une tâche relativement complexe dont le contenu cognitif offre la possibilité de réaliser des apprentissages significatifs. De plus, l'autonomie laissée aux salariés leur permet de résoudre les problèmes les plus fréquemment rencontrés. Les contraintes liées au rythme de travail, à la monotonie et au caractère répétitif de la tâche sont peu présentes. De façon surprenante, le travail en équipe et la rotation des tâches ne constituent pas des caractéristiques dominantes de l'organisation apprenante contrairement à ce que certains écrits soutiennent en associant ces derniers éléments au développement des connaissances au travail.

L'*organisation taylorienne* concerne 14 % des salariés et se situe à l'opposé de l'organisation apprenante. Les travailleurs sont soumis à de fortes contraintes de rythme de travail, exécutent des tâches répétitives et souvent monotones. Étonnamment, le travail en équipe y est répandu et la rotation des tâches souvent pratiquée, ce qui n'est pas sans rappeler le taylorisme flexible analysé par Boyer et Durand ou le taylorisme assisté par ordinateur décrit par Linhart[2].

Le modèle de la *lean production* élaboré par des chercheurs américains et popularisés par certains producteurs japonais se caractérise par la polyvalence des employés, le travail en équipe, la production en flux tendus et la gestion de la qualité. Il s'agit d'un mode de production de plus en plus souvent appelé *organisation en autonomie contrôlée* par les spécialistes en ce sens que les travailleurs bénéficient d'une autonomie limitée par de fortes contraintes de rythme et de normes de qualité. Il s'accompagne souvent d'une

---

[1] M. Freyssenet, « La production réflexive » : une alternative à la « production de masse » et à la « production au plus juste » ? », Sociologie du travail, 3-95, p. 365-389.
[2] R. Boyer, J.-P. Durand, *L'après-fordisme*, Paris, La Découverte et Syros, 1993. D. Linhart, *La modernisation des entreprises*, Paris, La Découverte, 1994.

intensification du travail qui s'ajoute aux tâches monotones et répétitives. Ce modèle regroupe plus du quart des salariés (28 %).

Près du cinquième (19 %) des travailleurs se retrouve dans des *organisations de structure simple* apparentées à celle décrite par Mintzberg et qui caractérisent l'univers de la petite entreprise où la supervision est directe et les procédures faiblement formalisées. Ce type d'organisation se particularise par une sous-représentation généralisée sur presque toutes les variables du travail : le travail y est peu autonome, pas très contraignant et faiblement répétitif tout en étant relativement monotone et offrant peu d'intérêt cognitif.

En fonction des secteurs d'activités, les auteurs constatent que les organisations apprenantes se rencontrent principalement dans les secteurs des services financiers (banques et assurances) et d'utilité publique (électricité, gaz, eau). Les organisations de structure simple se concentrent dans les services publics et privés destinés essentiellement aux individus (hôtellerie, restauration, poste, télécommunication). Les organisations en lean production et taylorienne se partagent les secteurs industriels : la première dans la fabrication de matériel de transport, des équipements électriques et électroniques et dans les industries de pâte et papier, la seconde dans les secteurs du textile, de l'habillement, de l'agroalimentaire, du bois, du papier, et du matériel de transport.

Du point de vue des catégories professionnelles, on n'est pas surpris de constater que les cadres et les professions intermédiaires oeuvrent au sein d'organisations apprenantes tandis que les ouvriers et les employés moins qualifiés se concentrent dans les organisations en lean production et taylorienne. Les organisations de structure simple recourent au service d'employés et autres personnels non qualifiés.

3.2. Les spécificités nationales en matière d'organisation du travail

La répartition des salariés des différents pays selon dans les principales formes d'organisation du travail donne une image des spécificités nationales en matière d'organisation du travail. Il appert que le Danemark, la Suède et les Pays-Bas sont davantage représentés dans les organisations apprenantes contrairement à la Grèce, l'Espagne, le Portugal, l'Irlande qui y sont sous-représentés. À l'inverse, l'organisation taylorienne domine dans les pays méditerranéens ainsi qu'en Irlande et est délaissée par les pays nordiques. Le Royaume-Uni, l'Irlande, l'Espagne et, dans une moindre mesure, la France découvrent le modèle de la lean production qui, en contrepartie, est moins bien implanté dans les pays scandinaves, en Allemagne et en Autriche. Enfin, les pays méditerranéens adoptent aussi les organisations de structure simple. Par ailleurs, la prise en compte des effets des secteurs économiques, de la taille des entreprises et des catégories professionnelles ne modifie pas de façon particulière la spécificité organisationnelle de ces pays.

Les modes de gestion des ressources humaines reflètent également les spécificités nationales, notamment en ce qui a trait à la formation continue, aux modes de rémunération et de représentation du personnel. Ainsi, les pays où domine l'organisation apprenante sont ceux où l'on rencontre le plus fréquemment des pratiques de formation continue des employés. Les contrats à durée indéterminée sont aussi associés à ce mode de production tandis que les contrats à durée déterminée sont plus fréquents dans les organisations en lean production. Les organisations tayloriennes recourent davantage à des contrats d'intérim. De plus, le mode de rémunération selon les performances globales de l'entreprise est associé positivement à l'organisation en lean production et négativement à l'organisation taylorienne tandis que les modes de rémunération à la pièce ou avec prime sont pratiqués dans ces deux types d'organisation. Enfin, les pratiques de représentation du personnel sont liées positivement à la lean production et négativement au taylorisme tandis que cette association n'est pas significative dans le cas de l'organisation apprenante.

Les auteurs ajoutent que le degré de régulation des marchés du travail différencie les organisations apprenantes et les organisations en lean production. Les premières s'implantent facilement dans les pays où le niveau de protection de l'emploi est élevé tandis que l'organisation en lean production se rencontre plus souvent dans les pays où le système de protection est faible. Ainsi, les Pays-Bas, les pays scandinaves et germaniques accueillent plus souvent les organisations apprenantes tandis que le Royaume-Uni et l'Irlande ouvrent davantage leurs frontières au système de la lean production.

3.3. Conclusion

Lorenz et Valeyre déplorent le fait que même aujourd'hui les débats sur l'évolution des formes d'organisation du travail portent encore sur l'émergence d'un nouveau « one best way » plus ou moins inspiré du modèle de la lean production. Leur analyse démontre, au contraire, l'existence d'une variété de modèles organisationnels et que le développement de dynamiques d'apprentissage et d'initiative au travail est autant possible dans le modèle de la lean production que dans celui de l'organisation apprenante. Par contre, l'organisation taylorienne, même en perte de vitesse avec 14 % de l'ensemble des salariés, s'impose encore au quart des travailleurs à la chaîne, des opérateurs et des salariés non qualifiés de l'Union européenne.

Les deux chercheurs rejettent donc la thèse de la convergence des formes d'organisation du travail vers un modèle dominant et considèrent que la dichotomie entre les organisations du travail post-taylorienne et néo-taylorienne est insuffisante pour représenter la diversité des formes contemporaines d'organisations du travail. Ils considèrent, par ailleurs, que le modèle de la lean production comporte trop d'éléments du taylorisme pour être considéré comme un mode d'organisation post-taylorien.

Conclusion

La question de l'après-taylorisme n'a cessé d'alimenter les débats chez les spécialistes de l'organisation du travail au cours dernières décennies. Sous des vocables différents et selon des approches variées, le dépassement de l'organisation rationnelle du travail et de l'entreprise a été analysé de diverses façons. D'abord exprimé dans les termes d'une opposition entre les tenants d'un néo ou d'un post-taylorisme, le débat s'est ensuite cristallisé autour de l'émergence d'un nouveau modèle productif plus ou moins inspiré du modèle japonais.

Les recherches menées au tournant du siècle ont créé un certain consensus relativement à l'absence de convergence vers un modèle unique. Les recherches présentées ici soutiennent toutes en effet la diversité des modèles productifs tant au niveau sectoriel que national. Au plan sectoriel, on a vu que pour sortir de la crise des années 80, Ford a introduit des principes de la production au plus juste dans son mode d'organisation du travail mais sans importer et transplanter chez lui la totalité du modèle toyotiste. À l'inverse, Toyota, aux prises avec une grave crise du travail, a orienté son système productif vers une gestion assouplie des prix de revient et une certaine humanisation du travail. Au plan national, un groupe de chercheurs a démontré qu'en partant de l'ancien modèle taylorien, l'entreprise française a adapté ses modes d'organisation aux exigences des marchés et aux contraintes techniques tout en obéissant à ses mécanismes internes de régulation. Enfin, sur la base d'une étude statistique, Lorenz et Valeyre relèvent la présence de quatre modèles productifs au sein des pays membres de l'Union européenne et affirment que l'ancienne opposition entre les modèles post-taylorien et néo-taylorien ne correspond plus à la variété des modes d'organisation du travail observés.

CONCLUSION

Les recherches dont les mérites ont été soulignés dans ces pages couvrent un demi-siècle de production scientifique en matière d'organisation du travail et de l'entreprise. Force est donc de constater la pertinence des deux grands paradigmes sociologiques (le déterminisme social et l'action sociale) et la capacité heuristique des théories qui les composent.

Les premières décennies de la sociologie du travail ont été marquées par les approches holistiques qui cherchaient à expliquer les comportements et les attitudes des ouvriers au travail. L'attention était centrée sur les rapports sociaux, souvent conflictuels, qui déterminaient les conduites au travail et animaient la vie des ateliers. Les analyses en termes de classes sociales étaient nombreuses, l'influence marxiste perceptible et l'objet d'analyse prenait sens par son insertion dans un contexte socio-économique plus large. Parallèlement, les courants américains de recherche s'appuyaient davantage sur les théories fonctionnaliste et systémique. Celles-ci expliquaient le fonctionnement général des organisations par des mécanismes internes d'ajustement mutuel des services, tandis que la coordination de l'effort collectif était assurée par l'application de règles bureaucratiques. L'adaptation des systèmes organisationnels reposait sur la capacité des hiérarchies à mobiliser les ressources de leurs établissements et à moduler leurs objectifs en fonction de la nature particulière des contraintes environnementales. Dans un cas comme dans l'autre, le primat de la totalité sur ses parties constituantes était clairement affirmé comme était supposée la prédominance des systèmes sociaux sur les conduites individuelles. Les postulats du déterminisme social s'inscrivaient dans une large perspective analytique qui remonte à Durkheim et à Marx en passant par Parsons et Pareto.

À l'opposé de cette première grande orientation et à la suite de l'introduction de l'individualisme méthodologique en France, les recherches sociologiques des vingt dernières années ont renoué avec la grande tradition de la sociologie compréhensive allemande et ont réhabilité les approches interactionnistes qui avaient déjà connu une période florissante aux États-Unis. Le recours aux monographies et aux méthodes d'observation participante a permis de décrire, sous un angle nouveau, l'action des salariés en quête d'identité professionnelle et de reconnaissance statutaire, ce que des approches plus globales n'arrivaient pas à faire. Ces analyses portaient principalement sur les mécanismes de régulation des comportements des acteurs. Comment, par exemple, assurer l'indispensable coopération entre des équipes de travail différentes au sein de systèmes productifs de plus en plus complexes ? Comment susciter l'implication des employés afin de maintenir un flux productif continu et garantir un retour suffisant sur le capital investi ? Comment, au-delà des divergences d'intérêts des collectifs de travail et de la diversité des objectifs poursuivis par les différents services, canaliser les efforts individuels et collectifs vers l'atteinte d'objectifs communs ? Les études inspirées de l'analyse stratégique de Crozier et de Friedberg et de la régulation conjointe de Reynaud ont inspiré plusieurs analyses dont la pertinence a été soulignée à plusieurs reprises dans ce manuel.

En passant du paradigme du déterminisme à celui de l'action sociale, de l'étude des systèmes sociaux à celle des acteurs, l'objet d'analyse glisse du niveau macrosociologique au niveau microsociologique et entraîne avec lui des choix méthodologiques correspondants. La méthode monographique et les techniques d'observation directe, participantes ou non, se prêtent évidemment mieux à l'analyse des interactions et des jeux des acteurs tandis que les méthodes quantitatives permettent de dégager des correspondances entre des éléments situationnels qui n'apparaissent pas initialement liés entre eux. De telles variations concomitantes, pour reprendre l'expression de Durkheim, révèlent des régularités comportementales ou des homologies de structures qui rendent cohérent à l'observateur l'ensemble social étudié et rationnelle l'action des acteurs.

Après plus d'un siècle de cheminement parallèle, le temps serait-il venu de dépasser la traditionnelle concurrence de ces deux grands paradigmes sociologiques et de tenter des rapprochements théoriques et méthodologiques sans que soient abandonnés les avantages heuristiques de l'un et de l'autre ? Est-il possible de réconcilier des approches qui sont souvent perçues comme plus opposées que complémentaires et dont les objectifs (explication et compréhension) reproduisent l'opposition jusque dans les choix des méthodes de recherche ? Peut-on envisager de saisir d'une manière plus complète la réalité qui semble fuir à travers les mailles des théories établies au sein de ces deux grands paradigmes ?

C'est à ce questionnement que tente de répondre une récente publication de chercheurs en sociologie du travail regroupés autour de Durand et Gasparini[1]. Certaines contributions de cet ouvrage collectif démontrent que les méthodes quantitatives et qualitatives peuvent à l'occasion se compléter sans s'opposer tandis que d'autres prétendent que les

---

[1] J.-P. Durand, W. Gasparini (coor.), *Le travail à l'épreuve des paradigmes sociologiques*, Toulouse, Octarès Éditions, 2007.

analyses macrosociologiques et microsociologiques peuvent s'enrichir mutuellement sans se renier. Il est possible, par exemple, d'aborder l'étude de l'identité professionnelle sans s'enfermer dans une approche exclusivement microsociologique si la recherche est conduite dans un mouvement de va-et-vient entre l'analyse de la société et celle des collectifs de travail et si elle prend en compte l'organisation du travail, ses modes de régulation et les mécanismes de socialisation des acteurs.

Le siècle qui débute s'amorce donc par une réflexion sociologique qui laisse présager un renouvellement des concepts, des approches et des méthodes. En soulignant certains acquis disciplinaires en matière d'organisation du travail et de l'entreprise, ce manuel voulait rappeler le caractère heuristique des théories sociologiques et l'importance de leur positionnement dans l'évolution des deux grands paradigmes sociologiques.

BIBLIOGRAPHIE

Adler, P. S. (1987), « Automation et qualifications. Nouvelles orientations », *Sociologie du travail*, No 3, p. 289-303.
Althusser, L. (1970), « Idéologie et appareils idéologiques d'état », *La Pensée*, Avril.
America by Design, New York, A.A. Kroft, 1977.
Amiot, M., Seeman, M., Touraine, A., Vidal, D. (1967), « De l'utilité sociologique de la notion d'aliénation », *Sociologie du travail*, No 2, p. 180-208.
Aron, R. (1967), *Les étapes de la pensée sociologique*, Paris, Gallimard.
Aron, R. (1970), Conférence prononcée à L'Unesco en mai 1968 à l'occasion du 150e anniversaire de la naissance de Marx publiée dans *Marxismes imaginaires*, Paris, Gallimard, Coll. Idées, Note finale, p. 355-377.
Babson, S., Durand, J.-P. (1998), « Ford-Dearborn : une usine restée fordienne», dans J.-P. Durand, P. Steward, J. J. Castillo (dir.), *L'avenir du travail à la chaîne. Une comparaison internationale dans l'industrie automobile*, Paris, La Découverte, Coll. Recherches.
Balibar, E. (1970), « Sur les concepts fondamentaux du matérialisme historique », dans L. Althusser, E. Balibar, *Lire Le Capital*, Paris, F. Maspero.
Ballé, C. (1990), *Sociologie des organisations*, Paris, PUF.

Benoit-Guilbot, O. (1989), « Quelques réflexions sur l'analyse sociétale: l'exemple des régulations des marchés du travail en France et en Grande-Bretagne », *Sociologie du travail*, No. 2, p. 217-225.

Benoit-Guilbot, O. (1987), "Les structures sociales du chômage en France et en Grande-Bretagne, influences sociétales", *Sociologie du travail*, No 2, p. 219-236.

Bernoux, P. (1979), « La résistance ouvrière à la rationalisation : la réappropriation du travail », *Sociologie du travail*, No 1, p 76-90.

Bernoux, P. (1988), « La fin de la division du travail? », *Sociologie du travail*, No 3, p. 479-488.

Bernoux, P. (1994), « Système d'autorité et relations de pouvoir au sein d'une organisation », dans M. De Coster et F. Pichault, *Traité de sociologie du travail*, Bruxelles, De Boeck Université, p. 337-354.

Bernoux, P. (1995), *La sociologie des entreprises*, Paris, Editions du Seuil, Coll. Points.

Bertalanffy, L. von. (1993), *La théorie générale des systèmes*, Paris, Dunod.

Blau, P. M. (1955), *The Dynamics of Bureaucracy*, Chicago, The University of Chicago Press.

Blauner, R. (1964), *Alienation and Freedom, The Manuel Worker in Industry*, Chicago, University of Chicago Press.

Boisvert, M. (1980), *L'approche sociotechnique*, Montréal, Les Editions Agence d'Arc Inc.

Bordenave, G. (2000), « La globalisation au coeur du changement organisationnel: crise et redressement de Ford Motor Compagny », dans Freyssenet, Mair, Shimizu, Volpato, *Quel modèle productif?,Trajectoires et modèles industriels des constructeurs automobiles mondiaux*, Paris, La Découverte, Coll. Recherches.

Boudon, R. (1984), *La place du désordre*, Paris, PUF.

Boyer, R., Durand, J.-P., (1993), *L'après-fordisme*, Paris, La Découverte et Syros.

Boyer R., Saillard, Y. (2002), *Théorie de la régulation. État des savoirs*, Paris, La Découverte, Coll. Recherches.

Boyer, R. (2002), « Du fordisme canonique à une variété de modes de développement », dans R. Boyer, Y. Saillard, *Théorie de la régulation l'état des savoirs*, Paris, La Découverte, Coll. Recherches, p. 369-377.

Boyer, R., Freyssenet, M. (2000), *Les modèles productifs*, Paris, La Découverte, Repères.

Boyer, R., Saillard, Y. (2002), « Un précis de la régulation », dans R. Boyer, Y. Saillard, *Théorie de la régulation l'état des savoirs*, Paris, La Découverte, Coll. Recherches, p. 58-68.

Braverman, H. (1976), *Travail et capitalisme monopoliste*, Paris, Maspero.

Bright, J. R. (1958), *Automation and Management*, Boston, Harvard University.

Buckley, W. (1967), *Sociology and Modern Systems Theory*, Englewood Cliffs, Prentice-Hall Inc.

Bué, J., Coutrot, T., Puech, I. (coor), (2004), *Conditions de travail : les enseignements de vingt ans d'enquêtes*, Toulouse, Octarès Editions, 2004.

Burawoy, M. (1979), *Manufacturing Consent : Changes in the Labor Process under Monopoly Capitalism*, Chicago, The University of Chicago Press.

Burns, T., Stalker, G. M. (1961), *The Management of Innovation*, Londres, Tavistock Publications.

CFDT, (1977), *Les dégâts du progrès*, Paris, Éditions du Seuil, Coll. Points.

Chandler, M. K., Sayles, L. R. (1971), *Managing Large Systems*, Harper & Row.

Chanlat, J.-F., Séguin-Bernard, F. (1983), *L'analyse des organisations, une anthologie sociologique*, T. 1, Saint-Jean-sur-Richelieu, Ed. Préfontaine inc.

Coll. (1970), *La sociologie*, Paris, Centre d'Étude et de Promotion de la Lecture.

Coutrot, T. (1998), *L'entreprise néo-libérale, nouvelle utopie capitaliste?* Paris, Editions La Découverte, Textes à l'appui.

Coutrot, T. (1999), *Critique de l'organisation du travail*, Paris, Editions La Découverte, Repères.

Crozier, M. (1963), *Le phénomène bureaucratique*, Paris, Éditions du Seuil, Coll. Points.

Crozier, M. (1970-71), « Sentiments, organisations et systèmes », *Revue française de sociologie*, No spécial, XI-XII, p.141-154.

Crozier, M., Thoenig, J.-C. (1975), La régulation des systèmes organisés complexes, *Revue française de sociologie*, XVI, p. 3-32.

Crozier, M., Friedberg, E. (1977), *L'acteur et le système*, Paris, Éditions du Seuil.

Crozier. M., Friedberg, E. (1979), « Les nouvelles formes d'organisation du travail : solutions pour l'avenir ou bien nouveaux problèmes ? », *Revue française de sociologie*, XX, p. 571-575.

d'Iribarne, P. (1989), *La logique de l'honneur. Gestion des entreprises et traditions nationales*, Paris, Éditions du Seuil.

d'Iribarne, P. (1991), « Culture et « effet sociétal » », *Revue française de sociologie*, XXXII.

De Coster, M., Pichault, F. (1994), *Traité de sociologie du travail*, Bruxelles, De Boeck Université.

De Terssac, G. (1992), *Autonomie dans le travail*, Paris, PUF.

Debaty, P. (1967), *La mesure des attitudes*, Paris, PUF, Coll. Le psychologue.

Dundelach, P., Mortensen, N. (1979), « Danemark, Norvège, Suède », dans *Les nouvelles formes d'organisation du travail*, Genève, Bureau international du Travail.

Durand, C. (1959), « Rémunération au rendement et motivations ouvrières », *Sociologie du travail*, No 1, p. 46-57.

Durand, C. (1964), « Le point de vue technologique », *Sociologie du travail*, No 2, p. 171-176.

Durand, C., Prestat, C., Willener, A. (1972), *Travail, salaire, production. Le contrôle des cadences*, Paris, Mouton.

Durand, J.-P., Gasparini, (coor.), 2007, *Le travail à l'épreuve des paradigmes sociologiques*, Toulouse, Octarès Éditions.

Durand, J.-P., Linhart, D. (Coor), (2005), *Les ressorts de la mobilisation au travail*, Toulouse, Octarès Éditions.

Durand, J.-P., Steward, P., Castillo, J. J. (1998), (dir.), *L'avenir du travail à la chaîne. Une comparaison internationale dans l'industrie automobile*, Paris, La Découverte, Coll. Recherches.

Durand, J.-P., Weil, R. (1997), *Sociologie contemporaine*, Paris, Vigot.

Emery, F. E., Trist, E. L. (1960), « Socio-Technical System », dans C.W. Churchman et M. Verhulst, *Management Sciences, Models and Techniques*, Vol. 2, N. Y. Pergamon Press. Traduction française sous le titre « Les systèmes sociotechniques », dans J.-F. Chanlat, F. Séguin-Bernard, *L'analyse des organisations, une anthologie sociologique*, T.1, Saint-Jean-sur-Richelieu, Ed. Préfontaine inc, 1983, p. 304-318.

Emery, F. E., Trist, E. L. (1965), "The Causal Texture of Organizational Environment", *Human Relations*, Vol. 18, No 1.

Eyraud, F., Maurice, M., d'Iribarne, A., Rychener, F. (1984), « Développement des qualifications et apprentissage par l'entreprise des nouvelles technologies : Le cas des MOCN dans l'industrie mécanique », *Sociologie du travail*, No 4, p. 482-499.

Favre, P. (1980), « Nécessaire mais non suffisante: la sociologie des "effets pervers " de R. Boudon », *Revue française de Science politique*, XXX. 6.

Feyerabend, P. (1979), *Contre la méthode. Esquisse d'une théorie anarchiste de la connaissance*, Paris, Éditions du Seuil, Coll. Points.

Francfort, I., Osty, F., Sainsaulieu, R., Uhalde, M. (1995), *Les mondes sociaux de l'entreprise*, Paris, Desclée de Brouwer, Coll., Sociologie Economique.

Freyssinet, J. (2004), *Hétérogénéité du travail et organisation des travailleurs*, Document de travail, No 04.01, IRES, janvier.

Freyssenet, M. (1974), *Le processus de déqualification-surqualification de la force de travail*, CSU, Paris.

Freyssenet, M. (1977), *La division capitaliste du travail*, CSU, 1974, rééd. Paris, Saville.

Freyssenet, M. (2000), « Introduction », dans M. Freyssenet, A. Mair, K. Shimizu, G. Volpato, *Quel modèle productif ?*

Trajectoires et modèles industriels des constructeurs automobiles mondiaux, Paris, La Découverte, Coll. Recherches.

Freyssenet, M. (2000), « Un ou plusieurs modèles industriels ? », dans M. Freyssenet, A. Mair, K. Shimizu, G. Volpato, *Quel modèle productif ? Trajectoires et modèles industriels des constructeurs automobiles mondiaux*, Paris, La Découverte, Coll. Recherches.

Freyssenet, M., Mair, A., Shimizu, K., Volpato, G. (2000), *Quel modèle productif?,Trajectoires et modèles industriels des constructeurs automobiles mondiaux*, Paris, La Découverte, Coll. Recherches.

Friedberg, E. (1992), « Les quatre dimensions de l'action organisée », Revue française de sociologie, XXXIII, p. 531-557.

Friedmann, G. (1946), *Les problèmes humains du machinisme industriel*, Paris, Gallimard.

Gill, C. (1984), « Nouvelle technologie, déqualification et stratégies de l'entreprise. Le débat en Grande-Bretagne », Sociologie du travail, No 4, p. 558-563.

Rocher, G. (1968), *Introduction à la sociologie générale*, T.1, Montréal, HMH.

Goffman, E. (1968), *Asiles. Études sur la condition sociale des malades mentaux*, Paris, Les Editions de Minuit.

Goldman, P., Houten, D. R. V. (1977), "Managerial Strategies and the Worker; A Marxist Analysis of Bureaucracy", *The Sociological Quarterly*, 18 (1). Traduit en français sous le titre « Les stratégies managériales : Une analyse marxiste de la bureaucratie », dans F. Seguin-Bernard, J.-F. Chanlat, *L'analyse des organisations une anthologie sociologique*, T. 1, Saint-Jean-sur-Richelieu, Editions Préfontaine inc, 1983.

Goldthorpe, J. H. (1970), « L'image des classes chez les travailleurs manuels aisés », *Revue française de Sociologie*, XI, p. 311-338.

Goldthorpe, J. H., Lockwood, D., Bechhofer, F., Platt, J. (1972), *L'ouvrier de l'abondance*, Paris, Éditions du Seuil, Coll. Esprit.

Gouldner, A. W. (1964), *Patterns of Industrial Bureaucracy*, New York, The Free Press.

Guiot, J. M. (1980), *Organisations sociales et comportements*, Montréal/Paris, Les éditions Agence d'arc/Les éditions Hommes et Techniques.

Gurvitch, G. (1962), *Traité de sociologie*, T. 1, Paris, PUF.

Herzberg, F. (1968), "One More Time: How Do You Motivate Employees", *Harvard Business Review*, Jan-Fév. p. 53-62.

Herzberg, F., Mauser, B. Synderman, B. (1959), *The Motivation to Work*, New York, John Wlily. Herzberg, F. (1971), *Le travail et la nature de l'homme*, Paris, Entreprise moderne d'édition.

Hofstede, G. (1974), *Conséquences culturelles*, Paris, Édition moderne d'entreprise.

Hoggart, R. (1957), *The Uses of Literacy: Changing Patterns in English Mass Culture*. Traduit en français sous le titre *La culture du pauvre*, Paris, Édition de Minuit, 1970.

Israël, J. (1972), *L'aliénation: de Marx à la sociologie contemporaine*, Paris, Ed. Anthropos.

Jobert, B. (1976), « L'essentiel et le résidu (bis). Pour une critique de l'analyse systémique stratégique », *Revue française de sociologie*, Vol. XVII, 4.

Kelly, J. (1984), « Pratiques patronales de restructuration des tâches : procès de travail, marchés de l'emploi et débouchés commerciaux », *Sociologie du travail*, No 1, p 26-47.

Kergoat, J., Boutet, J., Jacot, H., Linhart, D. (1998), *Le monde du travail*, Paris, La Découverte, Textes à l'appui.

Kern, H., (1970), Schumann, M. *Travail industriel et conscience des travailleurs*, 2 vol. Francfort.

Kern, H., Schumann, M. (1984), « Vers une professionnalisation du travail industriel », *Sociologie du travail*, No 4, p. 398-406.

Kern, H., Schumann, M. (1989), *La fin de la division du travail? La rationalisation dans la production industrielle*, Paris, Fondation de la Maison des sciences de l'homme.

Langlois, R., Trudel, M. (1974), *Projet pilote d'enrichissement du travail des employées de la perforation à la RRQ*, Québec.

Lawrence, P. R., Lorsch, J. W. (1994), *Adapter les structures de l'entreprise. Intégration ou différenciation*, Paris, Les Éditions d'Organisation.
Legendre, C. (1991), « Technologie, politique de gestion et rapports sociaux », *Sociologie et sociétés*, Vol. XXIII, No 2, Presses de l'Université de Montréal, p. 199-215.
Legendre, M. (1979), « La restructuration des tâches en milieu administratif un essai à transformer », *Revue française de sociologie*, XX, p. 576-589.
Linhart, D., Linhart, R. (1998), *« L'évolution de l'organisation du travail »*, dans J. Kergoat, J. Boutet, H. Jacot, D. Linhart, *Le monde du travail*, Paris, La Découverte, Textes à l'appui, 1998.
Linhart, D. (1991), *Le torticolis de l'autruche. L'éternelle modernisation des entreprises françaises*, Paris, Éditions du Seuil, Sociologie.
Linhart, D. (1994), *La modernisation des entreprises*, Paris, La Découverte, Repères.
Lorenz, E., Valeyre, A. (2004), *Les formes d'organisation du travail dans les pays de l'Union européenne*, Centre d'études de l'emploi, Document de travail No 32.
Loser, L. (1982), *Les fonctions du conflit social*, Paris, PUF, 1982.
Lugan, J.-C. (1983), *Éléments d'analyse des systèmes sociaux*, Toulouse, Editions Privat, Coll. Societas.
Mallet, S. (1963), *La nouvelle classe ouvrière*, Paris, Editions du Seuil.
March, J., Simon, H. (1969), *Les organisations*, Paris, Dunod.
Martin, D. (1994), *Démocratie industrielle*, Paris, PUF.
K. Marx, 1965, *La lutte des classes en France 1840-1850* et *Le 18 Brumaire de Louis Bonaparte*, Paris, Éditions sociales, Coll. Libertés, 1965.
Marx, K. (1969), *Le Capital*, T. 2, Paris, Editions sociales.
Mathewson, S. B. (1931), *Restriction of Output Among Unorganized Worker*, New York.
Maurice, M. (1994), « Acteurs, règles et contextes. A propos des formes de la régulation sociale et de leur mode de

généralisation", *Revue française de sociologie*, XXXV, p. 645-658.

Maurice, M. (1994), « La question du changement technique et la sociologie du travail », dans M. de Coster, Fr. Pichault, *Traité de sociologie du travail*, Bruxelles, De Boeck Université, p. 231-251.

Maurice, M., Arliand, M. (1970), « Une critique de la thèse de l'embourgeoisement de la nouvelle classe ouvrière: The Affluent Worker », *Sociologie du travail*, No 1, p. 74-86.

Maurice, M., Sellier, F., Silvestre, J.-J. (1982), *Politique d'éducation et organisation industrielle en France et en Allemagne*, Paris, PUF.

Maurice, M., Sellier, F., Silvestre, J.-J. (1992), « Analyse sociétale et cultures nationales, Réponse à Philippe d'Iribarne », *Revue française de sociologie*, XXXIII.

Maurice, M., Sellier, F., Silvestre, J. J. (1979), « Priorité à la régulation conjointe ou aux rapports sociaux? », *Revue française de sociologie*, XX, p. 377-380.

Maurice, M., Sorge, A., Sellier, F., Nohara, H., Verdier, E. (1998), *L'analyse sociétale revisitée*, Document Séminaire, L.E.S.T., 98/8, Sept.

Mayo, E. (1938), *Human Problem of an Industrial Civilization*, New York, Macmillan Co.

Mead, G. H. (1934), *Mind, Self and Society*, Chicago, University of Chicago Press. Traduction française de Cazeneuve, J., Kallin, E., Thibault, G. sous le titre *L'esprit, le soi et la société*, Paris, PUF, 1963.

Merton, R. K. (1949), *Social Theory and Social Structure*, Glencoe, The Free Press.

Merton, R. K. (1965), « Structure bureaucratique et personnalité », dans A. Lévy (dir), *Psychologie sociale*, Paris, Dunod.

Mills, C. W. (1968), *L'imagination sociologique*, Paris, Maspero, Coll. Les textes à l'appui.

Mintzberg, N. (1982), *Structure et dynamique des organisations*, Montréal/Paris, Les éditions Agence d'Arc/Les éditions d'organisation.

Nohara, H. (1998), « Toyota réforme le toyotisme », dans J.-P. Durand, P. Steward, J.J. Castillo, *L'avenir du travail à la chaîne. Une comparaison internationale dans l'industrie automobile*, Paris, La Découverte, Coll. Recherches.

Perrenoud, P. (1978), « Les limites de l'individualisme méthodologique. À propos des Effets pervers et ordre sociale de R. Boudon », *Revue française de sociologie*, No XIX, p. 442-454.

Piotet, F. (1988), « L'amélioration des conditions de travail entre échec et institutionnalisation », *Revue française de sociologie*, XXIX, p. 19-33.

Reynaud, E., Reynaud, J.-D., (1994), « La régulation conjointe et ses dérèglements », *Travail Humain*, 57,3, p. 227-238.

Reynaud, J.-D. (1979), « Conflit et régulation sociale. Esquisse d'une théorie de la régulation conjointe », *Revue française de sociologie,* XX, p. 367-376.

Reynaud, J.-D. (1988), « Les régulations dans les organisations : régulation de contrôle et régulation autonome », *Revue française de sociologie*, XXIX, p. 5-18.

Reynaud, J.-D. (1991), « Pour une sociologie de la régulation sociale », *Sociologie et Sociétés*, XXIII, No 2, p.13-26.

Reynaud, J.-D. (1997), *Les règles du jeu. L'action collective et la régulation sociale,* Paris, Armand Colin.

Rocher, G. (1972), *Talcott Parsons et la sociologie américaine*, Paris, PUF.

Roethlisberger, F. J., Dickson, (1939), W. J. *Management and The Worker*, Cambridge, Harvard University Press.

Roy, D. (2006), *Un sociologue à l'usine,* Paris, La Découverte, Coll. Classiques Repères.

Roy, D. "Cooperation and Conflict in the Factory : Some Observations and Questions Regarding Conceptualization of Intergroup Relations Within Bureaucratic Social Structures", article inédit, dans Archives Donald Roy, Duke University. Version française dans D. Roy, *Un sociologie à l'usine,* Paris, La Découverte, Coll. Classiques Repères, 2006.

Sainsaulieu, R. (1990), *L'entreprise une affaire de société,* Paris, Presses de Sciences Po.

Sainsaulieu, R. (1997), « *Sociologie de l'entreprise, organisation, culture et développement* », Paris, Presses de Sciences Po et Dalloz.
Sainsaulieu, R. (1997), *Sociologie de l'entreprise*, Paris, Presses de Sciences Po et Dalloz.
Schnapper, D. (1981), *L'épreuve du chômage*, Paris, Gallimard.
Seeman, M. (1959), « On the Meaning of Alienation », *American Sociology Review*, Dec. p. 783-791.
Seeman, M. (1967), « Les conséquences de l'aliénation dans le travail », *Sociologie du travail*, No 2, p. 113-133.
Segrestien, D. (1992), *Sociologie de l'entreprise*, Paris, Armand Colin.
Segrestin, D. (1990), « Présentation de La logique de l'honneur. Gestion des entreprises et traditions nationales », *Revue française de sociologie*, XXXI, p. 654-657.
Selznick, P. (1948), "Foundations of the Theory of Organization", *American Sociological Review*, vol. 13, p. 25-35.
Selznick, P. (1949), *TVA and the Grass Roots*, Berkeley, University of Colombia Press.
Shimizu, K. (2000), « Un nouveau toyotisme? », dans M. Freyssenet, A. Mair, K. Shimizu, G. Volpato, *Quel modèle productif?,Trajectoires et modèles industriels des constructeurs automobiles mondiaux*, Paris, La Découverte, Coll. Recherches.
Silverman, D. (1973), *La théorie des organisations*, Paris, Bruxelles, Montréal, Dunod.
Simon, H. (1957), *Administrative Behavior*, New York, Macmillan.
Strauss, A. (1992), *La trame de la négociation. Sociologie qualitative et interactionnisme*, Paris, L'Harmattan.
Stroobants, M. (1993), *Sociologie du travail*, Paris, Nathan, Coll. 128.
Tanguay, L. (2001), « Questions sur le travail du sociologue », dans *Sociologie du travail : 40 ans après*, Paris, Elsevier, p.325-334.

Taylor, F. (1967), *La direction scientifique des entreprises*, Paris, Dunod.
Touraine, A. (1966), *La conscience ouvrière*, Paris, Éditions du Seuil.
Touraine, A. (1955), *L'Évolution du travail ouvrier aux usines Renault*, Paris, CNRS.
Touraine, A. (1973), *Production de la société*, Paris, Editions du Seuil.
Touraine, A. (1974), *Pour la sociologie*, Paris, Editions du Seuil, Coll. Points.
Tremblay, D.-G. (1990), *Économie du travail. Les réalités et les approches théoriques*, Montréal, Télé-université et Éditions Saint-Martin.
Trinh, S. (1992), *Il n'y a pas de modèle japonais*, Paris, Editions Odile Jacob.
Trist, E. L., Bamforth, K. M. (1951), "Some Social and Psychological Consequences of the Longwall Method of Coal-Getting », *Human Relations*, 4 (1). Version française sous le titre, « Quelques conséquences sociales et psychologiques de la méthode des longs fronts de taille dans l'extraction du charbon », dans J.-F. Chanlat, F. Séguin, *L'analyse des organisations. Une anthologie sociologique*, T. II, Boucherville, gaëtan morin éditeur, 1987, p. 141-174.
Ughetto, P. (2001), « Tendances contradictoires de l'évolution du travail et renouvellement des analyses : une interprétation à partir des représentations de l'acteur patronal », *Revue de l'IRES*, No 37.
Womack, J. P., Jones, D. T., Roos, D. (1990), *The Machine that Changed the Wold*, New York, Macmillan. Traduction française sous le titre, *Le système qui va changer le monde*, Paris, Dunod, 1992.
Woodward, J. (1970), *Industrial Organization : Behaviour and Control*, Londres, Oxford University Press.
Woodward, J. (1958), «Management and Technology », H.M.S.O., Norwick. Traduction française dans J.-F. Chanlat et F. Séguin, *L'analyse des organisations*, tome 2, sous le titre

« Administration et technologie », Bourcherville, gaëtan morin éditeur, 1987, p.105-139.

Woodward, J. (1965), *Industrial Organization : Theory and Practice*, Londres, Oxford University Press.

Zarifian, P. (1993), *Quels nouveaux modèles d'organisation pour l'industrie européenne? L'émergence de la firme coopératrice,* Paris, L'Harmattan.

TABLE DES MATIÈRES

INTRODUCTION   9

PREMIÈRE PARTIE
LES THÉORIES SOCIOLOGIQUES   23

A. **Les deux paradigmes sociologiques**   23

B. **Le paradigme de l'action sociale**   29

I. L'interactionnisme, l'individualisme méthodologique et l'actionnalisme   29

1. L'interactionnisme
2. L'individualisme méthodologique
3. L'actionnalisme

II. Les analyses stratégique et sociétale et la théorie de la régulation sociale   49

1. L'analyse stratégique
2. La théorie de la régulation sociale
3. L'analyse sociétale

C. **Le paradigme du déterminisme social**   69

III. Les fonctionnalismes et l'approche systémique   69

1. Les fonctionnalismes
2. La théorie des systèmes
3. Application en sociologie des organisations

IV. La psychologie organisationnelle 83
et l'approche sociotechnique

1. L'École des relations humaines
2. La psychologie organisationnelle
3. La gestion des ressources humaines
4. L'approche sociotechnique

V. Le marxisme et la théorie de la régulation 103

1. Le marxisme et la division du travail
2. La théorie de la régulation

DEUXIÈME PARTIE
L'ORGANISATION DE L'ENTREPRISE 117

I. Les dysfonctions bureaucratiques 117

Introduction
1. Les analyses fonctionnalistes des dysfonctions bureaucratiques
2. L'analyse stratégique des dysfonctions
3. Une analyse marxiste des règles administratives
Conclusion

II. Technologie et organisation 129

Introduction
1. Le déterminisme technologique : deux analyses fonctionnalistes
2. L'approche sociotechnique et la remise en cause du déterminisme technologique
3. Technologie, politique de gestion et rapports sociaux : une analyse qui laisse place aux acteurs
Conclusion

**III. Environnement, structures
organisationnelles et performance**   **149**

   Introduction
1. Une recherche systémique
2. La théorie de la contingence
3. La régulation sociale des entreprises
   Conclusion

IV. Culture nationale et entreprise   **175**

   Introduction
1. L'analyse culturaliste de l'entreprise ou la théorie de la contingence culturelle
2. L'analyse sociétale de l'entreprise « socialisée » ou la théorie de la contingence institutionnelle
3. Une analyse actionnaliste de l'entreprise
   Conclusion

**TROISIÈME PARTIE
L'ORGANISATION DU TRAVAIL**   **203**

I. Les attitudes ouvrières   **203**

   Introduction
1. L'analyse psychosociologique de l'aliénation au travail
2. La conception instrumentale du travail comme mécanisme de congruence psychosociale : une analyse fonctionnaliste et interactionniste
3. La conscience de classe comme facteur de mobilisation historique : une analyse actionnaliste
   Conclusion

II. Normes de production et résistance ouvrière 227

   Introduction
1. Freinage, efficacité, arrangements et salaires aux pièces : une étude interactionniste
3. Trente ans plus tard à la même usine : une analyse marxiste du freinage
4. Freinage, norme officielle et régulation effective
5. L'appropriation du travail comme pratique de résistance ouvrière
   Conclusion

III. La restructuration contrôlée des tâches 247

   Introduction
1. L'enrichissement des tâches selon une approche psychosociale
2. La restructuration sociotechnique des tâches à l'usine Kalmar de Volvo
3. La restructuration des tâches en milieu administratif : une analyse stratégique
4. Une analyse marxiste des pratiques patronales de restructuration des tâches
   Conclusion

IV. L'automatisation et la qualification du travail 269

   Introduction
1. Une analyse marxiste : la déqualification du travail
2. La professionnalisation du travail ouvrier : une analyse phénoménologique
3. Une analyse sociétale de l'introduction de machines-outils à commande numérique
   Conclusion

V. L'après-taylorisme ou la diversité des modèles productifs 295

Introduction
1. Une analyse régulationniste de l'évolution des modèles productifs chez Ford et Toyota
2. Les cinq modes organisationnels de l'entreprise française
3. Les nouvelles formes d'organisation du travail en Europe : une analyse statistique
Conclusion

CONCLUSION 319

BIBLIOGRAPHIE 323

L'HARMATTAN, ITALIA
Via Degli Artisti 15 ; 10124 Torino

L'HARMATTAN HONGRIE
Könyvesbolt ; Kossuth L. u. 14-16
1053 Budapest

L'HARMATTAN BURKINA FASO
Rue 15.167 Route du Pô Patte d'oie
12 BP 226
Ouagadougou 12
(00226) 50 37 54 36

ESPACE L'HARMATTAN KINSHASA
Faculté des Sciences Sociales,
Politiques et Administratives
BP243, KIN XI ; Université de Kinshasa

L'HARMATTAN GUINÉE
Almamya Rue KA 028
En face du restaurant le cèdre
OKB agency BP 3470 Conakry
(00224) 60 20 85 08
harmattanguinee@yahoo.fr

L'HARMATTAN COTE D'IVOIRE
M. Etien N'dah Ahmon
Résidence Karl / cité des arts
Abidjan-Cocody 03 BP 1588 Abidjan 03
(00225) 05 77 87 31

L'HARMATTAN MAURITANIE
Espace El Kettab du livre francophone
N° 472 avenue Palais des Congrès
BP 316 Nouakchott
(00222) 63 25 980

L'HARMATTAN CAMEROUN
BP 11486
Yaoundé
(00237) 458 67 00
(00237) 976 61 66
harmattancam@yahoo.fr

Achevé d'imprimer par Corlet Numérique - 14110 Condé-sur-Noireau
N° d'Imprimeur : 735796 - Juillet 2017 - Imprimé en France